AIR叢書 第2号

尼崎市の新たな産業都市戦略

公益財団法人 尼崎地域産業活性化機構

叢書第2号発刊にあたって
──新たな産業都市戦略の視点──

　"related variety"（関連する多様性）は、現代都市の産業を検討するうえで最も重要なキーワードである。深化が加速する世界の産業システムは、グローバルな空間展開と同時に、機能的連関性といういわば垂直的な結びつきとも交叉しながら進化を遂げつつある。都市の経済システムからみると、それは related variety が織りなす地域イノベーション・システムに他ならない。

　『技術力で勝る日本が、なぜ事業で負けるのか』と題した著書（ダイヤモンド社、2009年）で妹尾堅一郎は、技術力を使いこなすビジネス・モデルと知財マネジメントの三位一体の重要性を指摘したが、こうした視点はネット社会の深化とともに、これまでのものづくりのあり方を根本から問い直す動きと関わっている。実際、ものづくりの革新は、現在ではIoT（Internet of Things）の生産活動への適用の段階にまで進化し始めた。2010年、ドイツは「ハイテク戦略2020」を公表。ここで11の未来プロジェクトを示したが、そのなかに「Industrie4.0」がある。IoT（Internet of Things）を核心に据えたこのプロジェクトは、「世界中の工場内の機械設備及び製品をスマート化し、それらをインターネットに接続してすべての機械設備、製品及び人との間で、『いつでも、どこでも、誰とでも』コミュニケーションできる技術を実用化すること」（岩本晃一『インダストリー4.0』日刊工業新聞社、2015年）という。ものづくりに関わるあらゆる側面を統合するかかる戦略は、関連する主体やこれらが構築するシステムも絶えず変化しており、その定義も現時点では変化し続けているという意味で曖昧であり、今後も変わり続けるといってもよいだろう。

　ただ、Industrie4.0が興味深いのは、単にスマート工場や生産システムのインターネット接続にとどまらず、市民生活を含む都市システム全体をも包摂す

i

る可能性を有しているところにある。そうなると related variety は、産業が市民生活や社会と融合するキーワードということになる。

　次世代の産業都市政策は、産業と市民生活を結びつける仕組みづくりということになるのかもしれない。尼崎のものづくりは国内外への移出産業としてこれまで大変重要な役割を果たしてきたが、ネット革命下の地域産業の役割は、こうした対外競争力のエンジンであると同時に、市民生活の豊かさに貢献する「創造産業」への進化が不可避と思われる。

平成28年2月

公益財団法人尼崎地域産業活性化機構

理事長　加藤　恵正

目　次

叢書第 2 号発刊にあたって──新たな産業都市戦略の視点──

巻頭論文
Ⅰ　都市の戦略的産業政策
　　　………………………………………………………加藤 恵正　3

特集論文
Ⅱ　関西産業の国際化戦略
　　　……………………………………………………鈴木 洋太郎　17
Ⅲ　尼崎産業構造戦略と中小企業のイノベーション
　　　…………………………………………………………佐竹 隆幸　28
Ⅳ　ソーシャルビジネスに期待する役割とその可能性について
　　──課題「解決」先進都市・尼崎を目指して──
　　　…………………………………………………………船木 成記　47
Ⅴ　尼崎市の経済環境戦略
　　　…………………………………………………………森山 敏夫　67
Ⅵ　ベイエリア製造業の展開と地域イノベーション戦略
　　　…………………………………………………………今井 良広　86

特集関連の研究報告
Ⅶ　尼崎市における創業の特徴と立地要因
　　　…………………………………………………………櫻井 靖久　107

尼崎の動き

Ⅷ 尼崎市産業振興基本条例の目指すもの
　　　　　　　　　　　　　　　　………………………藏元 秀幸　127

Ⅸ 尼崎市におけるソーシャルビジネス政策の展開
　　　　　　　　　　　　　　　　　　　　　　立石 孝裕　140

Ⅹ はやわかり「尼崎版シティプロモーション推進指針」
　　合言葉は「あまらぶ」！
　　　　　　　　　　　　　　　　………………………辻本 ゆかり　156

Ⅺ 尼崎市の人口、地域経済と政策──西宮市との比較分析
　　　　　　　　　　　　　　　　………………………田代 洋久　166

研究報告　──公益財団法人 尼崎地域産業活性化機構──

Ⅻ 衰退した小売市場・商店街の実態調査からみた
　　商業政策に関する一考察
　　　　　　　　　　　　　　　　………………國田 幸雄・新庄 勉　185

ⅩⅢ 尼崎市における女性労働に関するアンケート調査
　　　　　　　　　　　　　　　　………………………櫻井 靖久　210

ⅩⅣ 尼崎市の土地利用変化に関する定量分析
　　──2001年以降を対象として──
　　　　　　　　　　　　　　　　………………………井上 智之　229

ⅩⅤ 尼崎版グリーンニューディール事業の政策効果と今後の課題
　　　　　　　　　　　　　　　　………………小沢 康英・芦谷 恒憲　254

講演記録「"女性が活躍する社会"の条件」
　　　　　　　　　　　　　　　　………………………上野 千鶴子　273

卷頭論文

I　都市の戦略的産業政策

加藤　恵正
公益財団法人尼崎地域産業活性化機構　理事長
兵庫県立大学政策科学研究所　所長

1　起業都市　尼崎

　(公財) 尼崎地域産業活性化機構は、2015 (平成27) 年10月1日に起業を支援するインキュベータ施設をオープンした。独立型ブースなどを含む20席の小規模なものだが、スタートアップ期の事業者のためのオフィスとして、また創造的な議論ができるコ・ワーキングの場としての機能を備えたものだ。

　2014 (平成26) 年、政府の「まち・ひと・しごと創生法」が閣議決定され、長期ビジョン・総合戦略のもと、尼崎市をはじめ全国の自治体において、地方版の総合戦略が策定された。もっとも、現場の地方自治体はすでに地域の危機的状況を目の当たりにし、地域の計画づくりに反映してきたところも多い。政府の「地域政策」は、これまでも現実の後追いであったが、強力な「飴と鞭」で日本全体を動かすという点でその影響力は大きい。ひと・まち・しごと創生戦略アクションプランでは、「地域に新たなビジネスや雇用を創出し、域内経済の活性化にもつながる若者、女性を中心とした創業の促進がまだまだ不十分である」とし、地域産業の競争力強化の一環として、包括創業支援を提示している。

　2014 (平成26) 年10月、尼崎市は産業振興基本条例を定めたが、このなかで「起業の促進」は3つの基本理念のひとつに位置づけられている (他の2つは、産業の振興、雇用就労の維持創出)。また、尼崎では市と商工会議所、そして尼崎信用金庫の3者が「尼崎市内における創業支援に関する連携協定」を締結し、市内での起業に対し総合的な支援を行うことが決まった。いよいよ、尼崎市も「起業都市」に向けての本格的な第一歩を踏みこんだのかもしれな

い。2014（平成26）年度には、産業競争力強化法に基づき、尼崎市は創業支援計画が国によって認定され、市内の主な経済団体の連携を生かした創業支援ネットワークを形成している。

　本稿では、まず日本経済のアキレス腱とでもいうべき起業・開業、外資企業立地という2点について、地域経済固有の経済システム構築から突破口を拓く必要性を論じる。次に、こうした緊急対応が必要な課題に加え、ネット革命下、加速度的に進化する世界経済の生産システムのなかでの尼崎経済・産業の戦略を検討することにしたい。

2　尼崎産業の突破口は？

　「日本の高齢者比率は長い間世界最高を維持しており、今なお比率は高まっている。……（中略）……このような状況に直面した社会は存在しない。……（中略）……これらの国々がどう反応するのかは見当もつかない」（英エコノミスト2012）[1]。世界が注目する「反応」は、遅ればせながら「まち・ひと・しごと創生」として、国土を動かす地域政策としてスタートした。

　周知のように、日本の人口は2060年には8,674万人になると予測されている。ピーク時であった2008年の人口1億2,808万人から、わずか半世紀後に67.7％まで縮小することになる。かかる変化は少子高齢化を伴いながら、空間的な人口の偏在を加速させていくという。政府の長期ビジョンは、その基本視点に「東京一極集中の是正」「若い世代の就労・結婚・子育ての希望の実現」「地域の特性に即した地域課題の解決」を掲げ、戦略的な施策の方向として地方での雇用創出、地方への人の流れの形成、結婚・子育て等の希望実現等を示したのである。

　産業や企業の立地という側面からみて、日本経済のアキレス腱は2つある。そして、それらは尼崎産業の進化を加速するうえで留意すべきポイントでもある。ひとつは、起業力の弱さである。世界銀行の調査によれば、日本の「起業のしやすさに関わる環境」は世界約190か国中（ビジネス環境ランキング）83位にとどまる。つい最近まで100位を大きく下回っていたことを考えると多少

は改善したのかもしれないが、新たに仕事を産み出すという点からは、日本は世界のなかでも大きく後れを取っていると言わざるを得ない。実際、日本の開業率は、欧米の半分程度しかない。

図1は、尼崎を含め全国主要都市（人口規模上位の市区）の開業・廃業の状況を示したものである（（公財）尼崎地域産業活性化機構2015）[2]。いずれの都市においても廃業が新設を大きく上回っていることがわかる。日本の都市は、「廃業都市」なのである。なかでも、尼崎の状況は厳しい。尼崎市の新設率は、全国平均を上回るものの、廃業率が新設率を5ポイント近く上回ってい

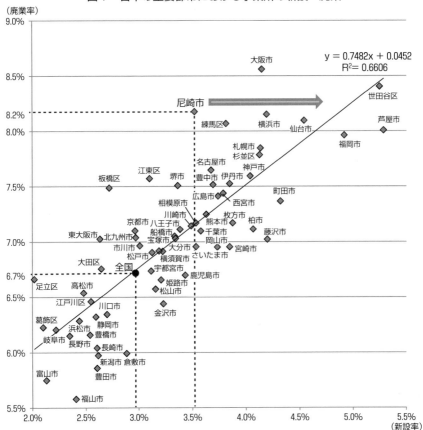

図1　日本の主要都市における事業所の新設・廃業

出典：（公財）尼崎地域産業活性化機構（2015）より作成（一部修正）

る。こうした起業力は、地域の産業風土に大きく左右されると思われる。尼崎の産業は、全体としてダイナミックに「変化」しているが、廃業の背景に何があるのか、新設の加速への政策ポイントは何なのかが問われるところだ。

　現在、地球規模で多様な姿の新しい産業空間が台頭しつつある。こうした地域で多かれ少なかれ共通しているのは、その内部において、野心的企業家が高いリスクを伴う事業にチャレンジすることを促し、万一、失敗したときには再挑戦のチャンスを提供するビジネス風土を持っていることだ。それは、単にエンジェルのような投資家が存在するということではない。まず、地域固有の経済や産業に関わる制度や仕組みに柔軟性を持たせ、経済環境の変化に柔軟に対応することができる仕組みが必要だ。既得権益を擁護するのではなく、常に新たなチャレンジを受け入れる起業都市のシステムと「産業文化」を醸成することが急務である。

　第2の弱点は、対内直接投資の少なさである。日本の対内直接投資残高の対GDP比は3.7％（2013年末）である。イギリスは60.1％と突出しているが、ドイツ、フランスも30％近い。ちなみに、シンガポールの対内直接投資対GDP比は実に286.4％に及ぶ。対内直接投資は、有形・無形の経営資源の流入を通じて、日本経済にプラスの効果が期待できる。実際、日本に進出した外資企業の生産性は高く、研究や新商品開発における提携での効果は大きいと考えられる。こうした直接的な地域経済への影響に加え、日本経済の構造転換を視野に入れた地域再生が必要である。

　所得収支の黒字が日本経済を支えているという構図が明確になりつつある。これまでの蓄積を対外的に運用して、その収益で国民の生活水準を維持する「成熟債権大国」に向かいつつある。海外から日本への直接投資を促し、実物投資を賄うことで海外への投資を行う資本の流れを作ることが必要である（林2012）[3]。

　それでは、地域がかかる日本経済のアキレス腱を克服するにはどうしたらよいのか。日本への対内直接投資がなぜこれほど少ないのかについては、たとえば「ビジネスコストの高さ」「日本市場の特殊性」「言葉の障壁」などが指摘されているが、GDP成長率などからみた「市場としての魅力の低さ」という指

摘は厳しい。しかし、対内直接投資がこれほどまで停滞する決め手となる明確な説明はない。上記の要因が輻輳して、日本進出を企図する企業が算出する「隠れた費用」が大きいということだろう。この隠れた費用の構造は、地域によって異なる。地域再生に向けた「隠れたコスト」のスリム化が必要である。

起業促進、外資企業立地促進といった地域産業政策は、これまでの日本や地域社会経済が転換・解決できなかった多くの課題と結びついている。こうしたアキレス腱を克服することによって、次世代の産業都市として今後、日本経済全体の成長にも貢献することになるだろう。同時に、変化が加速する世界の生産システムといかに協調・競争していくのか、そのなかで地域産業の仕組みをどのように組み立てていくのかは、喫緊の課題と言わなければならない。その変化は、ネットワーク経済の深化と連動している。

3　ネットワーク経済の深化

ものづくりに関わるあらゆる側面を統合するindustrie4.0は、関連する主体やこれらが構築するシステムも絶えず変化しており、社会全体のネット化を巻き込みながら、その定義も変わり続けるといってよい。ただ、こうした視点は、ネットワーク経済における産業集積の深化という視点から、これまでにも議論してきたことが戦略的かつ具体的に展開をスタートしたということだろう。ここでは、ネットワーク経済と産業集積について若干の検討をしておきたい。

図2は、企業の空間組織再編と地域経済の関係、すなわち集積の動的側面を捉えるうえでの枠組みを設定した（加藤1994）[4]。ここでは、企業行動の変化を、外部環境変化に対応した合理的な取引モードの形成・再編プロセスとしており、実際には企業組織・構造の変化を、ダイレクトに反映していると考えられる取引構造（リンケージ）を点検するものである。

図2において縦軸は「垂直的取引モード」を示している。これは、製品の製造におけるいわば機能的分担・結合関係を示すもので、企画・研究・試作等を含む開発段階から製品設計、工程設計、製造段階という一連の流れを、各段階の取引関係の連鎖として捉え、その結合モードがどのように変化するのかに着

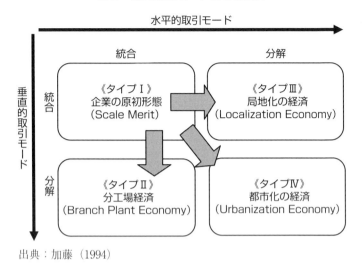

図2 動的取引モードと地域経済

出典：加藤（1994）

目したものである。これに対し、横軸は直接的な製造工程の連関関係を示している。実際には、主として製造している製品の特性に対応したコスト上の利点、あるいは特殊専門技術の利用等を配慮して、その連関構造が決定されているといってよい。

　こうしてみると、動的取引モードによって形成される産業システムは概ね次の4つのパターンとなる。第1は、垂直的・水平的に取引モードが統合されているタイプⅠで、一工場内部（一企業一工場）における拡大利益を示す「規模の経済（Scale Merit）」がその背景となっている。第2は、同じく「規模の経済」を指しているが、ここでは垂直的に連鎖が分解しているタイプⅡである。複数工場を保有する場合、工場間分業を進めるなかで各工場のスケールメリットを追求する。そして同時に、全社的レベルでの生産ロスの削減を行い、最も有利な所で生産の配分を決定する。かかる企業内分業の特色は、経営者の集権的な意志決定のもとで計画的生産が行われる点にあるが、こうした大規模企業の経済性は生産拠点の分散を示唆している。分工場経済（Branch Plant Economy）である。第3は、垂直的には統合しているが、水平的結合関係が分解しているタイプⅢである。これは、一種の産業内分業を示しており、いわ

ゆる「地域的集中の経済（Localization Economy）」である。地域に集中する産業規模に関する収穫逓増現象（生産規模を拡大したとき、産出量が規模の拡大以上に増大するような技術的状態）である。最後は、取引連鎖が水平的にも垂直的にも分解しているタイプⅣである。これは、生産活動が多様な企業間分業のもとで行われている社会的分業構造を示す「都市化の経済（Urbanization Economy）」である。

企業の発展が、合理的な取引関係の形成によってもたらされるとするなら、このモデルにおいて最も基礎的な企業組織であるタイプⅠは、業種・業態や外部環境変化に応じてタイプⅡ、Ⅲ、Ⅳへと発展していくと考えてよいだろう。

次に、さきに示した動的取引モード形成プロセスによって提示した「集積」の特性を、前工業化段階から高度工業化段階に至るやや長期的な視点に拡張することから、その推移を示したのが図3である。

図3は、図2同様垂直的取引モードと水平的取引モードの2つの軸から構成されている。図2と異なる点は、両軸とも工業化段階における特徴である「統合」「分解」モードの両翼に、「細分化」と「再統合」モードが付加されていることである。ここでは、次世代産業システムを議論するうえで重要な再統合モードを取り上げることとしよう。ひとことで言えば、工業化段階において水平的にしろ垂直的にしろ「分解」モードにあった企業組織が、その高度化展開のなかで再び統合化へと向かうことを意味している。一旦「分解」モードに入った企業組織が、個々の事業体が各々より自律性を高める形で新たな方向を模索している。さらに重要なことは、個別事業所群が、環境変化に対応して絶えず組み替えが行われるネットワークによって結ばれていることである。ここで想定するネットワーク経済（Network Economy）は、自然発生的連結に基づく自己組織化を軸に、経済活動の情報化やボーダレス化と深く関わりながら、新たな都市経済の社会経済調整システムとして機能することになる。この点では、工業化過程において近似した形態を持つ集積「都市化の経済」が、知識・情報を軸として成熟・高度化展開したものと位置づけてもよいであろう（KATOH2013）[5]。

ネット社会の深化は、こうした動的取引モードにおける再統合が、インター

ネットをベースに展開することで引き起こされる未知の可能性をもはらみつつ、現実化しつつあるということだろう。単なる生産効率の上昇ではなく、ものづくりに関わる多くの領域との情報共有は、これから何を創造していくのだろうか。

図3　動的取引モードとネットワーク経済

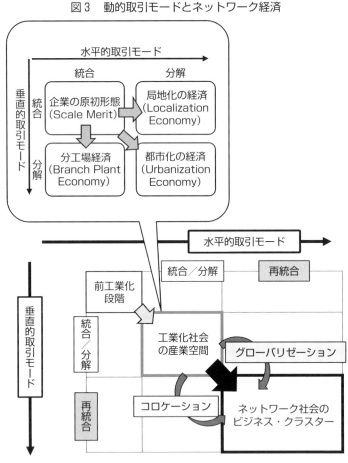

4　ネットワーク経済下の都市産業システム

　industrie4.0に象徴される次世代産業システムを、ものづくりのbridging（橋渡し）の進化とすれば、その核となる知識やアイデアから研究開発に関わる領域は、地域内部に形成される産業クラスターということになる。

　それでは、こうしたクラスターを構成する企業群にとって、どのような都市・地域が魅力的なのだろうか。E.Morettiは、アメリカでの都市経済の実証分析から「厚みのある労働市場」「ビジネスのエコシステム」「知識の伝播」という3つの要素が必要だと指摘する（モレッティ2014）[6]。第1は大学などの人材育成、そして人材を吸引する都市の魅力と関わっている。第2は、都市のビジネス蓄積の「多様性」のあり方とも関わっている。都市経済の成長において、都市や地域産業のrelated varietyの重要性が指摘されており、資金調達の容易さなど起業環境などが作用しているといってよいだろう。第3は、稠密な連関性の存在である。情報化がさきのbridgingにおいて革命的とも称される変化を促しているのにたいし、リスクが高く、「信頼」に基づく情報共有が産み出すイノベーションは、地理的近接性によって結びついた地域内部のbondingの仕組みが重要となる。

　創造力のある地域の形成は固有の地域資源を再編成することで競争優位を顕在化させ、地域産業のダイナミズムを刺激することに尽きる。山﨑は、これからの地域産業政策は、「全国各地に国際競争力を有し、生産性を高め、イノベーションを生み出すような産業クラスター形成を促すことであり、そのためには地方に蓄積されてきた企業群、大学、社会資本を有効活用することによって、発展する可能性の高い地域、産業を集中的に政策支援する」（山﨑2009）[7]必要性を指摘する。

　地域の産業構造高度化に向けた新たな産業導入、ビジネス・クラスター形成のための包括支援策提示、再生の過程で新産業創造・技術開発が進化する構造を内包していることが重要である。また、農業・漁業、環境、医療、介護・福祉産業、教育など高齢化社会における豊かな生活のためのビジネス・モデル構築を試みる必要がある。これまで規制によって護られ、市場が十分に形成され

ていない領域である。

　さらに、地域全体で展開されるパッケージ政策群全体をマネジメントする機能が必要であることを指摘しておきたい。たとえば、スマート・シティは地域と連動した新しいタイプのイノベーションを企図している。地域創生に向け、こうした仕組みを産官学が連携して、そのビジネス化をはかるといったことを実証実験型の地域ビジネス・モデルとして提案することができよう。パッケージ政策をクラスターとして編成し、地域創生のプロセスをマネジメントすることが必要である。

5　尼崎イノベーション・システムの構築を

　急進するグローバリゼーションと相互的に生じた大きな変化は、イノベーション自体のあり方だ。これまで、主として企業内部で個別に行われてきたイノベーションは、現在では外部の様々な主体との情報共有を行いながら、イノベーションの突破口を切り開くいわば「相互的学習（collective learning）」を通したスタイルに変わってきている。かつてのプロダクト・サイクル・モデルに代表されるイノベーションの線形的拡散から、主体間の相互依存的プロセスにその核心がシフトしたことを示唆している。フィードバック・ループによって多重的に連関性を有し、活動自体が相互性をより強化するというプロセスこそ、地域イノベーション・システムの核心である。地域イノベーション・システムは、個別企業のイノベーションではなく地域全体の"good business climate"（Cooke1995）[8]をその基盤としている。こうしたイノベーション・システムを考える上で、2つ要素が重要だ。ひとつは、「知識」の役割にある。とりわけ技術、技能や組織内部に組み込まれた暗黙知は、こうした信頼を基盤としたシステムにおいて形成される、ネットワーク上において共有されることになる。第2に、不確実性への対応もネットワークの重要な役割だ。絶えざるイノベーションには、高いリスクが伴う。地域イノベーション・システムはこうしたリスクを軽減する機能でもある。実際の地域集積においては、多様な形でこうした制度や主体が組み込まれていることが知られている。地域イノベー

ション・システムは、このように地域の競争的な優位性を堅持するための新たなインフラストラクチャーとして位置づけることもできよう。

地域イノベーション・システムの先駆的研究者であるLundvallは、「地域イノベーション・システムとは、生産、流通そして経済的に有用な知識を相互的に活用する主体や要素が形成するネットワーク組織である。地域イノベーション・システムは、社会活動の相互学習がその核心に位置するという点で社会システムといえるが、もう一方において各主体が学習やイノベーションを展開するにあたってお互いに刺激し、その関係を強化するプロセスを意味しており、こうした観点からダイナミック・システムでもある」(Lundvall1992)[9]と定義したが、その視点は今も生きている。

産学官そして経済活動に関わるすべての主体が、「本気」で連携する尼崎地域イノベーション・システムの構築が必要である[10]。

［注］
（1）英エコノミスト編集部（2012）『2050年の世界』文藝春秋。
（2）（公財）尼崎地域産業活性化機構（2015）『尼崎市における新規立地に関する実態調査報告書』6頁。
（3）林敏彦（2012）「成熟した債権国へ」『金融』((一社) 全国銀行協会) No.782、3-7頁。
（4）加藤恵正（1994）「企業の空間組織再編と都市経済のダイナミズム――動的取引モードからみた「集積」概念の再検討――」『経済地理学年報』第40巻第4号、14-24頁。
（5）KATOH, Yoshimasa (2013), Transformation of a Branch Plant Economy: can the Osaka Bay Area escape the rust belt trap?, *Working Paper*, No. 224, Institute for Policy Analysis and Social Innovation, University of Hyogo.
（6）エンリコ・モレッティ（2014）『年収は「住むところ」で決まる：雇用とイノベーションの都市経済学』プレジデント社。
（7）山﨑朗（2009）「人口減少時代の地域政策」『経済地理学年報』第55巻第4号、35-44頁。
（8）P. Cooke (1995), *The Rise of the Rustbelt*, UCL Press.
（9）B. A. Lundvall (1992), *National Systems of Innovation : Toward a theory of innovation and interactive learning*, Pinter.
（10）加藤恵正・井上智之（2001）「Rust Belt の再生と地域イノベーション――大阪湾ベイエリア尼崎・伊丹地区における計画課題――」『TOMORROW』第15巻第3・4号、57-69頁。

特集論文

II 関西産業の国際化戦略

鈴木 洋太郎
大阪市立大学大学院経営学研究科　教授
一般財団法人アジア太平洋研究所　上席研究員

1 はじめに

　関西産業の国際化は、関西地域における産業活動が海外との経済的な結び付きを強めていくことであり、産業活動を担う企業の問題（関西企業がその事業をどのように国際的に行っていくか等）であるとともに、産業活動の舞台となる地域社会の問題（国際化の中で関西地域をどのように発展させていくか等）でもある。尼崎市が産業都市として目指すべき方向とその道筋を探るためにも、関西産業の国際化の動向を把握することは重要であると考えられる。
　本稿では、最初に、企業の海外拠点展開や輸出・輸入の側面から、関西産業の国際化の動向について考察してみる。次に、関西産業の国際化戦略（国際化のあり方）について論じてみたい。

2 日本企業・関西企業の海外拠点展開について

（1）日本企業の海外拠点展開

　日本企業の海外拠点展開について海外現地法人数（資料は東洋経済新報社『海外進出企業総覧』）から見てみると[1]、1991年に1万3,522社であった日系海外現地法人は2001年には1万8,800社へ、2013年には2万6,060社へと増大してきた。日系海外現地法人の主な進出先は、アジア、北米（アメリカ、カナダ）、欧州であるが、アジアの占める割合は1991年の37.9％から、2001年の53.1％へ、2013年の62.3％へと大幅に増加してきている。一方、北米と欧州の

割合は、それぞれ、1991年の28.0％、21.3％から、2001年の20.6％、17.5％へ、2013年の14.2％、15.0％へと減少している。つまり、1990年代以降の日本企業の海外拠点展開の拡大は、アジア向けが中心であったといえる。

1991年のアジア向け日系現地法人（5,126社）のうち、2,760社（53.8％）がアジアNIES（新興工業経済地域：韓国、香港、台湾、シンガポールを含む）に、1,881社（36.7％）がASEAN4（東南アジア諸国連合4カ国：タイ、マレーシア、インドネシア、フィリピンを含む）に立地しており、中国に立地しているのは僅か358社（7.0％）であった。

2001年になると、アジア向け日系現地法人（9,989社）のうち、アジアNIES立地は3,587社（35.9％）と比重を大きく低下させており、一方、中国立地は2,647社（26.5％）と増大している。ASEAN4立地は3,309社（33.1％）と比重がやや低下している。

さらに2013年になると、アジア向け日系現地法人（16,225社）のうち、中国立地が6,276社（38.7％）と顕著に増大しており、一方、アジアNIES立地は4,224社（26.0％）へ、ASEAN4立地は4,220社（26.0％）へと比重を低下させている。

以上のことから、1990年代以降（特に2000年代以降）、アジア向けのなかでも中国向けの拠点展開が大幅に拡大してきたことが分かる。ただし、ここ数年、中国における賃金高騰や反日リスクにより、中国よりもASEAN4やベトナム等を進出先とするケースも増えてきている[2]。

（2）関西企業の海外拠点展開

関西企業（大阪府、京都府、兵庫県、奈良県、和歌山県、滋賀県に本社を置く企業）の海外現地法人数は2013年に5,908社であり、そのうち、アジア向け現地法人数は3,978社（67.3％）となっている。日本企業全体でのアジア向けの割合（62.3％）よりも高い数値であり、関西企業は、特にアジアとの経済的な結び付きが強いといえる。

また、アジア向け現地法人数（3,978社）に占める中国立地の割合は42.9％

(1,706社)となっており、日本企業全体でのアジアに占める中国立地の割合(38.7%)よりも高く、関西企業は中国向けの拠点展開がとりわけ顕著であることが分かる。一方で、アジアNIES立地は889社(22.3%)であり、日本企業全体での割合(26.0%)に比べると低い。ASEAN 4 立地は1,056社(26.5%)と、日本企業全体での割合(26.0%)とほぼ同じである(表1を参照)。

比較のため、2010年における関西企業のアジア向け現地法人数を見てみると3,544社であり、そのうち、中国立地は1,597社(45.1%)であった。このことから、中国立地は近年も増加しているものの、比重はやや低下していることが分かる。また、2010年から2013年にかけて、タイ立地が429社(12.1%)から493社(12.4%)へ、インドネシア立地が185社(5.2%)から245社(6.2%)へ、ベトナム立地が104社(2.9%)から148社(3.7%)へ、インド立地が84社(2.4%)から145社(3.6%)へと比重を増やしている。つまり、近年、関

表1　日本企業の海外現地法人数(2013年)

(a) 主な進出地域別

	日本企業全体	うち関西企業
世界全体	26,060 (100.0%)	5,908 (100.0%)
うちアジア	16,225 (62.3%)	3,978 (67.3%)
うち北米	3,701 (14.2%)	762 (12.9%)
うち欧州	3,916 (15.0%)	810 (13.7%)

(b) アジアの主要国・地域別

	日本企業全体	うち関西企業
アジア全体	16,225 (100.0%)	3,978 (100.0%)
うち中国	6,276 (38.7%)	1,706 (42.9%)
うちアジアNIES	4,224 (26.0%)	889 (22.3%)
うちASEAN 4	4,220 (26.0%)	1,056 (26.5%)

(注1) 関西企業は、大阪府、京都府、兵庫県、奈良県、和歌山県、滋賀県に本社を置く企業。
(注2) アンケート調査のため、海外進出企業のすべてはカバーしていない。
出典：東洋経済新報社『海外進出企業総覧』(国別編および会社別編)より作成。

西企業による海外拠点展開が目立つのは、タイ立地、インドネシア立地、ベトナム立地、インド立地であり、中国への集中立地がいくらか緩和される傾向にある。

（3）中小企業における海外拠点展開の拡大

　近年の日本企業・関西企業の海外拠点展開における特徴としては、大企業だけでなく、中小企業の海外拠点展開も拡大してきたことが挙げられる。

　筆者もアドバイザーとして参画した「近畿地域の中小・中堅企業海外展開に係る実態調査」（製造業アンケート調査、2012年9月～10月実施）によると[3]、関西企業で海外直接投資を実施している企業の割合は、従業員数10人以上～30人未満の中小企業では6.4％であるが、従業員数30人以上～50人未満の中小企業では10.8％、従業員数数50人以上～100人未満の中小企業では15.7％、従業員数100人以上～300人未満の中小企業では35.4％となっており、従業員数が増えるにつれて海外直接投資の実施企業の割合が高くなっている。

　また、海外直接投資の実施先としては、中国との回答が最も多く、関西の中小企業（中堅企業を含む）の14.7％が中国に海外直接投資を行っている。次いで、3.5％の企業がタイに海外直接投資を行っている。一方で、海外直接投資先として関心のある国については、5.1％の企業がタイ、5.0％の企業がベトナム、4.9％の企業が中国と回答しており、今後の海外直接投資先としてはタイやベトナムが中国よりも関心が高いことが分かる。

　海外直接投資の理由としては、海外直接投資を実施している企業の54.6％が「市場の成長性が見込める」と回答しており、また、49.9％が「国内市場が縮小している」と回答している。「人件費や福利厚生費が安い」との回答も40.3％あるが、コスト削減よりもマーケットの状況が海外直接投資の主な実施動機になっていると言える。

3 関西地域の貿易動向について

(1) 輸出・輸入でのアジアの比重の高さ

　関西地域はアジアとの経済的な結び付きが強いが、このことは貿易データ（財務省貿易統計及び大阪税関の貿易統計）によっても確認できる。

　2014年における日本全体のアジアへの輸出額は395,182億円であり、輸出額の世界合計（730,930億円）の54.1％を占めている。一方、関西地域のアジアへの輸出額を見てみると104,658億円であり、輸出額の世界合計（156,657億円）の66.8％も占めている。

　また、同年の日本全体のアジアからの輸入額は386,181億円であり、輸入額の世界合計（859,091億円）の45.0％を占めている。一方、関西地域のアジアからの輸入額を見てみると91,169億円であり、輸入額の世界合計（163,078億円）の55.9％も占めている。

　以上のことから、日本全体に比べても、関西地域は輸出・輸入ともにアジアの比重が大きいことが分かる。

(2) アジアとの輸出・輸入の主な品目の変化

　関西地域のアジアとの輸出・輸入の主な品目は、時代とともに変化してきた（以下、2014年のデータは表2を参照されたい）。

　2001年には、関西地域のアジアからの輸入額の20.6％は衣類及び同付属品であった。その他の主な輸入品目は、事務用機器（6.1％）、音響・映像機器（5.7％）、天然ガス及び製造ガス（5.4％）、半導体等電子部品（5.0％）、織物用糸及び繊維製品（4.4％）、はき物（2.2％）であり、魚介類及び同調製品（4.6％）、果実及び野菜（2.4％）といった一次産品の輸入も目立っていた。

　2014年になると、アジアからの輸入額に占める衣類及び同付属品の割合は12.7％と大幅に低下している。また、魚介類及び同調製品の割合は1.6％、果実及び野菜の割合は1.4％と低下している。一方、通信機（7.9％）や半導体等

電子部品（5.1％）といった工業製品の輸入の割合が大きくなっている。

関西地域のアジアへの輸出額においても、2001年には、織物用糸及び繊維製品の割合が8.3％と、半導体等電子部品（12.7％）に次いで大きかったが、2014年になると、その割合は3.1％にまで低下する。また、半導体等電子部品の割合が15.0％へと増加するとともに、科学光学機器（6.4％）、鉄鋼（6.1％）、プラスチック（5.7％）、電気回路等の機器（3.7％）、原動機（2.4％）、非鉄金属（2.3％）、半導体等製造装置（2.1％）といった多様な工業製品（とくに部品・素材・設備）の輸出が顕著になっている。

こうした輸出・輸入の主な品目の変化は、関西企業のアジアへの拠点展開を通じた、関西とアジアとの分業構造の深化を反映していると考えられる。

表2　関西地域のアジア・中国との輸出・輸入（2014年）

(a) 輸出額（億円）

	アジア	うち中国	中国の割合
輸出額合計	104,658　(100.0％)	37,293　(100.0％)	【35.6％】
うち半導体等電子部品	15,654　(15.0％)	5,871　(15.7％)	【37.5％】
うち科学光学機器	6,695　(6.4％)	4,259　(11.4％)	【63.6％】
うち鉄鋼	6,338　(6.1％)	1,527　(4.1％)	【24.1％】

(b) 輸入額（億円）

	アジア	うち中国	中国の割合
輸入額合計	91,169　(100.0％)	51,140　(100.0％)	【56.1％】
うち衣類及び同付属品	11,601　(12.7％)	9,166　(17.9％)	【79.0％】
うち通信機	7,183　(7.9％)	6,225　(12.2％)	【86.7％】
うち半導体等電子部品	4,649　(5.1％)	1,701　(3.3％)	【36.6％】

(注) 関西地域には、大阪府、京都府、兵庫県、奈良県、和歌山県、滋賀県を含む。
出典：大阪税関の貿易統計より作成。

（3）中国との貿易面での結び付きの強さ

なお、2014年における日本全体の中国への輸出額は133,815億円（アジアの33.9％を占める）、中国からの輸入額は191,765億円（アジアの49.7％）である

のに対して、関西地域の中国への輸出額は37,293億円（アジアの35.6％）、中国からの輸入額は51,140億円（アジアの56.1％）となっている。関西地域は、輸出・輸入の面でも中国との結び付きが特に大きいといえる。

表2に示されるように、関西地域のアジアからの衣類及び同付属品の輸入額の79.0％、通信機の輸入額の86.7％は中国からの輸入である。また、関西地域のアジアへの科学光学機器の輸出額の63.6％は中国への輸出である。

こうした関西地域と中国との貿易面での結び付きの強さは、関西企業の中国への集中立地が少なからず関係していると推測される。

4　関西産業の国際化戦略について

（1）アジアの中での関西産業の役割

関西産業の国際化戦略（国際化のあり方）を構想するためには、前述したようなアジア（特に中国）との経済的な結び付きの強さを踏まえながら、アジアの中での関西産業の役割を検討することが重要である。

日本・アジアにおける産業発展のパターンは、1980年代までは、日本が産業発展の先頭を行き、その後をアジアNIESが追いかけ、さらにASEAN 4や中国が追いかけるといった「雁行形態的発展」（雁が並んで空を飛ぶように発展）として説明することができた[4]。だが、1990年代以降、アジアの産業発展の先発国である日本の勢いが弱まり、また、中国の急速な産業発展もあり、日本・アジアにおける産業発展を一定のパターンの雁の飛行として認識するのが難しくなってきた。

雁行形態が崩れるのに伴って、日本・アジアの分業構造は、単純な産業間分業から複雑な産業内分業へと変化してきた。関西地域の場合は、当初は、工業製品をアジアへ輸出し、一次産品をアジアから輸入するといった産業間分業とともに、織物用糸及び繊維製品をアジアへ輸出し、衣類及び同付属品をアジアから輸入するといった、繊維・アパレル産業での産業内分業が目立っていた。近年では、半導体等電子部品や科学光学機器（液晶画面用の偏光板フィルム等

を含む）、鉄鋼、プラスチック、電気回路等の機器、原動機、非鉄金属、半導体等製造装置等をアジアへ輸出し、通信機や半導体等電子部品、事務用機器等をアジアから輸入するといった、より多様な産業内分業が進行している。

　以上のことから、アジアの中での関西産業の役割としては、これまで、工業製品（主に部品・素材・設備）をアジア（とりわけ中国）に供給しながらアジアの産業発展を高度化（重化学工業化の進展等）させる役割を果たしてきたと考えられる。

（2）関西産業の課題

　以下では、アジアの中での関西産業の役割をさらに高めるための課題を指摘したい。

　関西地域のアジアとの分業構造には、衣類及び同付属品や通信機の輸入や科学光学機器の輸出のように中国の比重が極端に高い分野がみられる。中国との経済的な結び付きの強さは、関西産業の優位性につながる面もあるが、中国依存のリスクを軽減するためにも、中国以外のアジア（特にベトナム等のASEAN後発国）との経済的な結び付きをもっと強化する必要があろう。こうした経済的結び付きを有するアジアの地理的拡張が、関西産業にとっての第1の課題である。

　工業製品（主に部品・素材・設備）のアジアへの供給拠点としての関西産業の役割は今後も重要だと考えられるものの、こうした工業製品分野においてもアジアでの現地生産が進展しつつある。特に、日本・関西の中小企業のアジアへの拠点展開の拡大は、現地での部品生産を加速させる。そのため、アジアへの供給拠点としての機能強化が、関西産業の第2の課題として挙げられる。たとえば、工業製品（モノ）だけでなくサービスも含めてシステム・パッケージとしてアジアへ供給することが、関西産業の供給拠点としての機能強化につながると考えられる。

　アジアの多くの諸国・諸地域は、急速な工業化や都市化の進展に伴って、環境問題やエネルギー問題等に直面しているが、関西産業はこれらの問題に早く

から直面し、対応してきた経験やノウハウがある。ただし、企業よりも行政側が持っているノウハウもあるため、課題解決型ビジネスのためには、産学官連携も必要となる。アジアに向けての課題解決型ビジネスの展開が、関西産業の第3の課題として挙げられる。こうした課題解決型のビジネスを展開することは、上述のような関西産業のアジアへの供給拠点としての機能強化にもなり得るが、モノ・サービスの供給だけでなく人材育成など多様な側面を有している。

(3) 関西産業の国際化戦略——企業と地域社会の両面から

冒頭で述べたように、関西産業の国際化は、産業活動を担う企業の問題(関西企業がその事業をどのように国際的に行っていくか等)であるとともに、産業活動の舞台となる地域社会の問題(国際化の中で関西地域をどのように発展させていくか等)でもある。そのため、関西産業の国際化戦略についても、企業と地域社会の両面から推進していくことが重要である。アジアの中での関西産業の役割をさらに高めることは、関西企業が単独で取り組んでいくというよりも、企業間連携や産学官連携を通じて達成すべきことであり、関西企業の発展と関西地域の発展が両立できることが望ましい。

関西地域は大阪・兵庫・京都等の特色のある諸地域・諸都市から成り立っているが、関西地域全体としての一体的な連携が十分ではないと考えられる。したがって、アジアの中での関西産業の役割を高める上で、関西地域としての一体的な連携を進めることも重要であろう。近年における欧州の地域政策のキーワードとして、「スマート・スペシャリゼーション」がある。欧州の各地域・各都市が連携しながら、産業分野よりも細かなテーマ(たとえば、環境ビジネスといった産業分野ではなく、風力発電システムといったテーマ)に相互に特化した「スマートな地域分業構造」を構築する考え方である[5]。関西地域には環境・エネルギー・ヘルスケア等に関する有力な産業活動が多数立地しており、スマート・スペシャリゼーションを通じて一体的な連携を進めることで、関西地域の立地環境上の多様性と地域分業構造を活用した産業発展が期待できる。また、こうした産業発展が、関西地域のアジアへの供給拠点としての機能

強化や課題解決型ビジネスのアジア展開につながっていくと考えられる。

5　おわりに

　本稿では、関西産業の国際化の動向について、主として、関西企業の海外拠点展開や関西地域の輸出・輸入の側面から、その特徴を整理した。関西企業は、アジア向け（特に中国向け）の拠点展開が行われてきたこと、近年は、中国よりも ASEAN 諸国等が進出先の候補となる傾向がみられることを指摘した。関西地域の輸出・輸入においても、アジア（特に中国）の割合が大きいこと、関西企業のアジアへの拠点展開を反映した分業構造の深化がみられることを指摘した。

　以上の状況を踏まえて、関西産業の国際化戦略（国際化のあり方）としては、アジアの中での関西産業の役割をさらに高めていくことが必要であり、そのための課題として、「中国以外のアジアとの経済的な結び付きをもっと強化すること（地理的拡張）」、「モノだけでなくサービスも含めてシステム・パッケージとしてアジアへ供給すること（供給拠点としての機能強化）」、「産学官連携を通じた、アジアに向けての課題解決型ビジネスの展開」について述べた。また、関西地域の立地環境上の多様性と地域分業構造を活用した産業発展の必要性についても述べた。

　関西地域を取り巻く国際的なビジネス環境はダイナミックに変化しており、関西産業の国際化戦略を構想することは容易ではないが、本稿での論述が関西地域（特に尼崎市）の企業関係者や行政関係者の参考に少しでもなれば幸いである。

［注］
（1）　ここでは海外現地法人数によって企業の海外拠点展開をとらえているが、企業の海外拠点としては、海外現地法人以外にも海外支店や海外駐在員事務所の形態がある。また、企業の海外拠点展開は、海外拠点を設置・拡充するための海外直接投資の実施状況から把握することもできる。
（2）　日本企業の海外拠点展開の特徴やその論理については、鈴木（1994）や鈴木編

（2015）を参照のこと。
（3） 近畿経済産業局（2013）を参照のこと。尼崎の中小企業の海外拠点展開については、櫻井（2015）が実態分析を行っている。
（4） 雁行形態的発展の考え方は、赤松（1965）や小島（1973）を参照のこと。鈴木・矢田（1988）は、雁行形態発展との関連から、日本企業のアジアへの拠点展開について考察している。
（5） スマート・スペシャリゼーションの考え方については、藤原（2015）を参照のこと。

[参考文献]
赤松要（1965）『世界経済論』国元書房。
近畿経済産業局（2013）「近畿地域の中小・中堅企業海外展開に係る実態調査報告書」。
小島清（1973）『世界貿易と多国籍企業』創文社。
櫻井靖久（2015）「尼崎中小製造企業の海外進出に関する実態」尼崎地域産業活性化機構編『ECO 未来都市を目指して』。
鈴木洋太郎（1994）『多国籍企業の立地と世界経済』大明堂。
鈴木洋太郎編（2015）『日本企業のアジア・バリューチェーン戦略』新評論。
鈴木洋太郎・矢田俊文（1988）「産業構造の高度化と産業の国際移転――わが国繊維および電気機器産業のアジア諸国移転――」宮川謙三・徳永正二郎編『アジア経済の発展と日本の対応』九州大学出版会。
藤原直樹（2015）「グローバル競争環境における地方自治体の産業政策に関する研究――クラスターの外部連携の視点から――」博士論文（大阪市立大学）。

III 尼崎産業構造戦略と中小企業のイノベーション

佐竹 隆幸
兵庫県立大学大学院経営研究科 教授

1 現代日本の産業構造の転換と尼崎

　今日の日本経済は、バブル崩壊以降、「失われた20年」といわれるように経済的な閉塞期を迎えており、経営行動、企業の戦略策定、産業政策、中小企業政策においても従来型の高度経済成長期に支えてきた制度や視点は転換点を迎えている。昨今、「グローバリズム」という用語が氾濫していると同時に「地域主義」への再認識が叫ばれている。「地域主義」とは、一定地域がその地域の風土的個性を背景に、その地域に対して一体感を持ち、地域の行政的・経済的自立性と文化的独自性とを追求することである。日本経済閉塞化がいわれているが、今こそ「グローバリズム」と「地域主義」の両者を融合し、「地球規模で考えながら、自分の地域で活動する（Think globally, act locally）」ことを再認識するべきとする考えが普及しつつある。地域活性化を考えるとき、日本国内での議論に終始しがちであるが、あらゆる分野において世界的な視野で考え、地域が連携協力してさまざまな活動や取組みを行うことが基本となりつつある[1]。

　一般に、産業構造の高度化が進行すれば中小企業は増加する。すなわちこれは産業構造の高度化は急速な重化学工業化を軸に大企業を中心に進められたが、中小企業は消滅するどころか、大企業に対する比重をほぼ変えずにむしろ大企業と併存してきたということである。尼崎を中核とする周辺地域を含む一帯（以降は「尼崎地域」とする）は大阪都市圏に位置する阪神工業地帯の中心的な一角をなし、第二次世界大戦前はもとより高度経済成長期に至るまで全国屈指の工業都市として評価されてきた。そもそも工業都市といわれるゆえんは1891（明治24）年2月の近代的大工場である尼崎紡績[2]の工場設立を持って

始まったとされている。1889年（明治22）6月、資本金50万円の有限責任会社として尼崎紡績は創立した。所在地は旧尼崎町の辰巳町である。1万錘[3]の創業規模で操業を開始した兵庫県下最初の本格的大紡績工場となった。製造業の集積はその亜種分野を担当する中小企業の集積へとつながり、製造業における中小企業の国際競争力は増強され、注目されることになる。日本の資本主義の発展に伴う問屋制工業形態から工場制工業へと進化する[4]とともに重化学工業化を進め、阪神工業地帯の中核的地位を占めるようになったわけである。こうして産業構造は高度化し、まず製造業が成立したのち商業・サービス業の高度化へと進んでいく。尼崎地域において、臨海部では鉄鋼・化学といった素材型産業が、内陸部では一般機械・精密機械といった加工型産業がそれぞれ立地し、クラスター型産業集積効果も期待できる工業都市として発展してきた[5]。産業集積とは、「1つの比較的狭い地域に相互に関連の深い多くの企業が集積している状態[6]」であり、川上（後方連関効果）にも川下（前方連関効果）にも亜業種として相互に技術的有機的に連関効果を実効しうる相互依存効果を享受できる状況を創造できている経済環境を表している[7]。産業連関上の中心となるべき基幹業種はむしろ大企業の比重が高いが、大企業生産における川上部門（部品生産等）、川下部門（製品加工等）で大企業と関係をもっている場合、また日用品の供給や対個人サービス等の生活関連業種で中小企業は多数存立している。尼崎地域の産業構造を詳細に分析すると同様の傾向が見受けられる。日本産業の国際競争力の強さの秘密を探る海外からの注目は、基盤となる産業発展及び日本的経営の特質等に求めるだけでなく、日本が持つ独自の経済慣行や社会構造、さらには産業構造の転換を裾野から支える中小企業の構造適応力の内実についてまで及んできた。1980年代に入り、日本の中小企業に欧米が着目することにより日本の中小企業の国際化が進展することになった。欧米は日本の中小企業の動向及びその経済効率性に着目するようになったのは、日本の経済社会が欧米とは異なる原理で動いているという視点からの分析、日本の企業間関係、特に下請制において日本の産業連関構造の効率性を評価していこうとする視点からの分析が中心であった。尼崎地域も例外ではなく、製造業を中心に発展してきた地域としてグローバルに展開できる企業も有

する一大産業集積地へと発展を遂げてきた。

　尼崎地域は産業構造の高度化にしたがって成立・発展してきた。上記のように第二次世界大戦後は、日本政府の産業政策[8]による重化学工業化の進展に伴って、工業都市として産業集積が形成されるにいたった[9]。中核産業は紡績業から鉄鋼業が立地するに至り、高度経済成長期を歩むことになる。鉄鋼業としての集積は一貫生産型の産業集積が形成され、平炉・電炉製鋼設備を持つ平炉・電炉メーカー[10]と圧延設備を所有し鋼塊・半製品を購入して圧延し、鋼材を生産する鍛圧メーカー[11]によって成立し、数多くの企業が存立していた[12]。しかし高度経済成長期が進むにつれ、次第にその問題点が指摘されるようになった。すなわち労働力不足による賃金の高騰、それに伴うコストの増大は発展途上国の競争力追上現象を生み、公害の深刻化による環境問題の台頭、地方都市の過疎化と対照的な都市の過密化、資源エネルギー問題の発生、さらには量より質への国民ニーズの変化が指摘されるに至り、1973（昭和48）年第1次石油ショックを契機に、高度経済成長は終焉を遂げることとなった。こうして素材型産業から加工型産業への産業構造の転換が起こった。鉄鋼業は衰退局面に入り、東京一極集中による関西経済圏の地盤沈下も進んだ。「尼崎市統計書」（尼崎市総務局情報統計担当）によれば高度経済成長の終焉とともに尼崎の人口、生産年齢人口、大企業の製造業従業者数はすべて減少傾向にある。すなわち製造品出荷額の成長率の鈍化、工場の閉鎖・縮小、従業員数の大幅な減少といった現象を引き起こすこととなった[13]。こうした現象は産業空洞化による事業所の廃止・転出により生じたものであり、製造業を周辺で支えてきた商業においても空き店舗が数多く見られるなど商店街の衰退化に歯止めがかからず、尼崎経済も長期縮小傾向を迎えることになる。

　尼崎地域の長期縮小傾向に歯止めをかけるべく、バブル崩壊以降さまざまな施策が実行されてきた。その主なものをあげると、2001（平成13）年に「ものづくり支援センター」が開設され、「尼崎リサーチ・コア」のもと大企業・中小企業を問わずものづくり企業に対する産業育成・研究開発を促進できる制度が整備された。2002（平成14）年に制定された「尼崎21世紀の森構想」により環境創造型のまちづくりを目指すこととなった。また2004（平成16）年には

「尼崎市企業立地促進条例」を制定し、2008（平成20）年に企業立地促進法に基づく尼崎市の基本計画を作成して国の同意を得、産業集積の形成による地域活性化を進める体制が整備された。この間にはパナソニックのプラズマディスプレイパネル工場を誘致するなどの動きがあったが、残念なことに急速な円高と外国企業の台頭により撤退を余儀なくされるなどの事態も生じた。しかしイノベーション創出企業を立地させない限り、尼崎地域の産業構造の高度化、地域活性化にとっての隘路（ボトルネック＝制約条件）になり、さらなるイノベーションを起源とする経済循環にはつながりにくい。ものづくり型製造業を核としたイノベーション創出機能を有した「尼崎リサーチ・コア」に始まる一連の施策は、いわゆる技術革新型イノベーションである「プロダクト・イノベーション（新製品開発）」及び「プロセス・イノベーション（新生産工程開発）」を実現するために有意な産業政策であったと位置づけられる。イノベーション創出機能を一部の中核大企業・中堅企業にのみ実効するのではなく広く裾野を有した中小企業・地域企業にも移転することが隘路回避へのカギとなる。そのために制定されたのが「産業振興基本条例」である。製造業のさらなる高付加価値化の実現、製造業を支えていく対事業所サービスを中心とした第3次産業の導入・育成、商業を含む「ありたいまち」（「尼崎市総合計画」による）を実現していける商業・対個人サービス業の育成・再生、といった課題が指摘できる。こうして2014（平成26）年に制定された「産業振興基本条例」により産業振興・起業・雇用を一体として推進していくこととなった。尼崎版グリーン・ニューディールによる「ECO未来都市・尼崎」を目指す体制が整うことになる。

2　尼崎地域の活性化と中小企業の存立

　地域には文化・歴史がある。同じように、企業にも長年培ってきた企業文化があり、それを維持しながら存立していかなければならない。尼崎地域は、位置関係においては神戸と大阪の間に位置し、阪神工業地帯に属する重要な工業都市である。しかし尼崎市に立地する企業の多くが、尼崎市が行政的に兵庫県

に属するにもかかわらず、経済的には大阪市との結びつきの方が強い。これは尼崎市の製造業の形成と発展が大阪経済の外延的拡大という要因を有しているからである[14]。地域に長年存続してきた企業は一企業でありながら公共性の高い事業を行ってきている。そのため長きにわたりその地域の存立維持可能な経営行動を行っている。これは自社がその地域において経営を継続していくことが、地域住民に貢献し、地域の活性化につながるとの認識によるものである。こうした状況下で日本は今、グローバル化しつつある。尼崎地域においても例外ではない。しかしあらゆる業種に中小企業・地域企業が存立しているわけではない。特に製造業についてみると、中小企業が全製造業に存立するのではなく、特定製造業に傾斜的に存立している。すでに示したように中小企業・地域企業の観点でいえば、製造業のさらなる高付加価値化を実現しうる企業、製造業を支えていく対事業所サービスを中心とした第3次産業の導入・育成を実現しうる企業、商業を含む「ありたいまち」を実現していける商業・対個人サービス業の育成・再生を実現しうる企業、を体現しうる企業の育成が不可欠であろう。

　現代日本経済は、一時的な円安・株価上昇がみられ、輸出産業や株式を保有している企業や個人の資産価値の改善につながっている。また輸出産業を中心とする大企業の業績向上は経済的波及効果をもたらし、中小企業の業績向上につながると期待されている。しかし円安を背景とした仕入価格の上昇等の影響が中小企業にもたらされることも多く、今後の中小企業の存立基盤が強化されるか否かについて不明なところが多い。最近の政府による経済政策は必ずしも評価できることばかりではない。つまり経営環境にとって負の側面があるという認識が必要である。政府の経済政策の背景には、国内に強い競争力を持つ重厚長大型の中核産業と中核大企業が存在し、中核産業・企業の育成振興を柱として政策を遂行していくことが、いずれ中小企業にも波及効果（トリクルダウン効果[15]＝徐々に周辺へ経済波及が広がっていく現象）が及び、日本経済の底上げにつながるという見解がある。しかしこうした見解による経済政策には、タイムラグが生じる可能性が高く、過度に期待することはできない。そもそも中小企業の存立基盤強化には日本経済の変化に惑わされることなく、情報

を収集し自社の存立基盤を強固にするために、その変化を利用し、変化に耐えられる強靭な企業づくりを目指していくことが必要となる。特に「社員教育」と「人財確保」を重視する企業の認識はリーマン・ショック以降、着実に大きくなっており、激しさを増す企業間競争を打破する戦略として人的資源の採用、社員能力の向上を土台とした経営スタイルが定着している。個々の中小企業は、自社の競争力を高める強靭な組織づくりを追求することが不可欠となっている。環境の変化に機敏に対応できる組織づくりを常に意識していかなければならない。現在の日本経済の状況が中小企業にどのように効果を及ぼしていくのか、まだまだ不確実なところが多いが、企業としての発展の方向と従業者の成長の方向のベクトルを一致させていくことが必要となる。それが経営組織運営や経営戦略実践の大きな原動力となり、存立維持に向けた企業成長の一歩となる。

　すでに示したようにイノベーションには、技術革新型イノベーションである①「プロダクト・イノベーション（新製品開発）」及び②「プロセス・イノベーション（新生産工程開発）」があるが、地域に長く存立している中小企業にとってのイノベーションは、ほかにもある。③「オーガニゼーション・イノベーション」はいわゆる"組織"のイノベーションで、企業間連携、産学連携といった連携を創ること"そのもの"がイノベーションであり、あるいは分社化して効率化、規模の経済性を享受するために規模を拡大したりすることである。④「リソース・イノベーション」、これは典型的な「人財育成、後継者育成、事業承継」があたる。⑤「ブランディング・イノベーション」、これはブランド力の強化であるが、ブランド力は、企業の信用力そのものであり、信用力の創造が経営力を高めていくことになる。中小企業のもつ異質多元的性質の側面と経済発展における裾野的役割は、中小企業のイノベーション発現によってあらゆる地域に多大な社会的利益を創出する可能性が高い[16]。経済の成長・発展のためには地域の活性化が必要不可欠である。また地域に存立する中小企業が地域活性化の主体的な役割を担うため、中小企業のイノベーションは中小企業存立維持において重要な役割を果たす。つまりイノベーションをおこした中小企業の存立維持が地域経済の活性化を導くといえ、イノベーションから生

み出される企業における利益は、地域内循環を経て社会的利益へと進化し、地域活性化と中小企業の成長・発展において大きな役割を果たすといえるのである[17]。以上のことを踏まえたうえで、①製造業のさらなる高付加価値化を実現しうる企業、②製造業を支えていく対事業所サービスを中心とした第3次産業の導入・育成を実現しうる企業、③商業を含む「ありたいまち」を実現していける商業・対個人サービス業の育成・再生を実現しうる企業の3つのケースを通じて尼崎地域におけるイノベーションについて検証していく。

3　尼崎地域の存立する中小企業のケーススタディ

(1) 高付加価値型製造業のケース——(株)ヤマシタワークス[18]——

　株式会社ヤマシタワークスは兵庫県尼崎市に本社を置き、創業者の山下健治氏が大手製菓会社より脱サラし、工場内下請企業として1986(昭和61)年に創業した。手作業によるバフ研磨[19](磨き技術)から事業が始まった。

　創業から2年後の1988(昭和63)年、自社工場を持ち、高い技術力により業績を伸ばし、自社工場による経営の安定を図るための金型分野へ事業展開を果たすが、元請企業からの下請取引による業務のため支配従属関係や賃金は創業当初から変わらずにいた。創業当初より「企業は人「財」が創る」という経営理念を持ち、経営をし続けていた山下氏は社員全員が幸せになるためには現状を打破しなくてはならないと考えた。研磨技術の賃加工だけではなく、製品を作る側へ事業転換を図り、イノベーションへとつながった。「リソース・イノベーション」たる理念型経営による人財育成がヤマシタワークスの経営基盤を卓立している。

　中小企業は本質的には労働集約的な傾向は強いが、職人技能に頼らずに研磨技術を活かす事業構想を練っていた。手作業の研磨技術を事業の軸にするには、経営資源とくに高い技術を有した人財の確保が求められ、事業をさらに成長させていくには人財の確保に伴う資本の拡充も必要であった。しかし同時に職人の技能でも難しくより細かい部分への研磨技術を活かす方法を考えてい

た。試行錯誤を繰返し、1995（平成7）年、エアロラップ装置を開発する。本件は、「プロダクト・イノベーション」と「プロセス・イノベーション」の融合である。エアロラップで用いられるラッピング技術はすりガラスを製造する際に使われる技術のブラスト技術を応用したものである。ブラスト技術[20]はガラスに細かな砂を吹付けることにより、ガラスの表面にムラなく傷を付けていく技術であるが、吹付けの方法を変えることで、通常では磨くことのできない細かなところまで磨くことが可能となった。ブラスト技術は通常はたとえば加工物としてのガラスの表面を傷つけることを目的として作られた技術であるが、エアロラップでは加工物としてのガラスの表面を滑らかにするという真逆の発想に基づいている。グミのような柔らかい食品素材と最硬度のダイヤモンドを混ぜることで、ダイヤが表面を削るときに表面を磨くような動きをすることを発見したことに着想を置き開発された技術である。山下氏の製菓会社出身という業界では異端の経歴が業界の常識に囚われない新たな発想を生み出したのでる。さらにエアロラップはガラスに吹付けるだけの作業のため、職人技能は必要ではなく、誰でも同じ高品質な結果を得ることが可能となった。

　さらに新規ビジネスモデルとしてあげられるのが、タイへの海外直接投資を主軸とした海外事業展開があげられる。2005（平成17）年にタイに金型製造工場を設立し、鏡面金型技術をタイへ移行した。ヤマシタワークスが事業展開しているタイのサムットプラーカーン県バーンサオトン郡は、「アジアのデトロイト」と呼ばれる自動車産業の集積地域である。同県内にはトヨタ、日産、デンソーなどの大手メーカーをはじめ、ダイキョーニシカワ、知多鋼業、イイダ産業といった自動車関連部品メーカーなどが工場を立地している。豪州、中東、欧州向けピックアップ・トラック（いわゆる大型トラック）においては世界第2位の消費国・生産国でもあり、タイ国内市場の獲得だけでなくグローバルでの主要な戦略的輸出拠点と各メーカーが位置づけている。ヤマシタワークスはこれら自動車メーカーのアッセンブリーに向けた自動車部品や加工品の製造事業を拡大することを目的としてタイへ事業展開した。エアロラップの累計販売は2013（平成25）年に入り、国内で800台、海外で400台に到達している。日本国内で現在開発が強化されている次世代自動車についても、エコカーの製

造などがタイで進められ、市場規模の拡大が期待されている。金型産業は重要対象業種として優遇されているほか、変速機やタイヤに関するニーズが高い一方で、タイ国内では依然低い水準で現地調達が行われている分野もある。ヤマシタワークスはタイでの金型生産に関して、今後ニーズの拡大が進むという見通しを立てている。新市場開拓、海外事業展開を進めることによって「ブランディング・イノベーション」を進めている。

　以上のように、ヤマシタワークスは創業以来の強みである研磨技術を用いて、金型製造へと事業転換し、さらにエアロラップの開発で旋盤加工やバフ研磨などの表面処理技術を組み合わせた独自の競争力を持つ金型事業の育成を海外事業展開と新技術・新製品開発とを融合させたイノベーションによって持続可能な企業づくりを達成しているのである。

（２）製造業等企業支援型対企業サービスのケース
──（株）フジ・データ・システム[21]──

　株式会社フジ・データ・システムは、兵庫県内のソフトウェアを開発する会社としては、先駆的な企業で、パソコンが世に出始めた頃の1978（昭和53）年に創業し、今年で38年目を迎える老舗のIT企業である。創業以来、主に制御系といわれる、産業機械や産業インフラ向けのソフトウェア請負事業を中核として発展してきた。顧客にとって必要な技術力はもちろん信頼性が要求される大手メーカーや官公庁など、幅広い事業領域を持ち、多くの経験豊かな人財が育成されている。

　フジ・データ・システムの特徴は、ソフトウェア開発だけでなくハードウェア開発も手掛けているところである。ハードウェアでは、プラスチックを成形する射出成形機の制御装置を製作し、20年以上輸出を続けている。主に中国の最大手射出成形機メーカーに納入、過酷な環境でも稼働できる制御装置として、品質に高い信頼を得ている。

　フジ・データ・システムが、IT業界で優位性を確立しているのには、3つの強みがある。第1にIT技術、特に請負事業はともすれば現状維持に流れ易

く、規模の拡大のみに走りがちであるが、フジ・データ・システムは、量的な価値を求めるのではなく質的な価値を求めることで、結果として信用力の創造につながり業況拡大につながっている。よりよい質、いわゆる経営品質を高めるために、自己研鑽を志す社員を積極的に外部の研修会に参加させたり、社内の技術リーダー達による技術力向上委員会を設置し、新技術取得、全社員の技術力向上などの年間スケジュールをたて、自社で策定されたPDCAサイクルによる技術力の向上と人財育成の好循環を図っている。また社内でベテラン社員、いわゆる熟練技術者が講師となり、技術研修会やコミュニケーション力向上のための講座を定期的に開催するなど、技術の伝承、人財育成の仕組みがシステム化されていることが強みといえる。第2に、顧客満足度の向上を目指して、請負ったプロジェクトにおける製品の品質向上と期限内製品納入を基本命題とし、必要となる全社のプロジェクト管理のために専任管理者を配置している。さらに顧客ごとにフジ・データ・システムの中堅幹部をチーム・マネージャーとして配備し、お客様との接点を大事にし、意思疎通を図り、迅速な対応が可能となるようなコミュニケーション力を強化する組織編成をとっている。第3は、フジ・データ・システムには長年蓄積した技術がある。ハード・ソフト両分野の技術を活かして新しい市場を生み出し、事業領域を着実に拡大している。このような取組みは、「ヒトが価値を生み出す」ことが大前提であり、人財育成に注力された経営品質重視の行動指針が実践されている証である。これらは「リソース・イノベーション」にあたる。

　フジ・データ・システムの経営理念に「創造と挑戦」とある。この理念に基づき、これまで蓄積してきたソフト・ハードの技術力を活かしたCPU基板"C-cubic"の開発販売を行っている。

　ロボカップジュニアという子供たちがロボットを操作し、自走ロボットでサッカーなどの競技を行う世界的な大会があり、フジ・データ・システムは3年前から、その大会に挑戦する子供たち向けに、セミナーを開催している。神戸ではその大会の予選となる神戸大会を主催している。"C-cubic"は、競技ロボットに装着することができるCPU基板である。温度や湿度計測、超音波センサーによる入場者カウンタなど、さまざまなセンサーを自由に取り付けて、

プログラミングをすることで、創造力豊かに使える基板であり、制御プログラミングに興味をもつ子供たちがより多く育ってもらえる教育教材として開発した基板でもある。ところが企業でも使用用途があることがわかり、展示会で紹介したところ、使ってみたいという声が何社かあり、商談が進んでいる。まさに社会貢献であるCSR活動が子供たちの教育教材としてはもちろんであるが、本業である制御システム開発にも"C-cubic"の基板技術が活かされている。これらは「プロダクト・イノベーション」と「ブランディング・イノベーション」の融合である。

こうしたイノベーションに裏付けられる技術は、業界では避けられ、嫌がられる案件、すなわち業界ニッチな分野における基盤技術である。他社で開発したがうまく稼働しない未完成のシステムや既存の古いシステムの改造なども引き受け、一から解読し完成させるソフト事業としてのサービスと技術力をもとに、さまざまな顧客のシステムを知ることで、自社の技術蓄積を実現していく姿勢が、今後のさらなるイノベーションへと繋がり、持続可能な成長発展を可能にしているのである。

（３）生活支援型第３次産業のケース──英貴自動車（株）[22]──

英貴自動車株式会社は1965（昭和40）年に現会長である川口善玄氏が創業し、2015（平成27）年には創業50周年を迎える。従業員及びその家族の幸せとエコをめざして地域社会密着型の経営を行うことが経営理念であり、「環境」「ヒト」「地域」を重視した経営をおこなってきており、それが現在の同社の信用力の基礎となっている。顧客からの信頼とともに成長してきた英貴自動車が、急激な経営環境の変化の中で海外事業展開戦略を実行している。

英貴自動車は板金塗装を核としながら、関連する保険業務と中古車販売の２つの周辺事業を展開している。創業時は、自動車のディーラーの100％下請であった。しかし自動車も簡単に潰れなくなったし、またディーラーのなかに事故やクレームが出た際にフィードバックのために技術情報を社内で取り込むようになってきた。下請のままでは将来的に仕事の量が減少するとの懸念から、

新たな取組みを展開すべく1990（平成2）年に現在の場所に社屋を移転し、ショールームを新設した。当時、バブル経済の絶頂期であり、仕事も多く、同業者からは冷ややかな目で見られたが、これをきっかけに脱下請を志向することになった。1990（平成2）年以降、脱下請を実現すべく、車検業務も行い、中古車も販売するなどに取り組んだ。これは自動車で事故をした際に自動車を購入したところに持っていくという顧客の習性を活かせることができるためである。その後、下請比率は約70％にまで低下していたが、その比率をいっそう下げていきたいと感じていた。こうした状況下で高い板金塗装の技術を背景とし営業力を構築していくこと、保険会社の指定工場となることへと事業を拡大し、1998（平成10）年に保険事業所を別会社として分社化した。

創業50周年に向けて中期成長計画とその行動計画であるアクションプランを策定し、新規事業展開の柱に海外事業展開を据えた。

第1に、アメリカ・ロスアンゼルスにアンテナショップを創設すること、第2に、大連に新事業所を創設することである。まずアメリカ・ロスアンゼルスでのアンテナショップ創設である。もともと有している技術であるたたき鈑金技術の強みを活かしたフォルクス・ワーゲン（以下、「VW」）のビンテージVWのレストア[23]を行い、新しい顧客の獲得と新市場開拓を図るべく取り組んでいる。VWの代表車であるビートルは、1945（昭和20）年から2005（平成17）年産まで、60年の長きに亘り愛され続け、生産総数は2,100万台以上といわれている。構造もシンプルでレストアにも適している。2011（平成23）年9月にロサンゼルスに法人設立（英貴トレージャートレーディング）し、2012（平成24）年11月にロサンゼルスにアンテナショップをオープンした。海外展開を行うことは、従業員の能力特性を活かし、ブランド力を向上させるものである。VW人気は根強く、国内に1万人のマニアが存在するといわれている。レストアは、たたき鈑金を基本とした同社の技術力をアピールすることができる格好の材料であり、ロスアンゼルスに出店することによるブランド価値の向上も期待できる。

いま1つは大連での新規事業展開である。大連へは2013（平成25）年8月に事業を開始し、大連市の富裕層向けに「日本式」のきめ細かなサービスを提供

する。事業概要は、①ダイヤモンドコーティング、②高級洗車、③ドレスアップ商品の取付であり、ターゲット車種としてベンツ・BMW・ポルシェ・フェラーリ・レクサス・アウディがあげられる。高級住宅地に敷地面積500m^{2}以上のショールーム店舗を開設し、2016（平成28）年に高級車専用の鈑金・塗装工場を開設予定である。大連市は、人口580万人を抱える大都市であり、2004（平成16）年には国連によって「世界で最も安全な都市」に選ばれている。インフラが完備しており、交通の便利も良い。また大連市は中国東北地方で最大の工業生産地をもつ大工業都市であるとともに、最大の港湾・航空貨物運送基地であり、中国東北地方の玄関口としての位置を占めている。また事業展開している日本企業が多く、それゆえ日本人の人財も多く、人財確保が比較的容易である。日本車が多く走っており、合弁進出しているメーカーが多く、日本車の輸入を行っている中国企業が多い。さらに大連には、上海や広州ほどではないものの富裕層も増えている。改革開放路線により、華僑のネットワークで台湾や東南アジアと取引を行って、儲かった資金で不動産投資をやって富裕層になった人たちが多い。したがって大連の富裕層が増えており、高級外車市場が相応に整っているという状況から、マーケットは見込みが持てるといえる。また地元同業者のレベル（技術レベル・サービスレベル等）が低いことから、日本式の高付加価値サービスを求めるニーズは存在する。新市場開拓としての海外事業展開を進めつつその成果を見守る必要があろう。

　以上の取組みは、新たなサービス展開を行っているがゆえの「プロダクト・イノベーション」であり、新たな市場開拓と共に海外事業展開に新組織による事業展開であることから「オーガニゼーション・イノベーション」にあたる。

4　イノベーションと尼崎地域の地域活性化

　以上、尼崎地域の経済、産業についてミクロの視点から企業の事例をもとに整理してきた。以下では本稿の終章として経済効果をキーワードに尼崎地域に求められる政策像について検討していく。本来、経済効果としてあげられるのが、「規模の経済性」「範囲の経済性」「連結の経済性」である。各経済性の内

容を紹介しながら尼崎地域の現状について検討していきたい。

「規模の経済性」とは、産出量の増大や生産物1単位当りの平均生産コストの低下が、生産規模の拡大に伴って生じる現象である。産業集積の場合、集積規模が拡大し、生産単位が大規模になればなるほど、平均費用は逓減し、専門的に汎用化された生産工程において機能的専門化が生じ、特定地域に集積がなされていない場合より経済性が享受されることになる。1960年代から70年代にかけての規模の拡大による量産化は、企業の合併・統合による生産の集約化とともに商工組合による中小企業業種の集積化が行われた。具体的には工業団地の形成や新産業都市の認定等がこれにあたる。従来型の自然発生的に形成された産業集積である地場産業の集積地たる産地は、中核的経営と連関機能を有した亜種である付加的経営のもとで、生産が専門化すればするほど、中核企業の意思決定下において規模の経済性の高度な享受は可能となる。しかしバブル崩壊を経て大規模化による集積効果は、需要の不安定性を背景として再検討された。パナソニックのプラズマディプレイの失敗に代表されるように、域外からの誘致では今日的な産業集積は地元企業を巻き込み、地域内再投資力を享受できるような「規模の経済性」の効果が得られる状況ではない。市場規模を勘案した産業立地策が求められる。

「範囲の経済性」とは、1973年の高度経済成長終焉以降、消費の多様化・個性化に対応した高加工度・高付加価値化、多品種少量生産に対応した経済的に合理的な効率化の戦略である。複数の事業活動に関して、一定の経営資源を複数の企業が個々に分かれて活用するよりも、集積により経営資源を総体として特定の1社が担う方が効率的になる。すなわち多角化により1社で複数の事業を行うと経営資源は共通に利用可能な要素があり、経済性を享受することが可能となる。ソフトな経営資源を多角的に活用して多用な製品・サービスを生産し、経済的合理性を発揮することになる。産業集積においては、特定地域内に連関性のある企業が集積することにより、多様な経営資源を保有し、生産能力を展開でき、各企業が経営展開において多様な補完的生産機能を相互に共有しあうことができる。1980年代から行われてきた異業種交流・企業融合化の展開は、この経済性の享受を具体化したものである。企業間連携も含めたこの試み

は、いわゆる「場」、プラットフォームの提供による情報発信・情報収集の重要性がこれにあたる。尼崎地域産業活性化機構をはじめ尼崎地域の経済諸団体による企業への「場」の提供がさらなるイノベーションを生むことになる。

「連結の経済性」とは、「規模の経済性」の享受による経済性の発揮の余地が縮小傾向になるにつれて、各企業にとって、第二創業による新製品・サービスの開発や新市場の開拓の戦略的必要性が増大し、既存製品を高度に加工したり、既存市場の顧客に価値創造を行い、相対的に付加価値を有した戦略的展開が不可欠となった。そのためには各企業単位において規模の拡大に伴う「規模の経済性」や経営資源の共有による「範囲の経済性」のメリットを追求するだけでなく、企業間取引関係の形成から発展的に進化させていく必要がある。発展的に形成された企業間組織としては複数企業による戦略的提携やネットワーク化、さらにはクラスター形成などがあげられる。こうして経営単位の存立形態を形成する複数企業が持つ人的・物的・財務的・技術的・知的な各経営資源を連結し、相互に活用していくとともに、集積地に存立する各企業が存立環境の変化に対して経営能力保持を基礎とした競争を媒介にして、尼崎地域全体として高い経営環境への適応能力を持つことになり、経営行動を有機的に機能・展開することが可能となる。こうして取引費用の削減といった地域内で仲間取引可能な受注先企業・発注先企業を選定するコスト、地域外での取引企業を地域内企業の関連企業から選定するコスト、情報収集・発信に関するコストなどを削減することができる。たとえば「メイドインアマガサキ」[24]は、1社当たりでは規模は零細であるが、集約することでブランド・シナジーが生じ、イノベーションにつながっている。現実の経営行動においては中小企業の場合は企業としての価値を高めていこうとすると、1社では力が限られており経営資源も不足している。環境変化に適切に対応できる自立型企業をめざす上で、「企業間連携」「ネットワークの活用」が重要となっている。

人口減少局面の中で、さらにはグローバル競争下において尼崎地域中小企業のイノベーティブな機能を強化する一方で、ベンチャー的な要素に加えてソーシャルにイノベーティブな創業化・起業化に関して中小企業を評価しようという動向が近年みられる。尼崎地域も例外ではなく、ソーシャル・イノベーショ

ンを地域活性化の処方箋のみならず雇用創出効果をもたらすキーワードであるとする認識が高まっている。Acs, Z.J. と Audretsch, D.B. は、イノベーション活動を通じての経営機能変化の過程及び市場創造への貢献、企業間競争及び企業の世代交代を促す役割、ニッチ市場開拓を通じた国際競争力の強化、新規雇用機会の創出等からイノベーティブな企業家精神を再評価し、大企業優位論を批判する立場から論旨を展開している[25]。このようにイノベーションの重要性を再認識し、イノベーターとしての中小企業の役割が重視されるようになり、中小企業の存立基盤も変化への適応力が求められる。情報化が進展し、情報ネットワークの形成が中小企業の情報発信能力を高めているといった事実は、取引費用の変化、契約形態の変化、依存関係の変化、さらには技術的連関関係の変化にまで影響が及ぶ。尼崎市では「産業振興基本条例」を策定し、「やる気」「元気」「根気」というキーワードを通じてイノベーティブな主体としての中小企業・マイクロビジネスを評価している。本稿で取り上げた5つのイノベーションと3つの経済効果を掛け合わせ、産業構造政策の体系化が望まれる。

[注]
（1） 佐竹隆幸編 (2014) pp.11〜12.
（2） 1904（明治37）年に尼崎紡績株式会社となる、数度にわたる合併・商号変更ののち1969（昭和44）年に「ユニチカ株式会社」が成立。
（3） 「錘」とは糸を紡ぐ道具である紡錘を数える単位のことであり、紡績工場の規模を示す場合に用いられる。
（4） 佐竹隆幸 (2008) pp.23〜24.
（5） 梅村　仁 (2011) pp.41・42.
（6） 伊丹敬之・松島　茂・橘川武郎 (1998) による。
（7） 佐竹隆幸 (2008) pp.197〜199.
（8） 「産業政策」については佐竹隆幸編 (2002) 第11章を参照のこと。ただし「産業政策」が直接、企業及び市場に対しての介入政策であると批判する産業組織論・独占禁止政策の研究者は「産業政策」を総称して「公共政策」の一部に含まれるものとしている。
（9） 佐竹隆幸編 (2002) pp.269〜272.
（10） 住友金属工業（株）（現・新日鉄住金（株））、日亜製鋼（株）（現・日新製鋼（株））、（株）尼崎製鋼所（（株）神戸製鋼所に統合）等。
（11） 大同鋼板（現・日鉄住金鋼板（株））、尼崎製鈑（株）（（株）中山製鋼所に統合）等。
（12） 南　昭二 (1987) pp.75〜76.

(13) 小西唯雄・土井教之（1987）p.313.
(14) 森本隆男（1987）pp.133～134.
(15) 「徐々に流れ落ちる」という意味で、「大企業や富裕層の支援政策を行うことが経済活動を活性化させることになり、富が低所得層に向かって徐々に流れ落ち、国民全体の利益となる」とする仮説である。新自由主義の代表的な主張の一つであり、この学説を忠実に実行したアメリカ合衆国第40代大統領 Ronald Wilson Reagan、いわゆる Reaganomics について、その批判者と支持者がともに用いた言葉である。
(16) 佐竹隆幸（2008）pp.1～9.による。山中篤太郎（1948）に由来する「異質多元的」な存在としての中小企業について理論的な整理を行っている。
(17) 岡田知弘（2005）による。
(18) 株式会社ヤマシタワークス
所在地：兵庫県尼崎市西長洲町2丁目6番18号
代表者：代表取締役社長　山下健治（やました　けんじ）
事業内容：金型及び部品の製造・加工、自社開発による自動鏡面加工装置（AERO LAP）、冷間鍛造パンチの製造販売、医薬品用金型の製造販売
設立：1986（昭和61）年6月　　資本金：1,000万円　　社員数：135人（タイ工場含む）
(19) 布、皮、ゴムなど柔軟性のある素材でできた軟らかいバフに、砥粒を付着させ、このバフを回転させながら工作物に押し当てて表面を磨く加工のことで、工作物の最終仕上段階での光沢出しに使われるほか、迅速かつ容易に加工できることを利してめっきの下地作りとしてよく用いられる。
(20) 投射材と呼ばれる粒体を加工物に衝突させ、加工しようとする物体の加工等を行う手法。対象となる加工物は金属、セラミック、ガラス、プラスチック等硬質なものが主ではあるが、ゴムのような軟質なものに対しても冷却硬化させてから用いる場合がある。この手法は主に加工物のバリの除去、表面研削、梨地加工のような模様付けなど広い意味での研削に用いられているが、金属の表面近傍に残留圧縮応力を付与させることによりばねやギアなどの疲労強度の向上、耐応力腐食割れの向上等にも用いられる。
(21) 株式会社フジ・データ・システム
所在地：尼崎市東難波町5丁目21番14号
代表者：代表取締役　藤嶋純子（ふじしま　じゅんこ）
事業内容：ハードウェア、ソフトウェアの設計・開発。
マイクロコンピュータを応用した電子機器の提案、試作開発から量産、及び受託開発業務。
設立：1978（昭和53）年9月　　資本金：4,000万円　　社員数：50人
(22) 英貴自動車株式会社
所在地：兵庫県尼崎市下坂部4丁目13番7号
代表者：代表取締役社長　川口貴史（かわぐち　たかし）
事業内容：自動車鈑金塗装・車検整備・中古車販売
設立：1965（昭和40）年4月　　資本金：2,000万円　　社員数：36人
(23) 老朽化などの理由により劣化もしくは故障した自動車等を修復し、復活させること。事故や損耗が理由の通常の修理や整備ではなく、製造時期から年数がある程度経ったビンテージモデルなどを復活、あるいは「保存」することを目的に行う。

(24) 株式会社ティー・エム・オー尼崎が2003年度から9回にわたり「メイドインアマガサキコンペ」を開催し、「尼崎で作られたもの、尼崎でしか買えないもの、アマにこだわった製品や商品、技術や人」249点を「メイドインアマガサキ」として認証している。
(25) Acs, Z. J. & Audretsch, D. B.（1990）・（1991）・（1993）.

[参考文献（引用文献を含む）]
Acs, Z. J. and D. B. Audretsch（1990）*Innovation and Small Firms*, MIT Press.
Acs, Z. J. and D. B. Audretsch（eds）（1991）*The Economics of Small Firms*, Kluwer Academic.
Acs, Z. J. and D. B. Audretsch（eds）（1993）*Small Firms and Entrepreneurship*: An East-West Perspective CUP.
Clark, C.（1940）*The Condition of Economic Progress*, Macmillan
Drucker, P.T.（1985）*Innovation and Entrepreneurship: Practice and Principles*, Elsevier（上田惇生訳（2007）『イノベーションと企業家精神――実践と原理』ダイヤモンド社）
Kuznets, S.（1966）*Modern Economic Growth : Rate, Structure, and Spread*, New Haven and London, Yale University（塩野谷祐一訳（1968）『近代経済成長の分析（上・下）』東洋経済新報社）
伊丹敬之・松島　茂・橘川武郎（1998）『産業集積の本質――柔軟な分業・集積の条件――』有斐閣
上田達三（1994）『現代の企業』関西大学出版部
上田達三（1996）「市場の閉鎖性と中小企業系列化」関西大学経済・政治研究所『規制緩和の研究』所収
梅村　仁（2010）「ビジネス・インキュベーションセンターの再生と地方自治体の産業振興施策――尼崎リサーチ・インキュベーションセンターのケーススタディ――」日本中小企業学会編『中小企業政策の再検討』同友館、pp.77～89。
梅村　仁（2011）「産業集積の維持・形成と地域産業政策――都市型産業集積地域を事例として――」『産研論集（関西学院大学）』第38号、pp.41～49。
岡田知弘（2005）『地域づくりの経済学入門』自治体研究社
金子精次（1965）『日本経済の成長と構造』東洋経済新報社
金子精次編（1982）『地場産業の研究―播州織の歴史と現状―』法律文化社
小西唯雄・土井教之（1987）「尼崎市産業構造の変化と地域産業政策――企業の社会的成果と公共政策――」増谷裕久編『阪神間産業構造の研究――阪神地域産業の歴史と現状――』法律文化社、pp.311～332。
小宮隆太郎・奥野正寛・鈴村興太郎編（1984）『日本の産業政策』東京大学出版会
佐竹隆幸編（2002）『中小企業のベンチャー・イノベーション――理論・経営・政策からのアプローチ――』ミネルヴァ書房
佐竹隆幸（2008）『中小企業存立論――経営の課題と政策の行方――』ミネルヴァ書房
佐竹隆幸（2012）『「地」的経営のすすめ』神戸新聞総合出版センター
佐竹隆幸（2014）『「人」財経営のすすめ』神戸新聞総合出版センター
佐竹隆幸編（2014）『現代中小企業の海外事業展開――グローバル戦略と地域経済の活性化

　　　　──』ミネルヴァ書房
関　智宏・梅村　仁（2009）「地方自治体における産業振興施策の展開と企業の活性化──尼崎市における総合計画と企業立地促進施策を中心に──」阪南大学学会『阪南論集（社会科学編）』第45巻第1号、pp.15～40。
鶴田俊正（1982）『戦後日本の産業政策』日本経済新聞社
中村隆英（1968）『戦後日本経済──成長と循環──』筑摩書房
中沢孝夫（2012）『中小企業とグローバル化』筑摩選書
林　宜嗣・林　宏昭（1988）「工業都市の衰退──尼崎市と四日市市の比較分析を通じて──」『関西学院大学産研論集』第15号、pp.49～92。
南　昭二（1987）「尼崎工業の分析──鉄鋼業の衰退を中心として──」増谷裕久編『阪神間産業構造の研究──阪神地域産業の歴史と現状──』法律文化社、pp.69～106。
森本隆男（1987）「尼崎中小工業の分析──低成長経済下における下請企業の動向──」増谷裕久編『阪神間産業構造の研究──阪神地域産業の歴史と現状──』法律文化社、pp.121～170。
安喜博彦（2007）『産業経済論 寡占経済と産業展開』新泉社
山下紗矢佳（2014）「中小企業の海外事業展開とイノベーション」佐竹隆幸編『現代中小企業の海外事業展開──グローバル戦略と地域経済の活性化──』ミネルヴァ書房、pp.137～160。
両角良彦（1963）「産業体制論──通産省側の一提案」千種義人編『産業体制の再編成』春秋社、pp.3～74。

Ⅳ ソーシャルビジネスに期待する役割とその可能性について
── 課題「解決」先進都市・尼崎を目指して ──

船木 成記

尼崎市 顧問

1 はじめに

（1）故加藤哲夫氏の言葉から

　この論考を始めるにあたり、我が国の市民活動を長年リードしてきた、せんだい・みやぎNPOセンター代表だった故加藤哲夫氏の言葉から始めてみたい。

「残念ながら今までの市民活動や市民運動は、社会や行政が作り出してきた矛盾の後始末や尻拭いだった。しかし、我々NPOの本来の役割とは、仕組みを作り、提案をして、そして、新しい社会の構造と参加の仕組みを世の中に位置付けてゆくことだ」(2011.6.25)（下線部筆者）

　これは、加藤さんが亡くなる少し前に、東北の大震災後を支えるために地域に入った「被災者とNPOをつないで支える合同プロジェクト：略称つなプロ」のメンバーに託した言葉の一節である。震災が起きてから3ヶ月が過ぎ、支援のステージが変わり始めた時の発言だった。緊急時特有の即応型のニーズ対応から、避難所の生活が日常になり始める、まさにニーズが見えにくくなる時期であり、それぞれが全国で社会的事業に取り組んでいる"つなプロ"メンバーに、まさにこの震災の場で、それまで培ってきた力を最大限に発揮してほしいと切に願った言葉だった。

　加藤さんの言葉の「NPO」という部分を「ソーシャルビジネス」と読み替えても、文意は全く変わらない、と私は考えている。この加藤さんの言葉に基

づいて、社会の課題を解決するために行われる社会的事業について必要な要素やプロセスを抽出してみたい。

〈社会的事業を構築する為のプロセス仮説：NPOやソーシャルビジネスの役割〉

1) 社会や行政が作り出してきた矛盾の中から、解決すべき課題を抽出し
2) その課題を解決できると想定される仕組みを作り
3) その仕組みを社会に提案して
4) その課題が解決された後の新しい社会の構造を提示し
5) その仕組みが持続可能な事業として展開できるよう工夫し（←特にビジネス的資質が必要な部分）
6) その事業に関わる人を増やしながら、目指すべき新しい社会構造を次の時代のスタンダードとなるようなものとして位置付けてゆくため、
7) 社会の人々の参加の仕組みを世の中に提案し、協働してゆくプロセスを常にデザインし続ける

　社会的事業を構築し、社会を変えてゆくためには、この1）から7）のようなプロセスが必要になると整理できる（もちろん、実際のプロセスは、この順序通りであるわけではない）。これはまさにアドボカシー（政策が形成されていく）プロセスとも非常に近似している。もしくは、新しい社会の仕組みや制度を構築するためのガバナンス（組織や集団に属する構成員が主体的にその意思決定に関わり、合意された事柄や約束事を守ってゆくという態度や仕組み：訳語では「統治」）のあり方とも共通するものがあるだろう。ここでのガバナンスは、いわゆるトップダウン型の上からのガバナンスではなく、オープン・ガバナンス、ピープルズ・ガバナンスともいうべき、いうなればフラットな協働型のガバナンスといえるだろう。

（2）協働のガバナンスとソーシャルビジネス

　2011（平成23）年6月に環境教育等促進法が改正され、法の目的に協働取組の推進が追加された。この協働取組の考え方は、様々な主体が対等な立場で

パートナーシップを構築する協働のガバナンスに基づくものであり、ソーシャルビジネスの推進に向けて、参考になる部分が多いのでここで取り上げてみたい。

　私も参加したこの事業の2014（平成26）年度の報告書[1]では、立場の違う主体が共通の課題認識のもと、その解決に向けて協働して取組みを行う場合における、各主体の役割について整理提言を行っている。詳細は報告書をご覧になっていただきたいが、環境領域にとどまらず、すべての社会的活動分野における知見と捉えることができる。その分析の中で、中間支援組織の役割に対して言及がある。様々な主体をつなぐ役割を担う中間支援組織に期待される役割は、ファシリテーション（相互理解や合意形成を促進するための支援）型のリーダーシップであり、それをチェンジエージェント（状況の変化や改善を自主的に促す組織もしくは役割）機能として整理し、基本的な機能を4つ挙げている。

〈協働のガバナンスを生み出すためのチェンジエージェント機能〉
　1）　変革促進
　2）　（変革のための）プロセス支援
　3）　（積極的な地域）資源連結（による新しい関係性の構築）
　4）　問題解決提示（とその実行）
　注：（　）書きの部分は、筆者補足

　この4つの機能を、加藤哲郎さんの言葉から抽出した7つのプロセスと照らし合わせて欲しい。7つのプロセスを実現してゆくためには、この4つの視点が必要不可欠であると考えられる。まさに、縦糸と横糸の関係ともいえるだろう。

（3）「制度的公共圏と非制度的公共圏」とソーシャルビジネス

　そして、もう一つ、読者のみなさんと共有したい概念がある。それは、2012（平成24）年2月に横浜で行われた「行政とNPOの対話フォーラム」（主催：日本NPOセンター）の冒頭、開会挨拶において当時日本NPOセンター代表

理事であった山岡義典氏が提示した「制度的公共圏」と「非制度的公共圏」という考え方だ。

　ある時点において、課題解決のために公共サービスとして制度化、もしくは行政が事業化したものを「制度的公共圏」内の課題と捉える。一方、その制度的公共圏の外にあるが、公共的な視点から見て、なんらかのサービスや仕組みを構築する必要があると考えられるものを「非制度的公共圏」にある課題と整理している。

　介護保険制度を例に考えてみたい。1997（平成9）年に介護保険法が制定され、2000（平成12）年に介護保険制度が始まり、介護の問題は今や制度的公共圏に位置付けられている。しかし、法が制定され制度化される以前は、非制度的公共圏にあった課題と言えるだろう。来たるべき超高齢社会では介護が非常に大変な問題になることは自明であり、課題に気がついた多くの人々が、その前になんとか仕組みを作らなければと危機感を持ち行動した結果といえる。家族による介護だけではなく、介護をする人も介護される人も含めて、社会全体で支えることが必要であると考え、仕組みを考案し、実践しつつ、社会的なコンセンサスを得ながら、アドボカシー的な活動も含め、法の整備までたどり着いたのだ。その時にようやく、非制度的公共圏にある課題から、制度的公共圏の構成要素へと、高齢者介護の問題は移動したことになる。

　このように、制度的公共圏と非制度的公共圏の境目は、社会の変化や時代の要請に応じて、常に変化するものであり、その変化を生み出す担い手としてソーシャルビジネスに関わる人々の役割があると考えられる。その役割とは、前述した加藤さんの残した7つのプロセスを意識しつつ、協働のガバナンスにおけるチェンジエージェント機能に求められる4つの視点を持ちつつ、社会変革を実現することに他ならない。

2　ソーシャルビジネスが必要とされている現代社会とは？

（1）東日本大震災以後を振り返って

　政権交代前の自民党政権では「新しい公」が問われ、その後の民主党政権では、誰にも居場所と出番がある社会を目指した「新しい公共」が推進された。そして、現在は「共助社会づくり」が進められている。

　その間、私たちは2011（平成23）年3月11日の東日本大震災を経験し、福島原発の問題に向き合って4年が過ぎた。この経験を通じて、私たちは何を学んだのだろうか（関西の視点を加えれば、阪神淡路の震災からも20年を迎えたが、その経験もまた、生かされているのだろうかという問いもあるかもしれない）。

　様々な観点からの振り返りがあると思うが、震災当時東京に住み、計画停電を経験した者として強く感じたことは、自分の人生や生きることを、他者やシステムに依存しすぎてはいけないということだった。都市生活者にとっては、生きるために必要なものはお金を通じて手に入れるシステムを基盤としていることを疑いもなく当然と考えていた。また、都会の日常生活を支えていたスーパーやコンビニエンスストアから商品がなくなったことにより、電力に限らず、物流網など中央集権型のコントロールシステムが、平常時には合理的かつ、効率的であったが、それだけでは私たちの日常を守ることができないと気づくこととなった。お金があれば、いつでもなんでも手に入るという幻想が打ち砕かれ、ネットワークの視点から言えば、自律分散型ネットワークがこれからの社会のスタンダードとなってゆく契機となり、スマートコミュニティ、スマートシティ構築の流れが加速した。スマートの意味も変わり始めた。

（2）社会関係資本の編み直しとソーシャルビジネス

　翻って私たちの日常の暮らしはどうだろう。日々の暮らしにこそ、大切なものがあり、失ってはいけないものがあるとあらためて胸に刻んでいるだろう

か。そして、いざという時に自分の身を守るのは、自分自身でしかないということに気づき、その認識のもと行動できているだろうか。まずは、自らを守り助ける。そして、自らを助けることの延長に、お互いを助け合う共助が生まれるのではないだろうか。それは何も緊急時だけのことではない。日常においてもそれぞれの得意分野を持ち寄ることで、補い合える関係となるはずである。しかしながら、生きるために必要なサービスをお金で買うことしかできない人同士の場合は、共助関係になることは難しいのではないだろうか。

　1の（3）で触れた、超高齢社会を迎える我が国を支えるユニバーサルサービスとして導入され、大きな役割を果たしてきた介護保険制度が、その導入10年を迎え2014（平成26）年度、大幅な見直しがあった。その結果、介護予防のメニューの一部が地域の独自メニューとなる。地域の特性に合わせて多様な運用がなされるようにという言葉の裏に、国としては増え続ける社会保障費の抑制と財源問題があるのは明らかである。財源が潤沢ではない地域や自治体は、サービス量の見直しや質の担保、費用の工面、担い手の確保に苦しむこととなるだろう。そして、一旦、お金の関係に替えてしまった関係性を、もう一度、地域や人のつながりの中に戻すことが可能なのだろうか。その解決策の構築は、簡単にはできないかもしれないが、しかしながら希望はあると信じたい。お金があっても必要なものが手に入らない状況を体験した私たちは、それを乗り越えるための新しいモデル構築を行う力が備わっているはずだ。そして、それが、ソーシャルビジネスに関わる人々に期待される役割の一つだと思われる。ソーシャルキャピタル（社会関係資本）の編み直しを目的とすることは難しい。しかしながら、ソーシャルビジネスに関わる人たちが、課題解決のために行動し、触媒のように振る舞うことにより、地域社会が紡ぎ直され、結果的に、社会関係資本が強化されることに結びつくと期待したい。

3 課題「解決」先進都市・尼崎を目指して

(1) 課題先進都市から課題「解決」先進都市へ

　現在、国による地方創生の動きの中で、各自治体には、2060年を見据えた人口ビジョンと総合戦略の策定が求められている。その中で、東京圏、もしくは三大都市圏への人口集中を是正しつつ、我が国の人口減少のスピードをゆるやかなものとし、このままの出生率では2060年の日本の総人口が約8,000万人と想定されている人口を、1億人程度に留めたいという期待を込めた青写真が描かれている。三大都市圏の一翼を担っている尼崎市は、現在人口約45万人であるが、国立社会保障・人口問題研究所の予測では、このままでは2060年には25万人前後になると予想されている。尼崎市は高度成長期の日本を支えた阪神工業地帯の中核的な都市であったが、尼崎市の人口のピークは1970（昭和45）年の55万人であり、以降45年間人口が減り続けている。つまり、人口流入を課題として捉えているはずの三大都市圏を構成する都市でありながら、実は人口流出に長らく直面してきた、おそらく日本で唯一の都市ということなのである。

　東京大学の第28代総長である小宮山宏氏（現三菱総合研究所理事長）の著書に「課題先進国日本」がある。その冒頭部分を少し引用してみたい。

「『課題先進国日本』という意味は、日本にはまだ、どの国も解決したことのない課題が山ほどあるということである。エネルギーや資源の欠乏、環境汚染、ヒートアイランド現象、廃棄物処理、高齢化と少子化、都市の過密と地方の過疎の問題、教育問題、公財政問題、農業問題など、解決しなければならない課題が山積している。」

　続けて、イギリス、フランス、ドイツ、アメリカの例をあげつつ、先進国は自らの課題を解決して、その経験を持ってして、世界を先導してきたと述べたあと、

「日本がいま、課題山積みの先進国であるということは、日本がこの先人類の地平を切り開く立場に立ったと捉えるべきなのである。それが、『課題先進国日本』ということの含意である。」

　と、冒頭の一文を結んでいる。
　一方、尼崎に目を向けると2014（平成26）年11月に再選され2期目がスタートしている稲村和美市長の「こちら市長室」（尼崎市ホームページ）の挨拶文には、こう記されている。

「尼崎市は、時代の先端を走ってきた分、他都市に先んじて人口減少や高齢化、公共施設の老朽化など、都市の課題に直面する『課題先進都市』の側面をもつまちです。しかし、本市には、これまでも都市の課題を行政だけでなく、市民の皆様とともに克服してきた歴史があります。まちの課題から目を逸らさずに向き合い、その解決に向けて真摯に取り組む中から、市民の自治やわがまちへの誇りが育くまれ、行政のレベルアップが図られるものと考えます。
　（中略）
　市民の皆様とともに考え、将来のまちの姿をともに思い描きながら、市民力と職員力を発揮して、都市の課題を他に先んじて解決する『課題解決先進都市』を目指してまいります。」

　過疎地や限界集落を抱えている地域、もしくは日本創成会議が問題提起した消滅可能性都市に対して、社会の注目が集まっている。どうしても議論の中心は、中央から地方へという人口の移動を目指したものとなっている。しかしながら、都市の中にも課題がすでに見え始めており、近い将来日本全体がその課題に向き合わなければならず、そしてなにより、今からその課題を乗り越えるために対策を講じてゆかねばならないことに対して、尼崎が全力をあげて取り組むという宣言でもある。首長自らが、尼崎の課題を解決するために生まれるチャレンジやアプローチが、日本社会が必ず直面するはずの課題解決の道筋を開くことになると意味づける意義は大きい。

（2）ローカル、ナショナル、グローバルという３つの視座を持つ

　今後、尼崎のまちの課題を解決してゆくために、多くの人々が立場を超えて協働してゆくことが求められる。その協働する力を最大化するためには、課題をどう捉えるかが重要となるだろう。その課題は、当該地域固有（ローカル）の課題なのか、日本社会全体（ナショナル）の課題なのか、もしくはまだ世界（グローバル）でも未解決な課題なのか。例えば、尼崎は現在、他都市に比べて生活保護受給者が多い都市である。これはローカルな課題として捉えることができる。しかしながら生活保護の問題は今や、未だ解決されていない日本社会全体の課題（ナショナルな課題）でもあり、尼崎が従来にない解決モデルを創出し、他都市に先行して解決につながるような取組みを生み出すことができれば、非常に素晴らしいことだと思う。まさに、課題解決先進都市としての姿であろう。その意味でも、2015（平成27）年夏から始まる野心的なプログラム、生活保護世帯の就労可能な若年への支援を行い、早期の自立と社会参画の実現を目指して、日本財団、NPO法人育て上げネットと協働で行う、ソーシャル・インパクト・ボンド（SIB）の実証実験事業は、大いに期待したい。

４　尼崎の地域経済的視点から見たソーシャルビジネス

（１）ソーシャルビジネスの創業・起業の地としての尼崎の魅力

　尼崎は長らくものづくりの産業都市としてそのアイデンティティを構築してきた。阪神工業地帯の雄として我が国の高度成長期を支え、日本社会をリードしてきた自負もある。その尼崎が、ソフト的側面が強い社会的事業ともいうべき、ソーシャルビジネスをどう捉えるべきなのだろうか。

　尼崎の特徴として、商店街が多く買い物がしやすく、何より物価が安いのが魅力の一つと言われている。加えて交通の便がいい。神戸、大阪、京都への移動も１時間以内である。生活費が安く、地の利がいい。これは、ソーシャルビジネスに限らないかもしれないが、創業や起業の地として適性がある。特に若年

層にとっては大きな魅力ではないだろうか。そして何より、創業者を支える仕組みも充実している。尼崎信用金庫や尼崎商工会議所をはじめ、いくつもの創業支援の仕組みやネットワークがある。そして、そのプログラムに育てられた先輩起業家や、支える側の人材も多い。加えて、2014（平成26）年度に策定された新しい産業振興基本条例では、創業支援、起業支援にこれまで以上に力を注いで行くという意思が示されている。もちろん、ソーシャルビジネスもその支援対象となっている。実際、創業期にあるソーシャルビジネス事業者にとって、ビジネス的手法による事業の持続可能性の確保が最大の経営課題となっているケースが多く、事業構築領域におけるノウハウを提供できる豊かなネットワークや生態系が尼崎にすでに存在していることは本当に心強い。今後、行政が新しい産業振興基本条例にもとづき、両者を積極的に結びつけることが期待される。その意味では2015（平成27）年10月に阪神尼崎の尼崎市中小企業センター内に設置されたインキュベーション・オフィスABiZ（アビーズ）のこれからの発展に期待したい。

（２）ソーシャルビジネスのもたらす社会的インパクトを評価する複眼的視点を

　産業統計的な視点から見た場合、ソーシャルビジネスの事業者は、その一部を除いて、ほとんどが少人数で経営や運営されている団体や組織であり、雇用創出力はまだまだ心許ない。また、ビジネスモデル的にも、利益追求型のモデルではないために、潤沢に法人税を収めてくれる訳でもない。その意味では、狭義の地域経済政策的にはソーシャルビジネス振興を積極的に行うインセンティブが働きにくい。

　また、ソーシャルビジネスをテーマに議論する時に、わかりにくくなる原因の一つが、その事業の評価についてである。そこで、ソーシャルビジネスの評価尺度として、事業者としての直接的な雇用数や売り上げ、法人税の納付など、従来の経済指標的視点だけではなく、そのソーシャルビジネス事業者が提供する社会的サービスの提供量、解決される社会課題の量に着目することを提

言したい。社会的インパクト、もしくはアボイデッド・コスト（回避されたコスト）という考え方がある。このような側面をどう評価するかによって、ソーシャルビジネスに対する見方や取組みスタンスが変わると考えられる。

　社会全体では、対処型のアプローチよりも予防的なアプローチが重視され始めている。問題が露わになってからなんらかの形で対処型の出費を継続的に行うことと、事前の予防的な対処によって事態の悪化を防ぎ、その事象を発生させない、もしくは抑制するということに係るプロセス支援のコストの両者を比べた場合、総じて予防型アプローチの方が、総費用が少なくて済むという評価尺度である。加えて、丁寧にプロセス支援を行う必要があるために、人と人のつながりや関係性が（再）構築され、プラス要素の副産物も手に入ることが多い。例えば、海外で有名なケースとしては、ホームレス支援のNPOとして有名なコモングラウンドというアメリカの団体がある。『ソトコト』（木楽舎）などの雑誌でも取り上げられ、日本での講演会も多数行っているので、ご存知の方も多いと思われるが、筆者は2008（平成20）年に代表であるロザンヌ・ハガティ氏が来日した折にお話を伺っている。要点を記すと、ニューヨーク市のタイムズスクエアのホームレス支援の手法として、ニューヨーク市が行う炊き出しなどの給付型の対応を行い続けることに比べ、彼らがホームレスに住む場所を提供することにより安全と安心を提供し、生活習慣の再獲得、就業支援など、一人ひとりに対して、状況に応じたサポートやマッチングを行うことにより、社会復帰につながることを実現した総コストが、圧倒的に少なくて済むという試算（約2.5倍）があった。そこで、荒廃していたホテルをホームレスの居場所として改装し、職業訓練なども含めた一連の社会復帰支援プログラム提供を行うための初期投資をニューヨーク市他に掛け合い、彼らのプランが採用されたことが大きな社会的インパクトを生み出す契機となった。結果、タイムズスクエア周辺からはホームレスが激減[2]し、周辺の治安が回復され、犯罪率も低下し、トータルな社会的コストが大幅に下がった。そして、当初は計算に入れていなかったという周辺地価の向上にも大きく寄与したとのことであった。直接的な課題の解決だけではなく、新しい価値を生み出したことが誰の目にも明らかであった。その後、彼らはそのノウハウを生かし、今や全米で20近

い同様のホテルを経営するに至っている。

　このようなケースをどのように評価すべきなのであろうか。この団体の生み出す、直接雇用の数が問題なのだろうか。法人税の有無や多寡が問題なのだろうか。社会的なインパクト（影響力やもたらされる効用）を評価する尺度を、まちづくりを行う側が、複眼的に持つ必要があるのではないだろうか。

　かつて筆者は、尼崎市役所の経済担当の人間に聞いたことがある。「なぜ、企業や工場の誘致ばかりを優先して考えているのか。例えば、大学の誘致はこれまで行ってきてはいないのか」と質問してみた（もちろん、企業や工場の跡地に大学を誘致する場合には用途地域の変更等様々なハードルはあるので、簡単なことではないが）。市の担当者の答えは「大学は法人税収入が入らないからこれまで検討は、行ってきてはいない」だった。直接的経済効果の視点から考えると確かにそうかもしれない。しかしながら、学習院大学経済学部鈴木亘教授の試算[3]を参考にすれば、1,000人規模の学生がいる大学があれば、年間約18億円の地域経済効果が見込まれるという。市税収入だけではなく、地域経済の活性化の視点から見た場合、この数字は検討に値するのではないだろうか。また、数字に現れないかもしれないが、学生が地域社会と交流することにより、確実に賑わいや活気が生まれ、学生にとっても尼崎という町に出会う機会となり、将来の居住地選択の機会に検討候補にあがることにつながるだろう。現在、尼崎は交通の利便性が高い分、通過される都市でもあり、神戸と大阪の間を通学や通勤で往来する若者たちが、目的地として降りる機会や理由がないことも、定住人口拡大の視点から見ても大きな課題となっている。そのまちに触れた経験がない人間が、いきなり住むことを検討することはなかなかに考えにくい。居住地選択の意思決定の前に、若い時期に遊びに行くなどしてまちの表情に触れ、下宿や寮などに住む体験をするなどして、そのまちでの暮らしをイメージできる体験をしているか否が勝負になるからである。

　このように一義的な経済指標だけではなく、時には時間軸を長く取り、ソーシャルビジネスが生み出す社会的インパクトを複眼的に評価できる指標の構築が望まれる。

【補足】ビジネスという言葉の意味をあらためて考える

　このような議論を行う時に「ビジネス」という言葉の捉え方が重要な意味を持つ。従来の官か民かという議論では、民間だからビジネス志向で利益重視であり、官の領域に民が入ることには大きな違和感と拒否感がこれまではあったと思う。しかしながら、本稿でいう「ビジネス」という意味は、儲けるため、もしくは利益重視の意味ではなく、直面する課題解決のために行う事業が持続可能な形となるため、ビジネス領域での知見や経験に支えられているという意味で「ビジネス」という言葉を捉えている。ソーシャルビジネスという新しいビジネスカテゴリーがあるという意味合いもあるが、ソーシャル（社会的）な課題を解決するために「ビジネス」的手法を用いて、持続可能な形で社会にサービスを提供できる状態を構築することに関わることの全体をソーシャルビジネスという言葉の中に、含めておきたい（ここでいう持続可能という意味は、従事する人々が、十分に暮らしを営むことができる収入を手にして、社会的に安定した地位や役割を得られるという意味でもある）。

5　ソーシャルビジネス（及びNPO等）の活動、活躍に期待すること

（1）地域が必要とするこれからの公共サービスの支え手、担い手として

　尼崎市に限らず、我が国全体の課題でもあるが、地域社会が必要としている公共的なサービス量の全てを行政が負担することはすでに難しい状況にあり、様々な領域で外部委託や民営化が進められてきている。時代に先駆けて行財政改革にも直面している尼崎市は、行政職員数の削減、事業の外部委託が進んでいる。制度的公共圏内にあったものを、先んじて企業やNPOにアウトソーシングしてきた歴史がある。その意味では、アウトソーシング先進自治体と言えるだろう。スリム化にはある意味成功してきたかもしれない。しかし、今後に向けて大きな危機感がある。課題先進都市として様々な都市課題に直面してい

る尼崎の場合、目の前の課題への対応をその優先順位から見て、注力せざるを得ない状況にある。想定外の大きな課題や、増え続けると想定される社会保障的サービスに対して、どのように立ち向かうべきなのであろうか。

　そのような状況下において、非制度的公共圏における問題や課題の構造化を行い、時として行政と対立しながらも、地域社会が必要とする公共サービスを提案し、持続可能なものとして提供する仕組みを作り出すことが、尼崎においては特に、ソーシャルビジネスの領域に関わる人に求められていることになる。変革促進、プロセス支援、資源連結、問題解決提示とその実行というチェンジエージェント機能を、当該テーマに関わるステークホルダー（直接的、間接的利害関係者）みんなで担うとも言えるだろう。その場合は、当該領域における行政の担当者も、第三者ではいられない。まさに、稲村市長の言葉を借りると「公共を新しくする」という視点が必要である。その課題の当事者も含めて、関わる人々みんなで、問題点の指摘だけにとどまらず、新しい解決策の構築とその結果もたらされる社会的インパクトの算出を行い、社会に提案し、取組みへの理解と共感を得て、具体的に実現に向けて行動してゆかねばならない。そして、その中核的役割を担うことが、ソーシャルビジネスに関わる人々に期待されるのである。

（2）尼崎を語るキーワードとしてのソーシャルビジネス

　カトリーナ。みなさんは覚えているだろうか。少し前になるが、2005（平成17）年にニューオリンズを襲ったハリケーンの名前である。カトリーナにより市街地の80％が浸水するなど、未曾有の災害に見舞われた米国ルイジアナ州のニューオリンズは、いまや「起業しやすいまち、インキュベーション・シティ」という名を冠せられている。人口は約48万人。ジャズやスポーツで有名だ。しかし、ハリケーン襲来前の1990年代から経済は低迷しており、2000年から2004年の5年間では、約1万6,000人の雇用が失われ、約2万3,000人の人口が流出していた。教育や貧困、経済格差など多くの都市型課題を抱えている街であった。そのようなタイミングで、カトリーナがやってきた。もちろん、復

興支援のために世界中から支援が集まったのだが、アイディア・ビレッジという起業家支援を行ってきた代表的なNPOの代表であるティム・ウィリアムソンは「世界中の目がニューオリンズに向けられた。世界のリソースをどうオーガナイズするかが問題だった。教育、貧困、医療、健康、それまでは課題だったもの全てが機会になり、ニューオリンズを起業家にとってのラボラトリーとして組み直すことができた」と語っている[4]。実際、成人人口10万人に占める新規創業者の割合は、全米平均よりも56％も高くなっている。まさに、実験場として位置付けることにより、その課題解決を目指した起業家を呼び寄せ、起業家の生態系（エコシステム）を構築することにより、新しい起業家が集まるという循環が生まれた。そして、課題解決に取り組みたい人たちが起業しやすいまちという実態が生まれ、都市のブランディングがなされたといえるだろう。

　ニューオリンズや東北のように、大変な状況に直面することなく、「尼崎は、ソーシャルビジネスに熱心な街だね」という社会からの認識を得たいと考えている。多くの人々にとって「尼崎で地域課題の解決に取り組む経験をしたい」「尼崎でソーシャルビジネスにチャレンジしたい」「尼崎でソーシャルビジネスに挑戦することが自分にとって成長できるはず」と思ってもらいたい。そのような人々が尼崎にあふれてくれることにより、地域社会の公共サービスの担い手が増えることを期待し、また、彼らから提供されるサービスの質も常に向上してゆくと考えられるからである。もちろん、協働する行政の側もその力量形成機会に恵まれ、能力向上が図られることはいうまでもない。2012（平成24）年度から導入された提案型事業委託制度などもコストダウンだけではなく、同様の狙いがある。そして、2013（平成25）年度より、尼崎のまちの課題解決を目指した長期間のブラッシュアップを行う、実践型のソーシャルビジネスプランコンペを行い、2014（平成26）年度からは文科省の地（知）の拠点整備事業、通称COCの枠組みにより、兵庫県立大学や園田女子学園大学と協働するなど、様々なソーシャルビジネス振興施策を展開し始めたところである（詳細は本叢書の【Ⅸ】の立石論文参照）。

　ニューオリンズのウィリアムソン氏の言葉を借りれば、尼崎は課題先進都市

として、その解決策を探る「課題解決の実験場（ラボラトリー）」としての役割が期待される。その結果、「ソーシャルビジネスを尼崎の地場産業に」「尼崎はソーシャルビジネスのメッカとなる」と常々口にする稲村市長の目指す姿が実現され、尼崎というまちに輪郭を与えるキーワードに、ソーシャルビジネスが挙がってくるようになるだろう。

（3）若者との接点回路としてのソーシャルビジネス
　　――地域コミュニティが若者を育む――

　実は、筆者は先日驚く体験をしている。尼崎市の隣まちの大阪市役所で働く20代を中心とした若手の勉強会に呼ばれた。参加者は約40人。その際に尼崎についてどのような接点機会があったか聞いてみた。参加者全員が隣町の尼崎のことは知っていた。しかしながら、その中の約半数の人が、一度も尼崎のまちに降りたことがない！　という。もちろん、神戸には遊びに行ったことがあると全員が手を挙げ、尼崎市域を電車で通過したことがあると答えた。尼崎というまちは、今時の若者にとって降りる理由を見つけにくい街という、現状を教えてくれたのである。

　今、尼崎は都市の体質転換を目指し、持続可能なまちづくりを進めるために、ファミリー世帯に代表される若い世代の転入促進を目指している。繰り返しになるが、居住地選択の機会にその選択肢となるためには、それまでにその地域とどのような接点機会を持つかが重要であり、その時の印象が重要となってくる。まさしく、ブランド体験といわれるものだ。その意味では、今のままでは、若い人たち、尼崎にとっては将来のファミリー世帯の転入候補者たちは、尼崎というまちにそもそも触れたことがない人たちがその多くを占めるということになる。これは由々しき事態である。その時までにまちに接した経験がなければ、おそらく居住地として選ばれることは難しいだろう。

　今、ソーシャルビジネスや社会的起業、社会的事業に対して大きな注目が集まっている。若者の進路や就職先の一つとして、NPO法人やソーシャルビジネス事業者が視野に入り始めた。一方、大学では社会起業学科やソーシャルビ

ジネスコースなどが新設され、従来の法学部や公共政策系の学部や学科でも、ソーシャルビジネスについて学ぶ機会も多く、実際に地域に入るアクティブラーニングも盛んになっている。

若い世代が街に触れる理由はいろいろあると思うが、観光やデート、遊びの機会だけではないだろう。観光等を目的とした場合、他都市と比べてキラーコンテンツが少ない尼崎の場合、どうしても不利になってしまう。しかしながら、ソーシャルビジネスに熱心な尼崎という社会的な認識を得ることにより（その実態を作り出す途上にあるが）、ソーシャルビジネスに興味や関心のある若者たちが、そのことを理由に尼崎に足を運び、実際に課題解決に関わり合いながら、その過程でまちの人々に触れ、尼崎のまちの魅力に気がつき、従来のイメージと違う尼崎を発見してくれることを期待したい。新しく尼崎に足を運ぶ理由を作り出すことができれば、関西の下町とも言われる人情味豊かな尼崎の地域コミュニティは、必ずや若者や人を惹きつけ、育てる力がまだまだ十分に備わっていると信じている。その意味では、学生の経験機会の獲得や人間的成長のみならず、受け入れ側の第二創業や新規事業の取組みに非常に効果的な、長期実践型のインターンシップにも期待しているところだ（2015（平成27）年度に試行実施中）。

地域社会やコミュニティの高齢化が避けられない今の時代、若い人たちとどう出会うかが重要なポイントとなっている。当該地域の出身者ではないにもかかわらず、なんらかの理由やきっかけをもとにその地域にコミットしようとする若い人の力を借りて、地域の問題に取り組み、その過程で交流が生まれ地域社会が再び活性化する。その一方、若者たちも様々な経験機会を通じて、先人の知恵を学び、リーダーシップを経験し、プロジェクトを進めるためのマネジメント力を高め、なによりも様々な立場や考えの違う人たちとの合意形成プロセスに関わることで、コミュニケーション能力を鍛える機会にもなる。まさにお互いに win-win の関係が生まれる。

さらに期待することとしては、若者にとっては、何年かしてから尼崎での体験を振り返り、「あの時のあの経験があるから、今の自分がある」と思えることを経験してほしい。いうなれば、「人生のスイッチが入る」という経験を尼

崎でしてもらいたい。若者がそう感じることができれば、将来の居住地選択の機会において、尼崎が選択肢に入ることも無理なことではないと考えている。

　このように捉えると、地域コミュニティの持続可能性は、地域と若者の出会いの機会に左右されるといえるだろう。当該地域にコミットしたいと思う、なんらかのきっかけや理由は、実は、地域側が作り出す必要がある。その意味で、まちをあげてソーシャルビジネスや長期実践型インターンシップに積極的に取り組むことは非常に重要である。
（ここからは、余談になるが筆者は、尼崎は若者にとって腕試しができるまち、まさに「腕試しシティ」としての役割を担うことができるのでは？　と密かに考えている。腕試しができるということは、一方で失敗することも許容される寛容さも持ち合わせている必要がある。チャレンジを応援するまちとしてのシティプロモーションの方向性とも合致しており、神戸や大阪といった都市を後背地にもつ尼崎としての地域性や、コミュニティの持つ温かさや懐の広さを勘案しても、標榜する意味があるのではと考えている。）

6　おわりに――尼崎のまちのソコヂカラに期待して――

　尼崎市は現在、学習する地域構想をもとにして、市政100周年を迎える2016（平成28）年に「みんなの尼崎大学」を開校する予定で、準備を進めている。今年度（平成27年度）は、そのパイロット的なプログラムとして「みんなのサマーセミナー　二日間の学校ごっこ　せえへん！」と題して、夏休みに市内の女子高（百合学院）を実行委員会が借り受けて二日間の学びの場作りが行われた。長年続いている愛知サマーセミナーをお手本に、こんなことを尼崎でもやってみたいという市民の自発的な取組みから始まり「誰でも先生、誰でも生徒。必要な持ち物は、スリッパと筆記用具と好奇心！」を合言葉に、大きな盛り上がりを見せた。170以上の講座が行われ本当に大盛況だった。あらためて、尼崎のまちの持つソコヂカラというか、エネルギーとパワーを感じたところだ。

　自分たちのまちの困りごとは、自分たちの手でなんとかしよう。経験から学

び、振り返り、行動する。そんな思いと行動力にあふれている、ちょっとおせっかいな人々との出会いと、そこで交わされるとびきりの笑顔。このパワーがあれば、尼崎の未来は、決して暗くはないだろう。このような力をどのように繋ぎ合わせ、新しい化学変化を生み出し、次の世代に尼崎のまちを手渡すことができるか。そのための一つのアプローチとして、ソーシャルビジネスに期待するところは大きい。

　地方創生で語られている2060年に子育てしている世代を、例えば30歳とすると、実は、彼らはまだ生まれていない。その彼らのために、我々は何ができるのか。想像力を逞しくして、より創造的に動き出さなくてはならないだろう。近い将来、尼崎の地域社会やコミュニティが揺籃し、生み出したソーシャルビジネスのモデルが、日本社会の課題を解決し、社会の構造を変え、多くの人々の参加の仕組みを作り出す日が来ることを願って、この論考を終えたいと思う。

［注］
（1）「2014（平成26）年度環境省地域活性化に向けた協働取組の加速化事業～協働ガバナンスの事例分析と社会的学習の理論的考察に焦点を置いて～最終報告書」研究代表者 佐藤真久（東京都市大学教授）より
（2）2009（平成21）年『ソトコト』5月号グリーンファイター特集より　その後、第二第三のビルやホテルを、市だけではなく企業とも協働して買収し、社会復帰のためのサポーティブハウスを作り、街区再開発につながり、同地域のホームレスは、過去2年間で87％減少したとのこと（取材時点）
（3）2012（平成24）年大阪市西成区の課題解決のための大阪市有識者座談会提言資料より（座長：学習院大学鈴木亘教授）
（4）東北支援活動レベルアップ3ヶ年プロジェクト（主催：NPO法人ETIC.＆ジャパンソサエティ）報告書「ニューオリンズはなぜ『起業家のまち』と呼ばれるようになったのか」より

［参考文献］
アダム・カヘン（2014）『社会変革のシナリオプランニング』英治出版
尼崎市立地域研究史料館編（2007）『図説尼崎の歴史』尼崎市
石井淳蔵（2014）『寄り添う力』碩学舎
犬養道子（2001）『あなたに今できること』中央公論新社
入山章栄（2012）『世界の経営学者は今何を考えているのか』英治出版
上野征洋・根本敏之編著（2006）『市民力――ソーシャルマーケティングのすすめ――』宣

伝会議
OECD 教育研究革新センター編著（2014）『学習の本質』明石書店
川上憲人・橋本英樹・近藤尚之編著（2015）『社会と健康』東京大学出版会
グレン・アーバン（2006）『アドボカシーマーケティング』英治出版
小宮山宏（2007）『課題先進国日本』中央公論新社
神野直彦・牧里毎治編著（2012）『社会起業家入門』ミネルヴァ書房
谷口正和（2011）『自立へのシナリオ』ライフデザインブックス
玉村雅敏編著（2014）『ソーシャルインパクト』産学社
都留重人（2006）『市場には心がない』岩波書店
豊泉修治（2000）『ハーバーマスの社会理論』世界思想社
ピーター・センゲ（2011）『学習する組織』英治出版
フィリップ・コトラー／アラン・アンドリーセン（2005）『非営利組織のマーケティング戦略』
　　第一法規
フィリップ・コトラー／ナンシー・リー（2007）『社会が変わるマーケティング』英治出版
ムハマド・ユヌス（2010）『ソーシャルビジネス革命』早川書房

V 尼崎市の経済環境戦略

森山 敏夫
尼崎市　経済環境局長

1 はじめに

　持続可能な成長、持続可能な社会の構築は、いまや一般的な概念として定着したが、尼崎市にとっては特別な意味を持つ言葉である。

　尼崎市を紹介する場合、日本の近代化とともに阪神工業地域の中心として発展したが、その一方で公害問題も引き起こしたと表現されるのが常である。たしかに、尼崎市は明治以来、工業都市として日本の発展の先頭を走り続けた結果、産業の興衰と人口減少、大気水質等の環境問題を経験したが、これは今日、日本社会において顕在化している問題を先取りしたにすぎない。

　だからこそ、産業都市であるがゆえに、公害を経験し克服した都市であるがゆえに、環境、経済、社会のバランスが取れた成長を目指すことは当然の帰結でもあり、すでに地元経済団体等と共に、「ECO未来都市・尼崎」宣言を行い、環境の活きづく街づくりを進めている。また、稲村尼崎市長は、日本全体や尼崎の現状を踏まえ、未来につなぐ、次世代にツケを残さない、成熟時代の持続可能な街づくりを基本姿勢に市政運営を行い、尼崎市を課題先進都市と位置付け、課題解決先進都市となることを目指している。

　尼崎市が持続可能な社会を築くための経済環境戦略においては、2つの行動原則を持つことが重要と考えている。1つは経済における環境の重視、もう1つは産業振興における雇用・人材開発の重視である。

　環境は、言うまでもなく、経済成長のための配慮対象であると同時に、成長分野とすることにより、産業のイノベーションに繋げていく必要がある。

　雇用・人材開発は、地域経済の発展のために、時代に求められる仕事をつく

ると同時に、そのための人を育てることで、次世代の尼崎の街づくりと市民生活の質の向上に繋がるからである。そして、これは地方創生の考え方とも一致する。特に、雇用・人材育成という切り口から産業振興を考えるのは、国の施策は、産業振興は経済産業省、雇用施策は厚生労働省と省庁が異なるが、尼崎市は環境行政も含め、これらをパッケージで展開できる組織として経済環境局をすでに持っており、これを強みとして、関連団体等と連携し、施策展開できるからである。

本稿では、尼崎の地域経済が持続的に成長するために、環境、雇用・人材育成という基本原則を長期にわたり持ち続け、行動することの必要性を明らかにしたい。

2　社会経済における方向と尼崎の特徴

地域の経済環境戦略を考えるうえでは、時代の進む方向を見据え、現在直面している課題を知り、過去に経験し学んだ知恵を活かさなければならない。そして、何よりも、尼崎の特徴を踏まえたものでなければならない。

(1) 尼崎の特徴、歴史、強みと弱み

尼崎市は人口45万人、面積5,000haの兵庫県の東南端、大阪市に接する中核市である。平成24年の経済センサスでは、全国で、事業所数は39位、従業員数は37位、特に、製造業の売上げは29位であり、中小企業から大企業まで様々な規模の事業者が存在し、経済活動を行っている。

尼崎市は近代産業都市としての長い歴史を持つ。商都であった大阪と国際貿易港であった神戸の中間に位置した尼崎は、明治22（1889）年の尼崎紡績（現ユニチカ）の設立を契機に、財閥資本による工場建設、築港整備や発電所建設等のインフラ整備が進むことになる。大正5（1916）年には市制を施行し、大正8年制定の都市計画法に基づき、大正13年に周辺区域も含めた尼崎都市計画区域が設定され、昭和4（1929）年に都市計画街路15路線、昭和6年に住居地

域・商業地域・工業地域といった用途地域2,165haを定めた。特に南部地域を中心に指定された工業地域は1,353haと指定面積の63％を占め、また街路網もその機能を支える配置であり、市域の南部を工業地域に、北部を住宅地域にするという都市計画上の方針が明確に示され、その後、阪神工業地帯の中核を成す工業都市として発展する。現在も、概ね、この都市計画の流れを踏襲し、市域面積5,000haの約1/3が工業系土地利用であるが、産業構造の変化もあり、内陸部の工業地域を中心に土地利用の複合化や転換が進んでいる状況にある。

　一方で、工業の進展は、排水問題などの公害を早い時期から引き起こす事にもなった。特に、重工業の立地に加え、関西における主要な火力発電基地となったこともあり、高度成長期における二酸化硫黄や降下ばいじんによる大気汚染は深刻なものとなり、残念ではあるが、公害の街としての名を全国に知らしめることとなった。このため、市は、国の環境規制に先駆け、独自に昭和44（1969）年に主要事業所と公害防止協定を締結、昭和48年には尼崎市民の環境を守る条例を制定するなど、市民・事業者・市が一体となり対策に取り組んだ結果、現在では、大気汚染を中心とする公害問題は概ね環境基準に適合する状況になったが、未だに、実態と乖離した公害の街のイメージは払拭できていない。

　その後も高度経済成長とともに2次産業を中心に発展を続けたが、昭和39（1964）年の工場等制限法を始めとする工場三法の制定の影響もあり、尼崎市から大規模事業所の転出が始まり、人口が55万人と最大になった昭和46（1971）年には300人以上の製造業事業所が61あったが、平成24（2012）年には17事業所と、40年間で44事業所、72％の減となり、製造業の従業者数も9.5万人から3.4万人と、6万人、64％の減少となっている[1]。この間の人口、生産年齢人口が10万人減少したことを考えると、製造業の国内移転・集約、グローバル化により、基幹産業であった重厚長大型の製造業の衰退は、本市の人口に対し大きな影響を与えたと言える（図1）。経済のグローバル化が進む中、製造業がかつての様相を国内において示すことは有り得ないが、尼崎市の製造業の出荷額は全国29位であり、この特徴を活かすことは重要となる。

　商業に関しても、工場従業者などの増加とともに、市の中南部は職住近接型

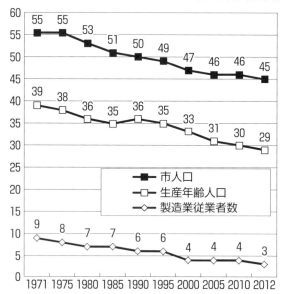

図1 尼崎市人口・生産年齢人口・製造業従業者変化(万人)

出典:「尼崎市統計書」昭和46 (1971) 年から平成24 (2012) 年データより筆者作成

の住宅地として、北部は商都大阪の郊外型住宅地として、市街地形成が進んだ結果、その消費に応える小売店や遊興娯楽を支える店舗など、商店街等の商業集積が形成されていった。しかしながら、これらの商業集積についても、昼間人口と夜間人口の減少、スーパーマーケットなどのセルフサービス方式販売店の出現、その大規模化など流通構造の変化、市北部における宅地供給型の区画整理の施行による市域内での人口移動や人口分布の変化、高度成長に伴う市民所得の向上により購買行動が大阪、神戸へシフトするなど様々な要因から、小売業も昭和47 (1972) 年の10,359事業所から、平成24 (2012) 年には2,388事業所となり、40年間で7,971事業所、77%の減となっており、従業者数も3.4万人から1.6万人へ、1.8万人、53%の減少となっている。この小売業集計には、飲食サービス等は含まないため、地域における商業集積の実態は、より厳しい状況にある。一方で、少子高齢化や時代変化は、小売り以外の生活サービスなど新たな3次産業を生んでもいる。

（２）持続可能な成長

　尼崎市の特徴を押さえた上で、経済環境戦略を定めることとなるが、もう１つ、時代が求める重要な概念である「持続可能な成長」を押さえておく必要がある。持続可能な成長とは、限りある地球環境と経済社会の発展を調和させ、世代内、世代間の公平を確保し、将来世代の発展可能性を損なうことなく、現世代の要求も満たすことである。

　この概念は、ローマクラブが1972年に「成長の限界」として問題提起し、その後、国連に設けられたブルントラント委員会が1987年の最終報告において、「将来の世代のニーズを満たす能力を損なうことなく、今日の世代のニーズを満たす」と定義された。そして、そのためには、環境・経済・社会という３つの分野のバランスを考慮することが必要であるとの認識も共有されており、いまや全ての活動の前提となっている。

①環境・経済・社会のバランス

　世界規模で事業展開する多くの企業では、環境・経済・社会という３つの分野のバランスを企業活動と連携させる取組みが行われている。地域経済を担当する自治体の政策立案と実施においても、同様の取組みを様々な利害関係人と連携し進めることが求められている。

　今日、経済と社会の分野において、長時間労働やワークライフバランスの確保が問題になっているのは、世界第３位のGDP大国であるにもかかわらず、勤労者の生活水準が、生活実感が、それに伴うものになっていないからではないか。未だに、生産性と成果は時間で決まるとの工場労働的思考が蔓延しているからではないか。すでに、かつての日本経済を牽引した大手製造業は、グローバル化の中、日本国内に製造現場を置かない状況にある。名目GDPに占める製造業の割合も20％を下回っており、貿易収支においても自動車、家電製品の輸出割合は低下し、円安状況下においても輸出効果が見られないのは、これらの生産拠点がすでに海外に置かれているためとも言える。

　従来型の高度成長期の製造業を前提とした制度設計や振興策は、長期的な観

点からは、政策転換の時期に来ている。すでに従業者の多くは3次産業に属しており、これらの産業はいくつかの特徴を持つ。一般にサービス業は労働集約型で、域内で完結する業種が多く、地域経済循環のプレーヤーである。組織よりは職域ごとのスキルが必要なジョブ型で、雇用流動性が比較的高いが、労働生産性と定着率が規模・産業で大きく異なる。マイクロビジネスなどの起業、イノベーションの場になりやすいなどの特徴を持つ。一方、人口が減少し、少子高齢化が進む中、多額の借金を抱える国や自治体の財政力には限界がある。このような中、複雑多様化する社会課題に対し、事業展開する例が増えつつあり、社会的企業家、ソーシャルビジネスと呼ばれる動きがみられだした。

　強みを活かし、弱いところは育て強くする。このような考え方で、地域経済のあり方を持続可能な構造に変える意義は高い。

②長期スパンで達成する目標・目的、持ち続ける信念と行動規範
　持続可能な成長は、達成すべき目標ではあるが、非常に時間のかかる取組みでもある。それは、限りある地球環境を対象とするため、各国の立場や考えが異なること、我が国においても様々な意見やスタンスの違いがあるためである。
　しかしながら、その達成に向けては、小さな変化、変革であっても、先ずは動きだすことが重要である。環境への取組みは、シンクグローバリー・アクトローカリーが基本である。持続可能な社会の構築も同様である。バックキャスティングで、時間のかかる息の長い取組みであるがゆえに、底流に流れる思想の一貫性が問われる。

3　尼崎市の経済環境戦略

　尼崎市は、平成24（2012）年に、産業部と環境部を統合し、経済環境局という新たな組織を設置し、「経済と環境の共生」を目指す施策展開を進めている。それは、今、全ての自治体に求められている環境、経済、社会のバランスがとれた持続可能な社会を築くという命題に対し、歴史のある産業都市であるがゆえの新しい発展モデルを模索する挑戦でもある。

加えて、工業都市として計画的に築いてきた尼崎を新たな時代に対応できる街にする極めて意欲的な取組みでもある。

　そのためには、常に環境という切口で、地域経済や産業振興の仕組みを考える必要がある。環境が、持続可能な社会の構築において、重要な領域、対象であることに異論は無いと思う。OECDの2011報告では、グリーン成長（Green Growth）とは、経済的な成長を実現しながら、暮らしを支えている自然資産と自然環境の恵みを受けることと定義し、その重要な要素として、生産性の向上、環境問題に対処する投資の促進や技術の革新、新しい市場の創造、投資家の信頼、マクロ経済条件の安定等が必要であると指摘している。

　また、同報告では、成長のグリーン化は新規雇用を創出する一方でリスクにさらされる雇用もあるので、労働者再配分の円滑化が必要であるとし、訓練、再訓練プログラムが労働市場政策の主要な柱になるとしている。ここに産業振興における雇用・人材開発に取り組む意義が生まれるのである。

　尼崎においても、尼崎版グリーンニューディール[2]で、環境からのアプローチを経済成長の基本においている。それは、尼崎のこれまでの蓄積を活かせるものであり、環境配慮、省エネ、省資源は事業者にとっても、今後は必須の経営テーマであり、また、成長分野として、新たな雇用の場として大いに期待できるからである。

　尼崎市の経済環境戦略は、持続可能な社会の構築に向け、尼崎というエリアで、地域経済の好循環の仕組みをつくることである。

　市が自ら実施する施策構築の考え方として、「環境」「雇用・人材育成」を根底に流れるテーマとする。仕事を創ると同時に人を育て、街の持続につなぐために、持ち続ける2つの行動原則である。

　戦略1は、「環境の事業目的化」である。環境は、配慮するものではなく、事業目標として設定するテーマである。今後、製品製造においては、環境配慮設計など環境上のカウントが避けて通れない状況になる。このため、その資材、部品、製造機械を生産できる分野への重点投資を行う。

　戦略2は、「人への投資の目的化」である。雇用・人材育成は、労働生産性と生活の質QOL確保のための重要なテーマであり、女性等の個人のスキル

アップだけではなく、OJTやOFF-JTに繋がる成長分野や地域コア企業、社会的価値を共有・創造する企業などに対する事業支援策を展開し、質的な付加価値を高める重点投資を行う。

そして、施策展開では、「経済と環境の共生」は、尼崎版グリーンニューディールで示した需要サイド・供給サイド・行動変容へのパッケージアプローチにより、「地域経済の好循環」は、産業振興・起業・人材育成へのパッケージアプローチにより達成する。そのイメージは図2のようになる。

図2　経済環境戦略のイメージ

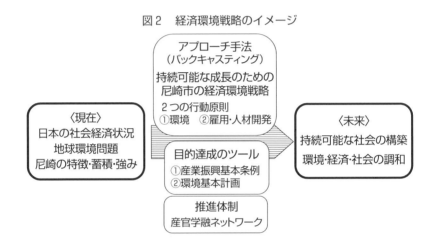

4　なぜ、雇用なのか

尼崎市を持続可能な社会にするためには、地域経済の活性化が不可欠であり、尼崎の特徴を考えると、環境と雇用を基本原則として取り組む必要がある。特に、事業継続や事業維持のために付加価値を高める産業の振興、イノベーションのための起業の支援、労働生産性を上げるとともに労働者自身の可処分所得の向上につながる就労能力の向上が重要と考えており、本項では、なぜ雇用なのかを述べたい。

街の持続性とは、仕事を創り、人を育て集め、街づくりにつなぐというサイクルが連綿と続くことである。街づくりにおける最終的な目標は、市民が心身

ともに豊かな生活を送れることであり、産業振興は、そのための重要な手段である。産業振興と雇用の相互関係は、どちらが優位、優先と判断すべきものではないが、地域経済の持続的な発展のためには、雇用という観点を常に意識することが重要と考えている。

後述する尼崎市産業振興基本条例では、基本理念を、①産業振興、②イノベーション、③雇用に置いており、その達成のためにはパッケージアプローチが重要と考えており、雇用を取り上げた点に特徴がある。

一般に産業施策は、産業を振興し、企業が成長し利益を上げ、その利益を労働者に分配することにより、生活水準が上がり、可処分所得が増え、消費に繋がり、これが再度、企業の成長に繋がるという、スパイラルアップの好循環をイメージとして持ち、施策展開では産業振興を中心に据えている。

しかし、産業構造や消費構造が変化し、製造業を中心とした企業活動のグローバル化の流れが基本となり、非製造業の地域経済での主役としての役割が大きくなるなか、地域経済から産業振興を考える場合には、雇用、広く解釈すると結果としての市民福祉の向上という観点を持つことが重要になる。スパイラルアップを、「将来を見据えた地域経済活性化の立場からは、雇用施策から産業振興施策につなげる思想が重要」ということである。

また、産業の性格を考えることも重要である。産業連関での域内・域外との関係をみると、基本的に、製造業は域外型、非製造業は域内型と言え、さらに、前者は装置型産業でサプライチェーンを構成し、後者は労働集約型産業で対人サービスでもある。

（1）先進国の動向は、1次から2次、そして3次産業へ

尼崎においても産業別の事業所、従事者は、非製造業の占める割合が高い。平成24年の経済センサス[3]では、全体で17,974事業所、従業員数は190,543人であるが、その内訳を製造業とそれ以外の非製造業の比率でみると、事業所は10：90、従業者は22：78であり、製造品出荷額が全国29位の工業都市であるが、地域経済の構成員は3次産業中心であることがわかる。民営事業所の従業

者数の平成3年から24年までの変遷を示したのが図3である。

全体の従業員数は平成3（1991）年の219,511人から平成24（2012）年の190,543人に、13％減少しているが、この間に製造業の割合が32％から22％と10ポイントも低下していることに注目しなければならない。

このような2次産業から3次産業へ労働力が移動することは、成熟期に入った先進国共通の傾向であるが、尼崎の問題はその質にある。一定量の従業者数がある産業の労働生産性（一人当たり付加価値額）を示したのが図4である。

労働生産性をみると、やはり雇用の24％を占める製造業が高位にあり、非製造業は全体の平均よりも低位にある。これは小売りや飲食などにおける賃金水準の低いことが影響している。また、尼崎製造業の労働生産性は、全国や兵庫県、大阪府の平均を上回っており、政令市との比較においても、突出する川崎市には及ばないが、多くの政令市よりも高い。これは小規模から中小・中堅、大企業までがバランスよく立地し操業する特徴が表れているとも言える。

次に、平成25年賃金構造基本統計調査[4]の兵庫県結果から所定内給与額をみると、2つの傾向がみられる。1つは、全産業での所定内給与額は30万円であるが、事業者の規模が大きいほど高くなる傾向があること。もう1つは、建設業や製造業などの2次産業は全体の平均額にほぼ等しく、3次産業である非製造業は、業種により大きく差があることである（図5）。情報通信、専門技術、教育学習支援など専門性の高いサービス業は平均を上回るが、小売り、宿泊飲食、生活関連、福祉サービスなどは低い。尼崎市では、これら小売業等の従業者数が全体の4割を占める。

また、産業別の定着率についても、平成25年雇用動向調査[5]の全国傾向からは、入職率は宿泊飲食や生活関連サービス業などの非製造業が高く、離職率もこれらの分野が高い傾向にあり、安定した雇用とは言えない状況にある。

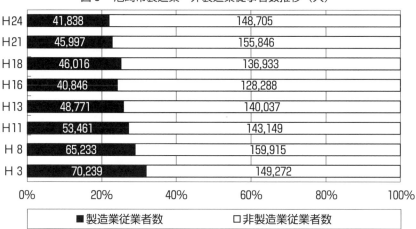

図3 尼崎市製造業・非製造業従事者数推移（人）

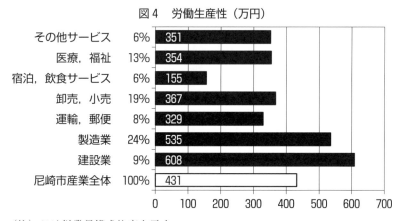

図4 労働生産性（万円）

（注）％は従業員構成比率を示す。

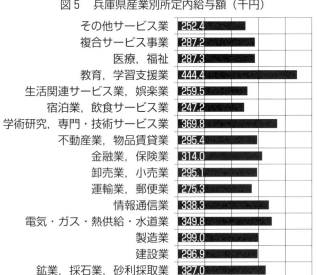

出典:平成25年賃金構造基本統計調査より筆者作成。

(2) 製造業の労働生産性を上げる

　尼崎市の製造業の労働生産性は、非製造業よりも高い傾向にあるが、それぞれの分野業種により値は変わる。従業員数が製造業全体の5%を越える製造業の中分類による労働生産性(粗付加価値額ベース)を図6に示す。

　製造業平均は1,726万円であり、この額を超える業種は化学工業等であり、平均に近い業種が、非鉄金属製造業、電気機械器具製造業、プラスチック製品製造業、情報通信機械器具製造業等となっている。一方で、本市で事業所数、従業者数が多い、金属製品、生産用機械器具等は、中小規模の事業所が中心であり1,000万円程度である。これは、製造業では省力化が進んでいることも要因として考慮しなければならないが、尼崎市の場合、中小事業者数が多いため、効率的な事業規模、事業内容や事業領域の選択、生産性に直結する設備機器などにおいて新陳代謝が進んでいないこと、加えて、技術的優位性だけでなく販

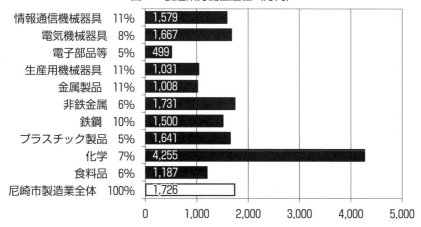

図6　製造業労働生産性（万円）

（注）%は従業員構成比率を示す。

売や資材調達における交渉力なども含めた事業経営の総合力が弱いことなどの理由により、グローバル化、ニッチトップ、コネクターハブなどの時代変化や要請に即した事業構造の転換ができていないことが問題として考えられる。

（3）産業内、産業間の移動を促す

　尼崎市の業種別や企業規模別の労働生産性、所定内給与額、また、業種別の入職率・離職率からは、雇用の質について、問題点が見えてくる。

　製造業の平均的な労働生産性は、全国的にも優位にあるが、製造業の中分類においては、全国平均より低い分野もある。給与額も同様の傾向にあり、さらに企業規模が小さいほど低くなっている。また、産業全体に占める製造業従業者の割合は逓減傾向にあるが、定着率は比較的高い状況にもある。

　非製造業は、すでに従業者全体の8割を占めているが、平均的な労働生産性は、製造業より低く、かつ、業種ごとの差が大きく異なっている。専門性の高い業種は製造業を上回り、その一方で、小売、飲食サービスなど専門的なスキルをどちらかといえば必要としない業種の労働生産性や所定内給与額は低い。また、小売、飲食、福祉サービスは従業者数も多いが定着率が悪い傾向にもある。

このようなことから、難しい課題ではあるが、単なる雇用の場の確保ではなく、産業間、産業内の移動も促せるような能力開発や訓練を行うことが必要と考える。そして雇用という観点から、労働生産性の高い分野の産業振興が重要になる。また、イノベーションの点からも、人材の産業間移動を促す支援は重要であり、2次産業から3次産業へ、また、2次産業の中でも成長分野や地域コア産業分野へ、3次産業の中でも社会課題や要請に応える成長分野へと、促すことが出来るよう支援策を重点化する必要がある。イメージは、「人に着目し、労働生産性を上げ、事業活動の付加価値額を高める」ために、雇用を意識した産業施策のパッケージを打ち出す事である。

　一方で、サービス業を中心に雇用の流動化が進んでいる状況を考えると、新卒一括採用や生涯雇用による雇用流動性の無さ、それにより生まれる個人スキルの応用性・汎用性の無さ、成果判断における労働の質よりも量の重視、年功序列賃金など、いわゆる日本的雇用慣行と言われる硬直化した労働市場の変化を促すことも重要と考えている。

　このような考え方からの産業政策の方向性は次のようなものとする。

　方向の1は、尼崎の特徴、強みである「2次産業」の付加価値額を高める。本来、付加価値の高い2次産業であるが、ものづくりの国際展開を前提に、地域ものづくりの付加価値を高めるためには、より生産性の高い領域、市場占有率の高い領域、企業連携のできる領域に力を入れることが重要である。そのためには、中堅中核企業の事業継続性の確保充実に加え、生産性の向上、強みを活かした利益確保ができる事業領域の獲得に向けた経営力の強化、蓄積された高い技能を活かした継続的訓練、そして企業規模の集約に向けた事業撤退選択などの施策が必要となる。

　方向の2は、今後、地域経済を支えることになる「3次産業」の付加価値額を高める。雇用形態、専門能力の問題などで、現状では付加価値額の加重平均が低い3次産業は、人口減少や少子高齢化、生産年齢人口の減少などを前提に、地域に根差した産業領域として、また、社会的に必要となる産業領域として、振興していく必要がある。そのためには、雇用流動性の高い領域であることを踏まえたジョブ型の労働生産性を高める能力開発や再訓練、企業内訓練の充実

と推進、ソーシャルビジネスなど社会的価値を持つ事業領域への拡大や進出支援、本来持つ強みを活かすためのコンサルティングなどの経営支援、市場規模を踏まえた従来型の商業分野からの事業撤退選択などの施策が必要となる。

　方向の3は、ジョブ型の雇用能力開発により「2次産業」から「3次産業」への労働移動を進める。過去の経済成長過程においては、2次産業企業は、事業領域の変更の中で、自らが雇用する労働力を移動し吸収してきた。しかし、2次産業の国際展開が進む中で、大企業も、ましてや中小企業においては、自らの事業の中で雇用移動を確保することは困難な状況にある。このため、単なる就職のための支援ではなく、労働生産性や賃金水準の高い事業領域、未知の領域に対応できるような能力開発や再訓練、そしてマッチング機能の強化が必要となる。

（4）社会課題の多様な解決主体をつくる

　地域経済の発展のために、労働生産性という質を高めることの必要性を述べたが、もう一つ、イノベーション、新たな領域の創出が重要である。

　事業活動は、企業の社会的責任（CSR, Corporate Social Responsibility）、共有価値の創造（CSV, Creating Shared Value）を果たす時代に入っている。このような流れの中から、社会的価値の創造そのものを事業目的とする事業者も現れている。

　社会的企業家、ソーシャルビジネスと言われる動きである。これらの事業は、その規模や事業領域から、マイクロビジネスとして立ち上がるケースが多い。新たな価値を創造するとともに、既存分野にも刺激を与えるイノベーションであり、地域経済を活性化させる触媒の役割も大いに期待できるため、起業対象として、積極的に支援していく重要分野である。新しいコトのできる街・尼崎を目指したい。

5　行動のための2つの柱と体制

　尼崎市は経済環境戦略を進めるにあたり、平成26（2014）年に、①産業振興基本条例、②環境基本計画と環境モデル都市アクションプランという2つの柱により、施策の方向性を定めた。前者は地域経済を好循環させるための基本理念、後者は地域環境の向上に向けた計画ではあるが、それぞれが、「ECO 未来都市・尼崎」という目標像を共有し、経済と環境の共生を計画論でも連携補完している。ECO には、経済の Economy、環境の Ecology の意味を持たせている。

(1) 産業振興基本条例[6]

　尼崎市は、産業振興（事業継続・維持）、起業（イノベーション、第二創業）、雇用能力開発（生産性上昇、可処分所得増）を連携させることが重要と考え、その基本理念として、平成26（2014）年に産業振興基本条例を制定した。このなかで、特に注視すべきは、雇用能力開発を取り上げたことで、就業率のような単なる雇用確保ではなく、産業振興と連携した雇用施策が市民・勤労者の質的な生活向上に結び付くことを目的としたことである。

　条例の基本的考えは、事業者や働く者が、「やる気」、「元気」、「根気」をキーワードに活躍できるよう、地域全体で応援するものである。

　条例では、地域経済が持続的に発展していくために、産業のあり方、起業のあり方及び雇用就労のあり方についての方向性を理念として示すとともに、産業活動の主体である事業者、産業団体、金融機関、大学などの専門機関、市民、行政などの関係者が一体となり取り組む必要性を示し、特に金融機関の役割を重視している。

(2) 環境基本計画[7]と環境モデル都市[8]

　今日の環境問題は、事業活動だけではなく、市民の日常生活に由来する環境

負荷もあり、特定の環境汚染源に対する規制的な対策だけでは解決することが困難と考え、環境を守るべきものから活かすものとして、ライフスタイルの変革や事業活動においても環境を切り口とした取組みを進め、市内のあらゆる場面で環境が活きづく持続可能な社会を目指すこととした。また、尼崎市が、地域経済の持続的発展を目指すうえでも、強みである高度なものづくり技術の蓄積や産業の集積を活かし、規制対象である経済活動とも協調しながら取り組むことが重要とした。

　このような考え方に立ち、平成26（2014）年に環境基本計画と環境モデル都市アクションプランを策定した。環境モデル都市とは、持続可能な低炭素社会の実現に向け、高い目標を掲げて先駆的な取組みにチャレンジする自治体を国が認定するもので、現在、尼崎市を含む23自治体が認定されている。

　残念ながら、未だに、尼崎の環境が悪いとの先入観は払拭できていない。是非とも、ウェブで公開している尼崎版環境白書「尼崎の環境[9]」を見ていただき、尼崎の環境水準、さらなる環境改善に向けた市民・事業者・市の取組みを知っていただきたいと思う。

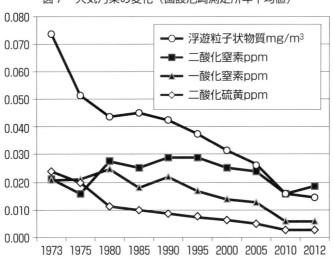

図7　大気汚染の変化（国設尼崎測定所年平均値）

出典：「尼崎市統計書」昭和48（1973）年から平成24（2012）年データより筆者作成

（3）体制

　尼崎市には、すでに産業関係での連携会議は数多くあるが、推進体制として、中心的な役割を担うことになるのは、産業振興基本条例で示した産業振興推進会議であり、これまでの産官学連携に金融を加えた連携プラットホームとして考えている。社会経済環境の変化は、激しく早い。タイムリーな施策を展開するため、この会議を活用する予定である。

　併せて、産業界、行政、学術機関、金融機関、市民などとのネットワークを活用する。特に、金融機関、マイクロ投資など新たな資金調達機関とは、連携を強化し、産業振興や起業支援、雇用促進、環境負荷低減など、政策目的を具体化するためのツールを共に築く連携の場を増やしたいと考えている。

　加えて、個々の事業者が本来持つ強みを引き出し顕在化させ、活かせるよう支援することが、地域経済を支える多くの事業者の維持や経営革新のためには重要であり、経営支援組織やその連携を強化する体制を充実させていく。

6　さいごに

　尼崎市の経済環境戦略は、持続可能な地域社会の構築を目指し、長期的な目標、ありたい街の姿「ECO未来都市」をイメージしながら、環境と雇用を常に意識した施策をパッケージで考えるという原則を持ち、尼崎の特徴を分析・評価しながら進めることである。

　PDCAサイクルによる施策推進のため、2014年から施策再評価に取り組んでいる。施策立案のための基本的な考えを示す条例や計画はすでに制定した。次のステップとして、既存施策の現状や役割分担、効果を評価し、実行のための手段、方策、体制の再構築を進めているところである。

　さいごに、本稿では、現状を変化させ、時代変化に対応することの必要性とその方向性を示した訳であるが、これらが一朝一夕に達成できるものではないことは十分に認識している。また、今現在、産業構造を支え、地域経済のプレーヤーである多種多様な事業者が、直面する課題が数多く存在することも事

実である。しかしながら、現状の課題にも対処しつつ、都市の体質を変えていくことが重要であり、そのために、小さな変革であっても進め、着手し、積み重ねることの必要性を述べたものである。

[注]
（1）　尼崎市統計書（尼崎市総務局情報統計担当）
（2）　尼崎版グリーンニューディール（尼崎市経済環境局経済部経済活性対策課）
（3）　平成24年経済センサス（経済産業省）
（4）　平成25年賃金構造基本統計調査（厚生労働省）。尼崎市単位でのデータは公表されていない。
（5）　平成25年雇用動向調査（厚生労働省）
（6）　尼崎市産業振興基本条例（尼崎市経済環境局経済部経済活性対策課）
（7）　尼崎市環境基本計画（尼崎市経済環境局環境部環境創造課）
（8）　尼崎市環境モデル都市アクションプラン（尼崎市経済環境局環境部環境創造課）
（9）　尼崎の環境（尼崎市経済環境局環境部環境創造課）

〈用語解説〉
「バックキャスティング」将来を予測する際に、持続可能な目標となる社会の姿を想定し、その姿から現在を振り返って今何をすればいいかを考えるやり方。
「労働生産性」従業員一人当たりの付加価値額
「付加価値額」生産活動による価値（売上高－費用総額＋給与総額＋公租公課）
「粗付加価値額」付加価値額から在庫、減価償却費を除いたもの
「所定内給与額」決まって支給する給与額のうち超過労働給与を除いたもの

VI ベイエリア製造業の展開と地域イノベーション戦略

今井 良広
兵庫県産業労働部政策労働局産業政策課　企画調整参事

1 はじめに

　大阪湾ベイエリアは、近代以降、我が国有数の工業地帯として発展してきた。その発展は関西圏の成長にとって不可欠であり、ベイエリアの産業振興は、常に広域的な産業政策の中心的テーマとなってきた。

　現在、地方創生の動きが本格化し、東京から地方への本社機能の移転等が推進されようとするなか、大阪湾ベイエリアにおける産業振興の在り方が改めて問われようとしている。なかでも注目されるのが、長年にわたりベイエリアを牽引してきた製造業の再生である。経済のサービス化、知識集約化が進むなか、イノベーションの創出により、如何に製造業の高度化、高付加価値化を図っていくかが課題となっている。

　他方、今日、多くのものづくり企業にとって、自社の経営資源に依拠するだけではイノベーションの創出は困難になりつつある。このため、研究開発能力、技術的知見、人的資源、資金を広く外部から調達するオープン・イノベーションの推進が重要になっている。そして、それを可能とする価値創発的なネットワークの構築が、企業戦略の中心的なテーマの一つとなりつつある。

　本稿は、大阪湾ベイエリアの製造業を対象として、このネットワークの実態把握を試み、その強化に向けた地域イノベーション戦略について検討するものである。以下では、大阪湾ベイエリアの開発整備の状況と製造業の動向を振り返ったのち、実態調査に基づき、ベイエリア製造事業所におけるイノベーションとネットワークの関連性を明らかにする。そのうえで、尼崎を例にとり、地域イノベーション戦略の方向性について若干の考察を行う。

2　大阪湾ベイエリアの発展と製造業の動向

(1) 大阪湾ベイエリアの開発整備

　大阪湾ベイエリアの再生に向けた取組みが加速し始めたのは、1990年代初頭であった。1991（平成3）年に「大阪湾ベイエリア開発整備のグランドデザイン」が公表され、ベイエリア整備の基本理念（「世界都市「関西」形成のフロンティア」）が示されると、翌1992（平成4）年には、「大阪湾臨海地域開発整備法」（ベイ法）が施行され、ベイエリア再開発が本格化した。

　このベイ法の施行2年後の1994（平成6）年には、関西国際空港が開港するとともに、阪神高速湾岸線（泉佐野市～神戸市間）が開通し、大阪湾環状道路網の形成が進んだ。さらに、1998（平成10）年には、本州と淡路島を結ぶ明石海峡大橋も開通し、環状道路網と広域交通道路網のリンケージが成し遂げられた。

　こうしたインフラ整備とともに、中核施設の整備も徐々に進展していった。業務・産業施設では、1993（平成5）年に尼崎リサーチコア・リサーチ・インキュベーションセンター（尼崎臨海西部地区）、1995（平成7）年に大阪ワールドトレードセンタービル（テクノポート大阪咲洲地区）が完成した。文化・アミューズメント施設では、2001（平成13）年にUSJ（ユニバーサル・スタジオ・ジャパン）が開業した。全体としては、今日までの間に、ベイ法に基づく整備計画に位置づけられた17の開発地区において、30の中核施設が完成に至っている。

　一方、こうした開発整備の動きとともに、ベイエリア再開発に大きなインパクトを与えたのが、工場等制限法などのいわゆる「工場三法」の見直しであった。1990年代後半以降、ベイエリアへの立地を抑制し、その発展の阻害要因となっていたそれら法的枠組みの規制緩和が進んだ。これに加え、この時期各自治体が相次いで強化した投資優遇制度（産業集積条例等）も奏功し、事業所の臨海用地等への進出が加速した。

　なかでも、"パネルベイ"と称されたように、この時期、ベイエリア臨海部

では、液晶パネル、プラズマディスプレイパネル、太陽電池やその関連産業の集積が進んだ。また、二次電池、先端医療等の分野でも製造拠点の立地が相次いだ。加えて、製造業の立地とともに、物流施設・倉庫の整備も進んだことで、低未利用地が大幅に減少し、ベイエリア"復権"の兆しがうかがえる状況にまで至った。

しかし、2008（平成20）年のリーマンショックを境に、ベイエリア再生は再び停滞を余儀なくされる。世界的な競争激化のなか、新規立地したパネル関連の製造拠点の廃止・縮小が進んだ。また、大手製造業の拠点集約・再編の動きが加速するなか、長年にわたってこの地で操業を続けてきた拠点工場の閉鎖・移転が相次いだ。加えて、大企業だけでなく、中小企業のアジア新興国等への進出も加速し始めた。

こうした"閉塞"状況への政策的対応として、府県域を超えてオール関西の官民一体で取り組んだのが「関西イノベーション国際戦略総合特区」（2011（平成23）年12月指定）である。京都、大阪、兵庫の3府県にまたがる特区（9地区）の導入により、「イノベーション・プラットフォームの構築」が進められ、戦略産業の国際競争力向上が図られようとしている。

加えて、2014（平成26）年5月には、3府県全域が国の成長戦略の柱である「国家戦略特区」に指定され、健康・医療分野における国際的イノベーション拠点の形成等により、再生医療を始めとする先端的な医薬品・医療機器等の研究開発・事業化の推進などが図られようとしている。

このように、大阪湾ベイエリアでは、かつてのようなハード整備中心のプロジェクト展開に代わって、イノベーションの創出に向けたソフトな基盤整備が進められようとしている。"パネルベイからブレインベイ"（加藤 2011）への転換を模索しつつあるのが、今日の状況である。

（2）ベイエリア製造業の状況

大阪湾ベイエリア（ベイ法上の大阪湾臨海地域のうち、阪神、堺・泉北、播磨工業地帯の26市町）の圏内産業の総生産額（名目）は、33兆8,923億円（2010

年度）にのぼる（佐野、2014）。その構成比をみると、大阪湾ベイエリアの第1次、第2次、第3次産業の構成比は、それぞれ0.1％、20.4％、79.5％であり、全国（2010年構成比：1.3％、28.4％、70.2％）に比して、サービス経済化が進行している。このうち、製造業の割合は16.3％で、全国（22.2％）よりも低く、サービス業（25.9％）、卸売小売業（18.6％）の割合も下回っている。

「工業統計調査」によると、2013年現在、大阪湾ベイエリアの事業所数は13,700事業所、従業者数は416,332人で、1980年と比較すると、それぞれ63.3％、49.3％の減少となっている。事業所数、従業者数とも、減少率は全国、近畿圏を上回っている[1]。

製造品出荷額等、粗付加価値額は、2013年現在、17兆5,777億円、5兆8,814億円にのぼる。その長期的推移をみると、いずれも1991年をピークに低落傾向に陥っている（図1、図2参照）。2000年代中盤に若干改善の兆しがみえたものの、その後のリーマン・ショックによる落ち込みもあり、1980年の水準を割り込んだまま推移している（製造品出荷額等：92.5、粗付加価値額：85.7、1980年＝100）。1980年比で、全国、近畿圏が増加しているのとは、対照的である。その結果、過去30年余りの間に近畿圏における大阪湾ベイエリアの製造品出荷額等、粗付加価値額のシェアは、40％台から20％台へ低下している。

付加価値率（＝粗付加価値額／製造品出荷額等）をみると、大阪湾ベイエリアは2000年代以降低下傾向にあり、2013年現在33.5％と1980年の36.1％を下回っている（図3参照）。1980年以降、一貫して全国を上回ってきたが、2010年代に入ると、全国を下回る年も現れ始めている。

また、従業者当たりの付加価値額（労働生産性＝粗付加価値額／従業者数）については、2013年現在、1,413万円と、1980年当初の1.5倍以上（169.1：1980年＝100）の水準に達している（図4参照）。1980年以降、一貫して全国を上回ってきたが、伸び率では全国を下回っている。

このようにベイエリア製造業の長期的推移をみると、その停滞傾向が顕著にうかがえる。今日の製造業の活動は"多様化"しており、工業統計のみでその実態の全てを把握することには限界があるが、粗付加価値額の低下などからは、ベイエリア製造業の"稼ぐ力"が落ち込んでいる状況をみてとれる。

経済のサービス化が進むなかでも、製造業は他産業への波及効果が高く、雇用や所得向上において重要な役割を果たしている（経済産業省 2015）。ベイエリア製造業の再生に向け、さらなる戦略的な取組みが求められている。

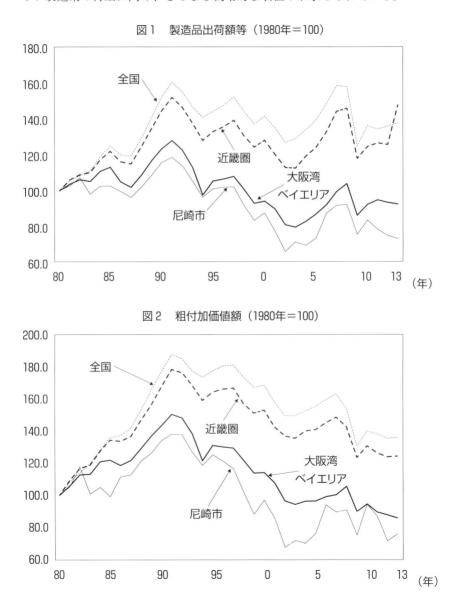

図1　製造品出荷額等（1980年＝100）

図2　粗付加価値額（1980年＝100）

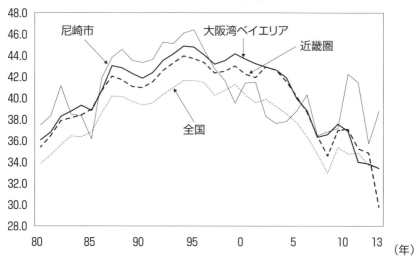

図3 付加価値率（%）

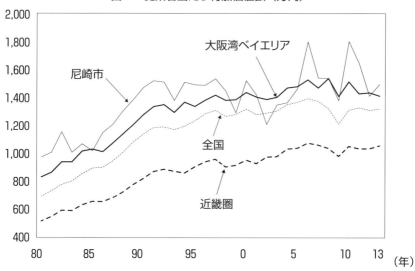

図4 従業者当たり付加価値額（万円）

3　ベイエリア製造事業所の動向
　　──イノベーションとネットワーク──

　以下では、「大阪湾ベイエリア製造事業所実態調査」(2014年11～12月実施)で明らかとなった各事業所の研究開発状況と取引・非取引関係の実態から、イノベーションとネットワークの関連性を考察する[2]。

(1) 研究開発と取引・非取引関係

　「大阪湾ベイエリア製造事業所実態調査」によると、調査対象事業所のうち研究開発実績のある事業所は全体の約3分の1 (32.4%) にのぼる。事業所規模をみると、研究開発実績のある事業所では、小規模事業所 (20人以下) の割合が5割程度 (53%) であるのに対し、実績のない事業所では、その割合は8割近く (79%) にまで達する。このことから、事業所の規模、キャパシティが研究開発実績の有無に影響を及ぼしていると考えられる。

　同様に、取引関係にも、研究開発との関連性がうかがえる。研究開発実績のある事業所は、一般に取引先の数が多く、その数は増加する傾向にある (表1[3]及び表2参照)。また、取引先の組換えに積極的で、取引額上位1社など特定の取引先への依存度が低い。すなわち、研究開発実績のある事業所は、多様で、流動的なネットワークを構築している。これに対し、研究開発実績のない事業所では、取引先が固定的で、特定の取引先への依存度が高い、いわゆる"ロック・イン"の状態が生じている。

　取引先の数とともに、空間的拡がりという点でも、研究開発実績のある事業所の特徴を見出すことができる。取引先の拡がりに応じて、事業所をローカル (地元)、リージョナル (圏域)、ナショナル (全国)、グローバル (海外) に区分[4]すると、研究開発実績のある事業所の割合はグローバルのカテゴリーで最も高く、次いでナショナル、ローカル、リージョナルの順となる (表3参照)。他方、取引先が空間的に拡散している事業所ほど、ローカル・レベルでも取引先の数が多く、密度の高いネットワークを形成する傾向にある。

表1　研究開発実績×取引先数

(N＝638)	1社のみ	2～10社未満	10～20社未満	20～50社未満	50～100社未満	100社以上
研究実績あり	3.4%	11.8%	12.3%	22.7%	13.3%	36.5%
自社開発事業所	2.7%	16.8%	8.8%	23.0%	14.2%	34.5%
共同開発事業所	4.4%	5.6%	16.7%	22.2%	12.2%	38.9%
研究実績なし	9.2%	26.0%	17.7%	22.3%	10.8%	14.0%

表2　研究開発実績×取引先の増減

(N＝667)	増加	ほとんど変化していない	減少
研究実績あり	42.8%	40.0%	17.2%
自社開発事業所	42.0%	39.5%	18.5%
共同開発事業所	43.8%	40.6%	15.6%
研究実績なし	23.5%	52.9%	23.7%

表3　研究開発実績×空間的拡がり（単位：％）

(N＝694)	研究開発実績あり 計	自社開発事業所	共同開発事業所	研究開発実績なし
ローカル	20.5	11.2	9.3	79.5
リージョナル	20.2	12.5	7.7	79.8
ナショナル	40.2	25.0	15.2	59.8
グローバル	78.9	26.3	52.6	21.1

　研究開発と取引関係の"質"の間にも、一定の相関がうかがえる。研究開発実績のある事業所では、取引先との関係において独立型[5]の事業所が多く、従属（下請）型の事業所は少数にとどまる（表4参照）。なお、研究開発実績の内容をみると、独立型では「新技術、新製品の開発」、従属型では「既存技術の改良」や「生産工程の見直し」の割合が高くなる。

他方、取引関係以外の様々な社会関係ネットワークにも、研究開発実績との関連性を見出すことができる。研究開発実績のある事業所では、総じて、商工会議所・商工会、工業会等の地域経済団体への加入率・参加率や、業界団体の集まり、同業種・異業種の会合、学会等への参加率が高く、また、社外団体・グループとのインフォーマルな交流も活発である（表5参照）。

　つまり、研究開発実績のある事業所は地域を中心に稠密な社会関係ネットワークを形成し、そのなかで非取引的相互依存関係（untraded inter-dependencies）を構築していると考えられる（Storper、1997）。そして、そのインフォーマルな関係のなかでの接触、交流を通じて、組織、個人間で'信頼'関係が醸成され、知識の相互移転が促進されているものと想定される。

表4　研究開発実績×取引関係の質（単位：％）

(N＝669)	従属型	独立型
研究実績あり	23.2	76.8
自社開発事業所	26.7	73.3
共同開発事業所	19.0	81.0
研究実績なし	57.0	43.0

表5　研究開発実績×催し・集まりへの参加（単位：％）

(N＝667/662)	経済団体等が実施する各種催しへの参加 参加	経済団体等が実施する各種催しへの参加 不参加	経済団体等以外の集まりへの参加 参加	経済団体等以外の集まりへの参加 不参加
研究実績あり	58.9	41.1	55.7	44.3
自社開発事業所	53.7	46.3	45.1	54.9
共同開発事業所	65.3	34.7	69.1	30.9
研究実績なし	31.0	69.0	28.0	72.0

（2）自社開発と共同開発

　研究開発実績のある事業所のうち、55.1％（全体に占める割合：18.0％）が

自社のみで開発を行う事業所[6]（以下「自社開発事業所」）で、残りの44.9％（14.7％）が共同で開発を行う事業所[7]（以下「共同開発事業所」）である。

　前述の研究開発と取引・非取引関係との関連性は、共同開発事業所でより顕著に現れる。すなわち、共同開発事業所は、①取引関係の多様性、流動性の確保、②水平的な取引関係の形成、③非取引（社会）関係のなかでの関係性資産（relational assets）の蓄積という点で、自社開発事業所を凌ぐ。

　共同開発事業所のほうが多様な関係性を築いている理由として、一つには、自社開発事業所よりも事業所規模が大きいことを指摘できる。しかし、小規模事業所に限定して比較しても、共同開発事業所のほうが取引関係の多様性に富んでいる。共同開発事業所は、研究以外の共同の取組み（受注、生産、販売等）にも積極的であり、自社開発事業所に比してネットワーク志向であることは間違いない。

　イノベーションの成果である中核的技術の保有状況をみると、自社開発事業所が68.0％であるのに対し、共同開発事業所では85.6％にも達する（表6参照）。なかでも、自社の産業財産権の保有において、共同開発事業所と自社開発事業所の乖離（56.7％、35.2％）は大きくなる。

　この両者の差異は、研究開発の目的・内容の違いから生じたものと考えられる。共同開発事業所では、新技術・新製品の研究開発が中心であるのに対し、自社開発事業所では、既存技術改良のウェイトが相対的に高い。このことから、後者では、前者ほど産業財産権保有の必要性を見出せないのではないかと推測される。

表6　研究開発実績×中核的技術（単位：％）

(N＝668)	中核的技術あり			とくになし
	計	産業財産権あり	産業財産権なし	
研究実績あり	75.8	44.7	31.1	24.2
自社開発事業所	68.0	35.2	32.8	32.0
共同開発事業所	85.6	56.7	28.9	14.4
研究実績なし	20.0	6.7	13.4	80.0

（3）小括──イノベーション論の視点から──

　イノベーション論では、アクター間の継続的で密接な関係からの知識の相互移転の重要性を指摘し、イノベーションにおける地理的近接性の重要性を提起してきた（水野 2011）。すなわち、近接立地、対面接触による知識の相互移転、スピルオーバーの効果を認めてきた。

　しかし、近年のイノベーション論のなかでは、新しい知識へのアクセスをイノベーションの源泉と捉え、アクターの多様性やネットワークの開放性、流動性を重視する言説も有力になりつつある。それによれば、接触の機会が相対的に少ない、地理的に距離を隔てたアクターのような異質なアクターとの結び付きによる新奇的知識の獲得が、イノベーションの促進要因になると考えられている。

　この2つの主張の違いは、両者が着目する空間的拡がり、ネットワーク、知識の相違に他ならない。前者は、ローカルな産業空間における凝集的なネットワーク（強い紐帯）のもとでの同質的な暗黙知の移転に焦点を当てているのに対し、後者はグローバルな企業間ネットワークなどにみられる開放的ネットワーク（弱い紐帯）のもとでの革新的な形式知の移転に着目しようとするものである。

　すなわち、前者（ローカルな知識創造）と後者（ノン・ローカルな知識移転）は、二項対立的なものではなく、相補的な関係にある。前者は既存技術との連続性の高い漸進的なイノベーション（既存産業の高度化、技術改良）、後者は非連続でラディカルなイノベーション（新産業創造、新技術開発）の創出に効果が大きいとされており、企業の発展、成長には双方の要素とも欠かせない。

　このため、企業においては、多様なイノベーションの創出に向け、ローカルな知識創造とともに、グローバル、ナショナル、リージョナルといったマルチ・スケールの活動展開によるノン・ローカルな知識の獲得・吸収も重要になる。

　今回の調査結果からは、こうしたイノベーション論の理論的展開を裏付ける知見を得ることができた。すなわち、研究開発実績のある事業所（特に共同開発事業所）では、海外を含むベイエリア圏外に広く取引先を有する一方で、

ローカル・レベルにおいて稠密な取引ネットワークを形成していることが明らかになり、マルチ・スケールでの活動実態がうかがえた。

また、研究開発実績のある事業所では、開放性、流動性の高いネットワークが形成され、アクターの組換えが頻繁に行われるとともに、ローカルな空間において、知識移転を促進する非取引的相互依存関係が築かれていることも確認できた。

調査を通してのもう1つ重要な発見は、共同開発の"優位性"を確認できたことである。共同開発事業所は中核的技術(特に自社の産業財産権を活用した技術・製品)の保有において、自社開発事業所を上回る結果となった。ネットワークの多様性で勝る共同開発事業所の優越は、イノベーションにおけるネットワークの有用性、すなわち、オープン・イノベーションの環境の重要性を物語るものといえる。

4　考察──地域イノベーション戦略の展開──

これまでみてきたように、イノベーションの促進には、ネットワークの存在が重要である。このため、地域のなかで如何にオープン・イノベーションの環境整備を図っていくかが、産業政策上重要な課題となる。以下では、尼崎を例として、地域中核企業[8]、ものづくり中小企業[9]、ものづくりベンチャーへの支援の在り方や支援機関の役割について考えてみたい。

(1) 地域中核企業を中心とする創発ネットワークの形成

オープン・イノベーションの核として、試験研究機関等の支援機関と並んで期待されるのは、地域中核企業(コネクター・ハブ企業)である。それはノンローカル、ローカル双方の企業間ネットワークのノードとして存立、機能している企業を指す(前項でみた共同開発事業所の多くは、それに該当すると思われる)。「日本再興戦略」では、この地域中核企業を中心とした新たなクラスターを創出し、地域企業群の活性化を進めることを謳っている。

尼崎では、特定分野において高いシェアを有し、経営力に優れた地域中核企業が数多く存在する。そうした地域中核企業を中心としたネットワークのなかで知識の創造、移転、組換えを促進していくことが、新たなイノベーションを生み出していくうえで重要となる。地域中核企業には、同質的なローカル・アクターとの緊密な連携のなかで漸進的なイノベーションを促進するとともに、グローバルなアクター等との相互作用を通じて、革新的なイノベーションを創出する役割が期待されている。

　このため、地域イノベーション戦略上、①地域中核企業のR&D機能の強化[10]とともに、②地域中核企業が形成するサプライ・チェーン、バリュー・チェーン内での共同研究、共同投資、共同事業化、知識集約化、人材育成等への支援や、③チェーンへの様々なアクターの新規参入を促し、その新陳代謝を促進するような仕組みづくりが重要になる。

　従来の地域産業政策では、特定地域における産業集積（クラスター）の形成に主眼を置いてきた。今後はそれとともに、内外に広がる多様なネットワークにおけるイノベーションの創出に向け、ネットワークに立脚した施策展開が重要になる。すなわち、地域内イノベーションから地域発イノベーションへと、発想の転換を求められよう。

　こうしたネットワーク施策の展開にあたっては、当然、行政区域を越えた広域的な連携が必須となる。特に、製造事業所の6割以上が大阪府下に取引先を有する尼崎市の場合、尚更であろう。関西広域連合の枠組みなどを活用し、大阪湾ベイエリア全域を視野に入れた施策展開を推進していく必要がある。

（2）ものづくり中小企業（サポーティング・インダストリー）へのアウトリーチ

　金属加工等に代表される尼崎のものづくり中小企業は、市内のみならず、広く大阪湾ベイエリアの基幹産業を下支えするサポーティング・インダストリー（基盤技術型産業）として発展してきた。それら中小企業が保有するものづくり基盤技術の継承・発展は、エリア全体の産業振興を考える上でも重要なテー

マとなる。

　ものづくり中小企業の多くは、人材、資金、設備面の制約から、研究開発に乗り出せないでいる。また、固定的、従属的（下請的）な取引関係のなかで、研究開発への積極的な動機付けを見出すことが難しい状況にある。

　けれども、実態調査からは、実績はないながらも将来の研究開発に意欲をみせるものづくり中小企業も少なからず存在することが判明した。今後は、そうした企業への支援機関側からの積極的な働きかけ、アウトリーチが期待される。

　支援機関からの技術支援にあたっては、ものづくり中小企業が保有するコア技術の高度化支援が、入り口となることが多い（阪神南リーディングテクノロジー実用化支援事業推進委員会 2014）。そこでは、主力製品の品質向上を実現する漸進的、改良的なイノベーションへの支援が期待されている。

　また、要素技術（生産付帯技術）の改善による生産性の向上も、ものづくり中小企業にとって、関心の高いテーマである。特に、デジタル・エンジニアリングが急速に普及しつつある現在、３Ｄプリンタ、３次元金属造形の導入やICTで繋ぐ生産プロセスチェーンの開発、設計・生産ノウハウや匠の技術のデジタル化、ロボットや工作機械の知能化など、支援機関にはものづくり中小企業の様々なニーズに応え得る支援体制の整備が求められる。

　他方、将来を見据え、成長が見込まれる次世代産業市場への参入支援も重要なテーマである。兵庫県では、2015（平成27）年度より、高度技術（航空・宇宙、ロボット、新素材等）、環境・新エネルギー（水処理、水素・燃料電池等）、先端医療（創薬、医療・介護機器等）の３分野において「次世代産業雇用創造プロジェクト」を展開し、基盤技術の高度化とそれによるものづくり中小企業の新規参入を支援しようとしている。

　幸いなことに、尼崎には、これら次世代産業のサプライ・チェーンの川下有力企業が数多く立地している。支援機関[11]等においては、こうした連携型プロジェクトを有効に活用しつつ、技術開発に意欲的なものづくり中小企業の多元的グループ化、ネットワーク化を推進するとともに、川下企業等とのマッチングに積極的に取り組むことが期待される。

（3）マイクロ・ビジネスの創出と市民共創のものづくり拠点の形成

　先に述べたように、イノベーションの創出には、新しい知識へのアクセスが重要である。このため、地域内において多様（異質）なアクターが存在し、新しい知識が流通し得る環境が形成されていることが望ましい。この観点からして、若者、女性、シニア層など、様々な市民の起業・創業を支援し、既成のものづくりの周辺で新たなマイクロ・ビジネス（ものづくりベンチャー）の創出を図ることも、検討すべき戦略課題の1つとなる。

　折しも現在、全国各地で、「コ・ワーキングスペース」や「ファブラボ」（市民による"草の根発明"を目的としてデジタル工作機械などを備えた工房）などの施設が出現しつつある（（公財）尼崎地域産業活性化機構が、尼崎市中小企業センター内に2015年10月に設立した創業支援オフィス「ABiZ（アビーズ）」もその1つといえよう）。

　こうした市民共創のものづくり拠点の整備・活用への支援も、地域イノベーション施策の1つに位置づけられよう（ものづくり中小企業のファブラボ化も検討課題の1つとなろう）。また、そうした施設とクラウド・ファンディング、クラウド・ソーシングの仕組みとの連携を図ることで、草の根イノベーションをめぐるネットワークの拡大が期待される。

　さらに、施設ユーザーであるものづくりベンチャーや市民起業家とものづくり中小企業等の交流の場を設け、事業化のアイデアやノウハウの交換を図ることも、異業種交流の1つの形として推奨されるべきであろう。市民が新たなイノベーションの担い手や触媒となり、市民共創のものづくり拠点を核に、工都尼崎の再生、発展の一翼を担う知創コミュニティの形成が図られることを期待したい。

（4）支援機関の連携強化
　　──地域イノベーション・プラットフォームの構築──

　尼崎市内には、（一財）近畿高エネルギー加工技術研究所（AMPI）、（株）

エーリック（インキュベーション施設）、（協）尼崎工業会、（公財）尼崎地域産業活性化機構など、ものづくり中小企業を支える様々な支援機関・施設が存在し、それがこの地のものづくりの強みの一つとなっている。

そして、これら支援機関・施設間では、フォーマル、インフォーマルに様々な交流が図られ、個別事業においても相互の連携・協力が進んでいる。また、支援機関と大学等により尼崎市産学公ネットワーク協議会が結成され、産学官の連携も図られている。

こうした"基盤"のうえに今後求められるのが、イノベーション・コーディネート機能の強化である。支援機関間で事業調整を行い、各機関が有する資源を効果的に動員、活用できる体制づくり、すなわち、地域イノベーション・プラットフォームの構築が求められる。

プラットフォームでは、支援機関等が有する知識・情報の共有化（メタ・データベースの作成等）や、人材の流動化、施設のオープン化等による、オープン・イノベーションに向けてのさらなる環境整備が期待される。

また、プラットフォームでは、個別の技術支援にとどまらず、技術経営（MOT：Management of Technology）全般への支援を円滑に行える体制づくりも求められる。すなわち、新技術開発から製品開発、製品実用化、販路開拓までの一貫した、息の長い支援を実現し、技術イノベーションを事業イノベーション（ビジネスモデルの構築）につなげることができるよう、支援機関間（試験研究機関と地域経済団体、金融機関等の間）の連携を強化していく必要がある。

さらに、プラットフォームには、イノベーションの創出に向け、異分野領域をつなぐインターフェースとしての役割が期待される。分野、業種を超えた水平的なネットワークの形成を図り、市内の主要企業、民間試験研究機関、地域中核企業、ものづくり中小企業、ものづくりベンチャーなど、様々なアクター間の連携・交流を促進していくことも求められる。

マルチ・スケールでのネットワーク形成も、地域イノベーション戦略上重要となる。水野（2015）は支援機関を介することで、地理的に離れた企業同士の協力関係が形成されやすいことを指摘している。プラットフォームを構成する

支援機関が、市内企業と国内外の企業、研究者等を結びつける"境界連結者"(boundary spanner) として機能し、革新的なイノベーションの創出に寄与することを期待したい。また、プラットフォームの形成は、国施策等を通じて、現在様々なスケール・レベルで進んでいることから、広域あるいは他地域のプラットフォームとの多様な結びつきも、今後模索していくべきであろう。

5 おわりに

　大阪湾ベイエリアの開発整備が本格化して、はや四半世紀が経とうとしている。この間、交通インフラの整備により、利便性は向上し、エリアの立地環境は大きく改善した。また、大規模プロジェクトによる施設整備は、エリアの集客力を高め、様々な都市型産業の振興に寄与することとなった。かつての大阪湾ベイエリアにあったラストベルト（古い産業地域）のイメージは、相当程度、払拭されたとみてもよいのかもしれない。

　しかし、データが示すように、ベイエリア製造業はベイ法導入以前の1991年の水準をまだ回復はしていない。もっとも、我が国製造業が輸出で稼ぐ構造から海外で稼ぐ構造へと変化し、多くの国内拠点がマザー工場化し、R&D機能に特化しつつある状況を鑑みると、その再生は生産力とともに、イノベーションの創出力でもって測られるべきなのであろう。その意味では、イノベーションの創出力を高めようと、地域プラットフォームの構築をめざす現在の方向性は、正鵠を射ているように思われる。

　尼崎の中核的支援機関であるAMPI（近畿高エネルギー加工技術研究所）とエーリックは、大阪湾ベイエリアの整備計画に基づき整備された研究開発拠点施設である。今後、両施設が先導的拠点としてこれまで培ってきた知識、ノウハウが生かされ、ベイエリア製造業の再生に向けた新たな地域プラットフォーム・モデルが尼崎から創出されることを期待したい。

　本稿では、地域イノベーション戦略の方向性について論じてきたが、個々の戦略以上に重要なのが、枠組みの刷新とそれによる新たな気運、ビジネス・クライメイト（産業風土）の醸成である。官民一体となって、国家戦略特区等の

制度を効果的に活用し規制緩和を講じることで、制度的ロック・インの解消を図っていくべきであろう。研究開発、社会実装を進めるうえでの障壁となる各種制度の規制緩和や、海外研究者の流入促進に向けた高度人材への優遇措置の実施など、イノベーションの創出につながる様々な提案が今後各所から出てくることを期待したい。大胆な規制緩和などを通じて、大阪湾ベイエリアにおいて、イノベーションの連鎖が生まれる創発的な産業風土の形成が進むことを願ってやまない。

[注]
（1） 2007（平成19）年調査で脱漏事業所及び構内請負事業所の捕捉が行われるとともに、製造品出荷額等の調査内容が変更されたため、厳密には、2007（平成19）年以降の数値は、2006（平成18）年以前の数値とは接続しない。また、デフレーターによる実質化を行っていない。
（2） 実態調査の詳細については、（公財）尼崎地域産業活性化機構のホームページに掲載されている大阪湾ベイエリア地域経済分析研究会（2015）の項を参照されたい。
　　なお、同調査は、大阪市（此花区、港区、大正区、西淀川区、住之江区）、尼崎市、西宮市、芦屋市、伊丹市の従業者4人以上、年間売上金額2,000万円以上の全製造事業所（2,806事業所）を対象に、2014年11～12月に郵送により実施された。調査票有効配布数は2,704通、有効回収数は701通、有効回収率は25.9%であった。
（3） 変数「研究開発」（「自社開発」、「共同開発」、「研究実績なし」の3項目）と表1～6の各変数の間でχ^2検定を行ったところ、いずれも統計的に有意（1%水準）な結果を得た。
（4） "ローカル"は調査実施地域内（大阪市、尼崎市、西宮市、芦屋市、伊丹市）、"リージョナル"は、その他近畿圏内（神戸市等その他兵庫県内、大阪市以外の大阪府内、滋賀、京都、奈良、和歌山の全府県）、"ナショナル"は近畿圏以外の国内（首都圏、中部圏等）、"グローバル"は海外を指す。
（5） 取引先との関係について、「受注生産による製造・販売」または「部品等の加工による納品」を選択し、なおかつ、出荷する製品・加工品の設計図（仕様等）の作成者において、「取引先」または「取引先と共同で」を選択した事業所を「従属型（下請型）」と呼称し、その他の事業所を「独立型」と呼んでいる。
（6） 研究開発体制に関して、「事業所が単独で」、「自社の他の事業所（研究所等）と共同で」のいずれか、あるいはその両方を選択した事業所を指す。
（7） 共同開発事業所のなかには、（共同開発とともに）自社開発を実施している事業所も含まれる。
（8） 東京大学坂田一郎教授が提唱している用語で、「地域の中で取引が集中しており、地域外とも取引を行っている企業（＝取引関係の中心となっているハブの機能と他地域と

取引をつなげているコネクターの機能を有する企業）」と定義づけられている。

　「2014年版中小企業白書」では、その中でも特に地域経済への貢献が高い企業、具体的には、地域からより多くの仕入を行い、地域外に販売している企業をコネクターハブ企業と定義している（中小企業庁、2014、p.533）。なお、地域中核企業の対象としては、中堅・中小企業が想定されているが、大企業を除外しているわけではない。

（９）　「中小企業のものづくり基盤技術の高度化に関する法律」に基づき指定された特定ものづくり基盤技術（11分野）を有する中小企業を指す。

（10）　兵庫県では、2015年４月より「産業立地条例」のもと、県外からの立地だけでなく、県内全域における既存事業所での新事業展開や本社機能強化にも、設備投資補助等の支援を始めた。あわせて、研究開発拠点の補助率の引き上げも行った。国内事業所の再編が進み、民間研究所や母工場などの誘致が難しくなりつつあるなか、このような補助制度の有効活用を促し、既存事業所の高次化、知識集約化を促進することも、地域イノベーション戦略上重要である。

（11）　尼崎では、AMPI（近畿高エネルギー加工技術研究所）がものづくり中小企業の技術レベルの向上と人材の能力アップを目的に、ものづくり基盤技術の高度化事業を行うほか、水素関連産業市場への企業参入支援事業を実施する（事業期間：2015（平成27）～2017（平成29）年度）。

［参考文献］

大阪湾ベイエリア地域経済分析研究会（2015）『大阪湾ベイエリアにおける地域イノベーション・プラットフォームの形成に関する研究』.
　　http://www.ama-in.or.jp/research/pdf/jisyu/H26_osaka_bay.pdf（平成27年10月28日確認）.
加藤恵正（2011）『大阪湾ベイエリアの変貌と将来－ラストベルト（Rust Belt）再生の行方』http://www.hemri21.jp/columns/columns010.html（平成27年10月28日確認）.
経済産業省（2015）『2015年版ものづくり白書』.
佐野浩（2014）「大阪府の市町村民経済計算の試算について」『産開研論集』第26号、大阪府.
中小企業庁（2014）『2014年版中小企業白書』.
阪神南リーディングテクノロジー実用化支援事業推進委員会（2014）『阪神南リーディングテクノロジー実用化支援事業検証報告書』兵庫県阪神南県民局.
水野真彦（2011）『イノベーションの経済空間』京都大学学術出版会.
水野真彦（2015）『イノベーションの経済空間』大阪湾ベイエリア地域経済分析研究会第4回発表資料.
Storper, M.（1997）, *The Regional World: Territorial Development in a Global Economy*, New York: The Guilford Press.

特集関連の研究報告

VII 尼崎市における創業の特徴と立地要因

櫻井 靖久
公益財団法人尼崎地域産業活性化機構　調査研究室

1 はじめに

　日本はバブル崩壊以降の低成長期の20年で、創業や起業、新規開業（以下、創業[1]）が停滞している。特に、日本の創業率の低さは、先進国の中で際立っている[2]。これは、日本の経済にとってイノベーションに対する制約になるだけでなく、グローバルな競争の中で競争優位を無くした産業から新しい産業への転換を妨げることにもつながっている。そのため、日本では創業を支援することで、こうした問題に対処し、経済の活性化につなげようという試みが始まっている。

　また、尼崎市に目を向けてみると、歴史的に中小製造業の集積が存在し、そこでの創業や廃業による新陳代謝が繰り返されてきた。その結果、イノベーションを誘発したり、生産性の向上に寄与したりしてきたのである。こうした新陳代謝が停滞することは、企業の競争力の低下だけでなく、尼崎市の産業や経済の強さにも影響を与えている。

　こうした問題意識に対して、これまでは創業率の低さの原因の中でも、創業環境や創業意識の乏しさに着目して、その制約条件を取り払うことで解決しようとしてきた。つまり、創業について入り口の部分についての課題について取り上げ、創業がしやすい環境整備を行おうとしているわけである。

　例えば、中小企業白書（2014）では、創業に対する環境整備のために、起業家教育を充実させることにあると分析している。特に、起業家とふれあう時間を作ること、起業家の社会的評価の向上が、起業家を増やす要因になるとしている[3]。

その一方で、創業がイノベーションや雇用に貢献することで、経済成長につなげようとする見方も注目されている。

　例えば、鈴木（2012）は、創業の役割として、「雇用の創出」、「成長企業の苗床」、「競争の促進」、「変化への対応」をあげている[4]。また、忽那他（2013）は、「イノベーションを主導するのみならず、雇用を創出し、経済成長に多大な貢献を果たす」と述べている[5]。

　こうした創業が経済成長に寄与するためには、創業後も長く事業活動を続けていくことが必要である。その結果として、創業企業によるイノベーションや雇用、収益によって地域経済の活性化に貢献するのである。そのためには、数年で廃業に陥ることなく、事業の拡大を持続させていかなければならない。そのため、鈴木（2012）は、創業後の廃業、雇用、取引関係による業績などがどのように影響しているかを分析している。

　しかし、こうしたこれまでの研究や調査は、特定の場所に限定したものではない。ある場所で創業を増やしたり、創業後の事業継続が容易であったりする場所はどこかなどについてはこれまで明らかにされていない。

2　問題意識と調査の方法

　前節で述べたように、ある特定の場所において創業についての調査はこれまでほとんど行われてこなかった。そのため、本稿では、尼崎市において、創業にどのような特徴があるのかをまず明らかにする。そして、そうした企業がなぜ尼崎市で創業したのか、また、尼崎市で創業する特徴はどのようなものがあるのかを明らかにする。

　以上のような問題意識をもって、2014（平成26）年10月に、尼崎市経済環境局と共同でアンケート調査を行った[6]。調査は、経済センサスの名簿を用いて、尼崎市において2006（平成18）年から2012（平成24）年に開設した企業[7]を対象に、郵送でアンケートを配布・回収した。ただし、開設時期別では、創業と移転や子会社・支社の設立との区別ができないので、創業の場合は調査票A、移転や子会社・支社の設立の場合は調査票Bを記入する設計とした。

配布数は、2,661件、うち未着が332件で、有効配布数は2,329件である。有効回収数は、全体で381件、回収率は16.4％であった。そのうち、創業についてのアンケートの回答が177件で、本稿ではこの結果を使って分析した。

3 尼崎市における創業の特性

（1）尼崎市における創業企業の3つの類型

尼崎市の創業は、事業の拡大に熱心な企業と熱心でない企業に分けてみることができる。例えば、創業目的（動機）において、「現業とは別の事業を行うため（第二創業）」、「アイデアを事業化したい」、「専門的な技術・知識を活かしたい」、「高い所得を得たい」、「以前の勤務先に対する不満や先行きの不安」などの、ビジネスを目的としている企業が前者に相当し、「社会貢献」、「自己実現のため」、「自己の裁量で仕事がしたい」、「高い社会的評価を得たい」、「人生の目的（生きがい）のため」、「時間的余裕があるため」などの生きがいや社会的な役割を果たすことを目的としている企業が後者といえる。

同様に、事業を立ち上げた後の経営方針においても、「利益を最大化すること」、「事業規模を拡大すること」、「事業を継続すること」、「家計を維持すること」などのビジネスに傾斜している企業（ビジネス志向）がある一方で、「仕事の内容に満足できること」、「社会の役にたつこと」など生活への満足や社会的な役割を果たしたいという欲求を持っている企業（社会的志向）に分けることができる。

そこで、創業の目的（動機）と事業経営の方針についての回答結果をもとにして、表1のように創業企業を類型化した[8]。ただし、ビジネス目的で社会

表1 創業企業の類型

類型の軸		事業経営の方針（事業で重視すること）	
		ビジネス志向	社会的志向
創業の目的 （思いやきっかけ）	ビジネス目的	Ⅰ型　24.5%	4.6%
	社会的目的	Ⅱ型　43.0%	Ⅲ型　27.8%

的志向をもつ創業は4.6％と少ないため、以下では分析対象から除外し、【ビジネス目的×ビジネス志向】（以下Ⅰ型）、【社会的目的×ビジネス志向】（以下Ⅱ型）、【社会的目的×社会的志向】（以下Ⅲ型）の三つの類型について、次節以降言及する。

（２）類型別にみた創業者と創業企業の特徴

　類型別に見た創業者の特徴は、学歴（図１）と経歴（図２）で大きな違いが出ている。学歴では、Ⅰ型は、「専門学校卒」と「高校卒」が多い。また、経

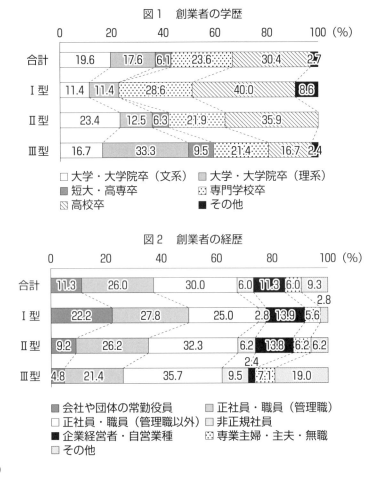

図１　創業者の学歴

図２　創業者の経歴

歴では、「会社や団体の常勤役員」、「企業経営者・自営業種」、「正社員・職員（管理職）」が多い。一方で、Ⅲ型では、「大学卒」や「短大・高専卒」が最も多い。特に「大学卒（理系）」の構成比は全体平均の２倍にも上っている。また、経歴を見ても「会社や団体の常勤役員」や「正社員・職員（管理職）」、「企業経営者・自営業種」が少ないので、経営やマネジメント経験のない人が多い事がわかる。Ⅲ型に多い「その他」では、「勤務医」、「大学教授」、「公務員」などが多かった。

　以上のように、Ⅰ型は経営者や管理職などの事業経験を経て、創業しているのに対し、Ⅲ型は大学などで専門知識や技術を持った人が創業している傾向がある。Ⅱ型は、年齢は他の類型とおおむね同じであり、学歴や経歴の項目別構成はⅠ型とⅢ型の中間的分布となっている。

　次に、企業の特徴を見ると、産業分類の比率では（図３）、すべての類型で

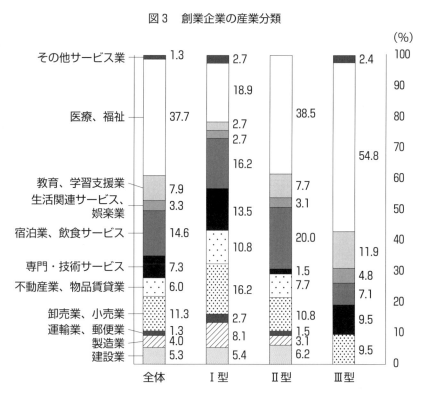

図３　創業企業の産業分類

「医療、福祉」が最も多い。Ⅰ型で18.9％、Ⅱ型で38.5％、Ⅲ型で54.8％である。しかし、二番目に多い産業分類は、Ⅰ型で「宿泊業、飲食サービス業」「卸売業、小売業」がそれぞれ16.2％、Ⅱ型で「宿泊業、飲食サービス業」で20.0％、Ⅲ型で「教育、学習支援業」で11.9％となっている。一方で、全体と比較して、Ⅰ型では、「製造業」、「専門・技術サービス」、「卸売業、小売業」が多く、「医療、福祉」が少ない。Ⅱ型では、「宿泊業、飲食サービス業」がやや多く、その他は全体に近い構成となっている。Ⅲ型では、「医療、福祉」が突出して多く、「宿泊業、飲食サービス業」が少ない。

個別の事業所の特徴では、Ⅰ型、Ⅱ型、Ⅲ型になるに従って、従業員数（図4）が少なくなり、個人経営が多く、一般消費者向けの取引が多くなっている（図5、6）。

また、年商をみると、Ⅰ型は年商が少ない企業の比率が小さいのに加え、1億円以上の比率が高いので、比較的規模が大きいといえる。Ⅲ型は年商が大きい企業と小さい企業に二極化している傾向がある（図7）。

次に、それぞれの競争優位（図8）をみると、Ⅲ型は「他社が提供していない」と「公益性が高い」の割合が大きい傾向がある。一方で、Ⅰ型は「新規性が高い」と「ビジネスのやり方が新しい」が合計で11.1％もあり、イノベーションの傾向が他の類型よりもやや高い。Ⅱ型の構成比率は、Ⅰ型に近く、Ⅲ型の構成が大きく異なる。

しかし、収益（表2）をみると、黒字企業と赤字企業の割合に差はほとんどない。ただし、Ⅰ型はやや他の類型に比べて黒字化までの期間（図9）が遅い。

Ⅶ　尼崎市における創業の特徴と立地要因

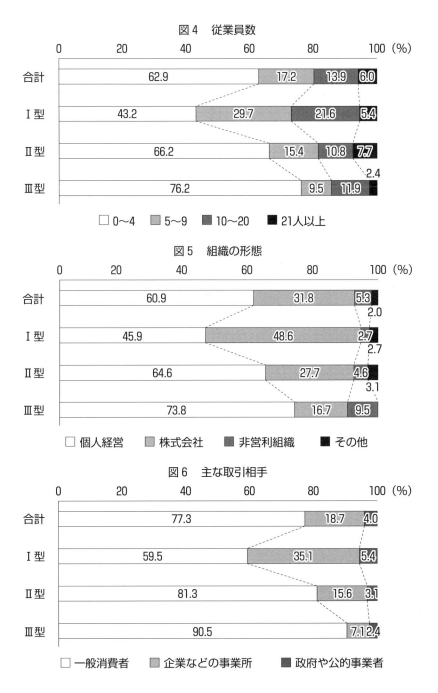

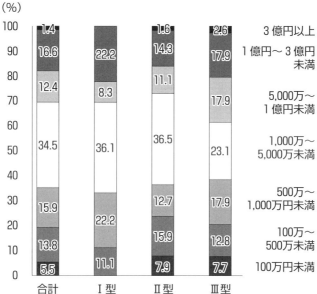

図7 年商

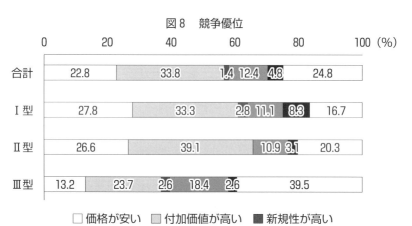

図8 競争優位

表2　収益

	全体	Ⅰ型	Ⅱ型	Ⅲ型
黒字基調	63.4%	62.2%	61.3%	66.7%
赤字基調	36.6%	37.8%	38.7%	33.3%

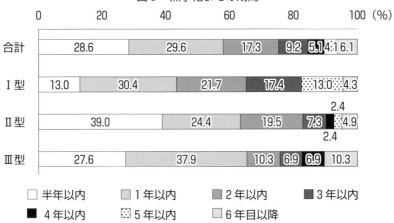

図9　黒字化までの期間

（3）類型別にみた創業の特徴

①【ビジネス目的×ビジネス志向】（Ⅰ型）による創業

　この類型では、創業者の学歴が高校卒や専門学校卒などが中心である。また経歴では、会社経営・自営業者や正社員比率が高いことから社会経験が豊富な人が多い。そのため、専門的な知識や技術は、経験的に得たことに加えて、事業経営やマネジメント経験も有していることが多いと考えられる。このことから、創業するにあたっての制約は他の類型よりも少ないと考えられる。その証拠に、創業時における困ったこと（表3）を見ると、「特にない」が18.9％と他の類型と比較して最も高い。また、「事業に必要な専門知識・技能の習得」「経営知識の習得」といった技術面や経営面の比率が低いので、創業後の事業継続可能性は高いと考えられる。

表3 創業時に困ったこと（複数回答）

	全体	Ⅰ型	Ⅱ型	Ⅲ型
資金調達	44.6%	43.2%	50.0%	42.5%
従業員の採用（数）	13.5%	10.8%	15.6%	12.5%
従業員の採用（質）	35.1%	37.8%	32.8%	35.0%
会社設立の手続き	14.9%	*2.7%*	20.3%	15.0%
事業に必要な専門知識・技能の習得	14.9%	*5.4%*	20.3%	15.0%
経営知識（財務・法務等）の習得	20.3%	*10.8%*	23.4%	22.5%
仕入れ先の確保	10.1%	10.8%	17.2%	*0.0%*
販売先の確保	14.2%	18.9%	*9.4%*	17.5%
規制（許認可の取得など）	10.1%	*2.7%*	15.6%	7.5%
事業内容の選定	0.7%	0.0%	0.0%	2.5%
業界慣行	9.5%	8.1%	12.5%	7.5%
マーケットの選定	4.1%	*0.0%*	6.3%	5.0%
その他	7.4%	5.4%	7.8%	10.0%
特に苦労したことはない	10.8%	18.9%	*6.3%*	10.0%
合計（回答比率の累計）	199.3%	156.8%	231.3%	192.5%

　次に、創業時おいて役に立った知識・技術（図10）では、「事業分野における専門的な知識・ノウハウ」が最も高いにもかかわらず「事業分野における高い技術力」は2.7%と少ない。また、「営業力・交渉力やマーケティングの知識」が二番目に高いので、創業後の事業経営に貢献するような選択肢に集中している傾向がある。

　この類型は、年商や従業員規模の増加、従業員の増加数など、創業後の成長につながる傾向があるので、こうした創業が増えると尼崎市の地域経済への影響も大きくなる可能性が高い。

② 【社会的目的×社会的志向】（Ⅲ型）による創業

　この類型では、創業者の学歴が高く、「大卒」、特に「大卒（理系）」の割合

が高い。また、経歴では、「正社員（管理職以外）」や「その他」が多い。「その他」の内訳を見ると、勤務医や大学教授、公務員という専門的な知識や技術を持った人が多かった。図10の「事業分野における高い技術力」が、他の類型よりも突出して高い傾向があることからもわかる。

逆に、創業分野における技術や知識は持ち合わせていても、事業運営にかかわる知識が不足していることが多い。たとえば、創業に困ったこと（表3）では、「経営知識の習得」「販売先の確保」などで全体平均に対して高い比率を示している。

また、創業資金（図11）が高い傾向があるが、医療・福祉など、初期の設備投資が高い分野が多いためと考えられる。また、こうした分野は売上が高い一方で、従業員数は少ないことが多い。医療・福祉以外の分野でも、コンサルタントや士業などの他の企業を支援するような事業が多いため、この傾向は非常に特徴的である。

こうした創業は、高い労働生産性を持っているので、付加価値の高い事業となりえるが、事業の拡大や利益追求には消極的である。しかし、こうした創業が増えることは、尼崎市の他の企業にとっては事業環境の改善につながる可能性が高い。また、医療・福祉の充実は、尼崎市の安心・安全の充実につながる可能性がある。

③【社会的目的×ビジネス志向】（Ⅱ型）による創業

この類型は、先の表1の4区分の中で最も多く、全体の43％を占めている。しかし、他の類型と異なって、特徴が少なく、Ⅰ型とⅢ型の中間的な傾向がある。

ただし、Ⅰ型のように、その分野のノウハウや経験的知識がなく、Ⅲ型のように高度な専門的技術や知識を持たない人が多いので、創業のハードルとしては最も低いと考えられる。このことは、創業時に役に立った知識・技術（図10）で、ノウハウや知識、技術力の回答が低いことをみても明らかである。

こうした創業は、創業時のサポートがもっとも必要である。創業時に困ったこと（表3）でも「特に苦労したことはない」（6.3％）の比率がもっとも低い。また、構成比の類型値（合計）が最も大きく、選択肢にあまり偏りがない。

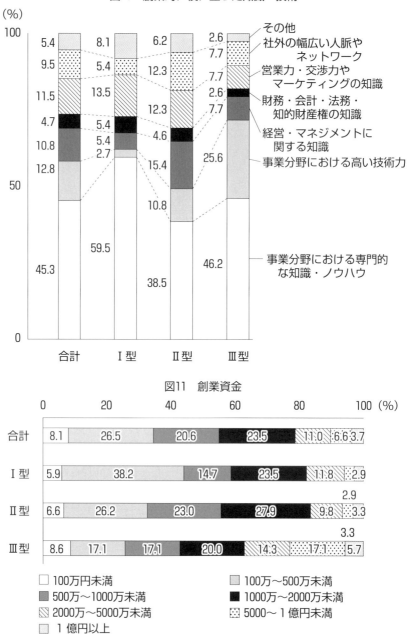

4　尼崎市における立地要因

　最後に、尼崎市の立地環境が創業の場所としてどのような意味があるかを考察する。尼崎市を創業場所として選択した理由で突出して多い意見が「生れ育った場所や住んでいたことがあるため」である[9]。これが意味するところは2つ考えられる。以下では、「生れ育った場所や住んでいたことがあるため」を選択した企業を「尼崎市での在住経験あり」とし、選択しなかった企業を「尼崎市での在住経験なし」とする。

　一つは、尼崎はよく知っている場所であるため、すでに既知の取引先や顧客が存在することで、取引コストを節約できるメリットがあることである。しかしアンケート結果を見ると、取引地域に関してはやや尼崎市内が多いが、阪神地域は少なく、より広域な関西圏が多い結果となっており、取引地域の距離に大きな違いが見られない。取引コストを節約するために尼崎市で創業するのであれば、近隣との取引が多くなるはずである。また、創業時に役に立った知識・技術[10]でも、取引コストの低下につながる「社外の幅広い人脈やネットワーク」は、「尼崎市での在住経験あり」の方が低い結果となっている。さらに、創業時に困ったこと[11]をみると、「仕入れ先の確保」や「販売先の確保」の面では、「尼崎市での在住経験あり」は、「尼崎市での在住経験なし」よりも2倍程度高い比率で困っているので、在住経験は取引コストの低減には役に立っていないことがわかる。ただし、人材採用の面では有利に働いているようである。

　そこでもう一つの「尼崎市での在住経験あり」が意味する立地環境を考えると、「その他」で多くの回答が寄せられた「自宅で創業したため」という意見と関係していると考えられる。それは、自宅で創業することで、創業資金を節約することを目指していたことである[12]。

　以上の点を考慮してアンケートの結果を見ると、「尼崎市での在住経験あり」の企業は、「尼崎市での在住経験なし」の企業に比べて赤字の割合が高い（図12）。また、創業資金が十分でない企業も、十分な企業と比べて赤字の割合が高い（図13）。つまり、自宅を創業地とする理由は創業資金を節約するため

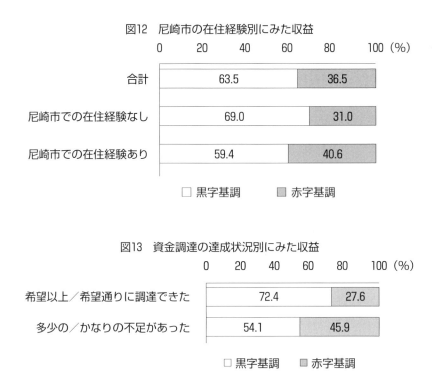

であり、資金調達が不十分であるにも関わらず創業したケースがあると考えられる。その点を分析するために、「尼崎市での在住経験あり」と資金調達の状況とクロス集計し、収益状況を見た図14を作成した。この図からは、資金が不足していた群は、在住経験に有無による赤字と黒字の比率に差異はないが、資金が十分であった群は、「尼崎市での在住経験なし」の方が、「尼崎市での在住経験あり」より黒字の比率が高く、赤字の比率が低いという大きな差がみられた。つまり、「尼崎市での在住経験あり」の企業は、たとえ創業資金が十分であっても収益の状況がよくないことが多い。

では、「尼崎市での在住経験なし」の尼崎市の立地環境は何があるのであろうか。表4を見ると、もっとも高い答えは「交通の便が良い」と「顧客に近い場所のため」、「広い／必要なスペースが確保できた」の三つである。以上のことから、立地場所としては、マーケットへの近接性と参入の地理的容易性、事

業可能なスペースの確保が重要であることを示唆している。これに対して、「尼崎市での在住経験あり」の企業は、資金節約のために尼崎を創業の場所に選んでいるためか、以上の三つの点をそれほど重視していない。

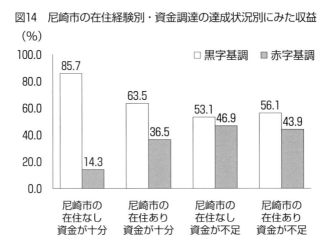

図14 尼崎市の在住経験別・資金調達の達成状況別にみた収益

表4 尼崎市の在住経験別・資金調達の達成状況別にみた創業場所の選定理由

	尼崎市の在住経験なし		尼崎市の在住経験あり	
資金調達の状況	十分	不足	十分	不足
広い／必要なスペースが確保できた	32.4%	34.4%	17.0%	14.3%
賃貸料が安かった	21.6%	15.6%	17.0%	11.9%
尼崎のイメージがよい	5.4%	3.1%	3.8%	2.4%
交通の便が良い	45.9%	40.6%	17.0%	11.9%
顧客に近い場所のため	40.5%	34.4%	9.4%	26.2%
外注先に近い場所のため	5.4%	0.0%	1.9%	2.4%
市場の新規開拓のため	13.5%	12.5%	0.0%	2.4%
人材採用が容易であるため	8.1%	0.0%	1.9%	0.0%
尼崎市や兵庫県から支援を受けた／受けるため	5.4%	9.4%	1.9%	4.8%

以上のように、尼崎市の創業における立地環境は、都市部という大きなマーケットの存在だけでなく、大阪と神戸という大都市近郊で交通アクセスの良さというメリットがある。

5　おわりに

　本稿では、アンケート調査の結果を用いて尼崎市の創業の実態を見てきた。その結果、創業の動機と事業経営の方針によって、創業には3つの類型があることが分かった。そのうち、Ⅰ型とⅢ型は、経験や専門知識が重要であり、創業できる人が限定される。一方で、Ⅱ型は、創業のハードルが低く潜在的創業者は多いと考えられるが、創業支援や、創業後の事業支援をよりていねいに行う必要があることがわかった。

　このように、本調査では尼崎市における創業を類型化し、それぞれの特徴がわかったが、尼崎市で創業を増やすための方策を考えるには不十分である。今回のアンケートでは、すでに創業した人を対象にしたため、潜在的な創業者が尼崎市にどの程度存在しており、また創業を実行するにあたっての障害や制約条件は分からなかった。このような潜在的な創業者について把握するためには、市民に対して意識調査を行う必要があるだろう。

　もう一つの問題点は、創業によってイノベーションの誘発や雇用吸収力などの地域経済へインパクトのある影響を与えるかどうかは、今回の調査では明らかにできなかった。ベンチャーのような技術開発に積極的な企業や、新しいビジネスモデルにつながる企業を見つけることができなかったためである。しかし、こうした企業は日本全体に限らず、世界全体でも生まれることは稀であろう。これらの創業を明らかにするためには、尼崎市以外のベンチャー企業へのヒアリングなどを通じて、その特性を明らかにする必要がある。

　このように、いくつかの課題は残したが、尼崎市における創業企業の特徴の一端を明らかにすることはできた。そのため、今後、創業支援について考える上で、どのような産業や企業の創業を促進したいかという点を考慮することが重要であるだろう。

[注]
（1） 本稿では、創業、起業、開業は、「創業」という。
（2） 松本（2013）「企業数と新規創業率の国際比較」『立教 DBA ジャーナル』、43-48ページ。
（3） 中小企業白書（2014）220-225ページ。
（4） 鈴木（2012）4－5ページ。
（5） 忽那憲治他（2013）、8-11ページ。
（6） 詳細は、尼崎地域産業活性化機構（2015）を参照。調査票は47-52ページ、調査の概要は9-10ページ、すべての調査項目の集計結果は、53-58ページ。
（7） 経済センサスの調査時期により、平成24年開設企業は2月までに限る。
（8） 創業の目的は、マルチアンサーのため、複数回答の企業はビジネス目的と社会的目的の選択肢のどちらに多く回答しているかによって類型を振り分けた。同数の場合は、「高い所得を得たい」がある場合はビジネス目的に、「社会貢献」がある場合は社会的目的に振り分け、どちらも無い場合は無効とした。また、「その他」は、倒産（3件）、株式会社化（2件）、節税（1件）、土地の有効利用（1件）をビジネス目的に、事業承継（1件）、子育てのストレス発散（1件）、独立（1件）、子育てにつなげる（1件）は社会的目的に振り分けた。
（9） 尼崎地域産業活性化機構（2015）14ページ。
（10） 尼崎地域産業活性化機構（2015）17ページ。
（11） 尼崎地域産業活性化機構（2015）37ページ。
（12） 尼崎地域産業活性化機構（2015）13ページ。

[参考文献]
（公財）尼崎地域産業活性化機構（2015）「尼崎市における新規立地に関する実態調査報告書」
忽那憲治他（2013）『アントレプレナーシップ入門』有斐閣
鈴木正明（2012）『新規開業企業の軌跡―パネルデータに見る、業績、資源、意識の変化』勁草書房
中小企業庁（2014）『中小企業白書』
松本和幸（2013）「企業数と新規創業率の国際比較」『立教 DBA ジャーナル』、第3号、43-48ページ

尼崎の動き

Ⅷ 尼崎市産業振興基本条例の目指すもの

藏元 秀幸
尼崎市経済環境局　経済活性対策課長

1　はじめに

　尼崎市の産業政策は、1994（平成6）年3月に策定した「新たな尼崎産業の長期振興ビジョン」に基づき、様々な産業振興政策に取り組んできた。その後、社会全体が成熟し、少子高齢社会や人口減少に向かうとともに、経済活動そのものも大きく変化している中、新たな方向性を模索する必要があった。

　尼崎市は、1991（平成3）年に制定した「尼崎市総合計画」を、2012（平成24）年度に、「ひと咲き　まち咲き　あまがさき」をキャッチフレーズとして策定し直した。この新たな総合計画は、2013（平成25）年度からの10年間を期間とする「まちづくり構想」と、2013年度からの5年間を前期計画、2018（平成30）年度からの5年間を後期計画とする「まちづくり基本計画」とで構成される。

　このまちづくり基本計画には、「地域経済の活性化によるにぎわいのまち」を目指すべく取組みの方向性が記されている。ひとつは、地域経済を支える「ものづくり産業」の競争力を高めることであり、いまひとつは、環境と共生する持続可能な社会経済活動をめざして、産業の育成と次代を担う人材の育成を進めることである。

　そうした施策を目指す背景には、産業都市として発展してきた尼崎市において、①主要産業の一つであるものづくり産業が経済活動のグローバル化に伴う外国企業との競争の激化や国内の社会構造の変化により、厳しい環境にあること、②中小企業の新規技術開発の停滞、高齢化による後継者不足、工場跡地の住宅地化等による操業環境の悪化などが、ものづくり産業の事業活動の継続を

妨げる懸念があること、③中心市街地をはじめとする市内商業集積地において、売上減少、店舗の老朽化、空き店舗の増加、後継者不足を理由として商業活動の継続が難しくなっている小売市場・商店街があること、④これまで培ってきた技術やつながり、人材などを活かし、地域産業もニーズの多様化やライフスタイルの変化に迅速に対応する必要があること、⑤地域の社会経済を活性化するためには、既存企業・事業所だけでなく新たな担い手が必要であること、といった課題があげられた。

　この総合計画を受け、産業政策も、基本的理念、目指すべき方向性、関係者・関係機関の果たすべき役割などを整理しておく必要があると考え、2014（平成26）年10月に尼崎市産業振興基本条例（以下、「基本条例」という）を制定した[1]。

　基本条例の制定目的は次の2点である（第1条）。
①産業の振興等に関する基本的な理念や各主体の役割等を示すことにより、生産、消費、サービスなどの需給関係を活発化させ、併せて雇用の維持創出につなげるという「地域経済の好循環」の形成を図り、本市の地域経済が持続的に発展すること。
②地域経済が好循環することで、更なる雇用の創出と消費の拡大など、最終的には、市民生活の向上に資する。

2　条例の基本理念

　地域経済の持続的発展に向けて、これまでの産業が時代の変化に応え、これからの時代に求められる産業が生まれ、最大の資源である人が育ち、成長できることを目指す必要がある。そのため、本市では産業の振興だけではなく、産業の新陳代謝につながる起業の促進、事業者にとって重要な経営資源であり、かつ、市民生活を安定させる雇用就労の維持創出について同時に取り組む必要があると考え、「①産業の振興」「②起業の促進」「③雇用就労の維持創出」の3つを柱とし、その基本的な理念を定めている。その内容は、以下の（1）から（3）に示すものである。なお、基本条例には、いくつかの特徴があるが、

中でも特筆すべきものが３つある。雇用に焦点を当てていることが第一の特徴である。

（１）産業の振興

産業の振興については、「産業の振興の推進方針」を定め、各種産業を新たなカテゴリーで５つの分野に再編したうえで、「分野別の推進方針」を定めている（第４条）。

（ア）「産業の振興の推進方針」

産業振興については、次の５つの方針に基づいて推進する。
①事業者が、自らの努力により、創意工夫を生かして事業活動に取り組むこと。
②事業者が、他の産業との連携、事業の継続及び継承、事業に係る技能の継承、研究開発の推進並びに新たな事業分野への事業展開に取り組むこと。
③事業者が、環境保全の観点に立った事業活動に積極的に取り組むこと。
④事業者、産業関係団体等[2]及び市が、相互に連携して、本市における産業の特長であるものづくりの技術及び商業の集積を生かすこと。
⑤事業者、産業関係団体等及び市が、社会的な責任を認識し、その責任を果たすことができる事業の創造に取り組むこと。

ここでは、産業振興の推進方針として、事業者の自己努力による事業活動の発展を基礎としつつ、他者との連携等による新たな事業展開の取組みの必要性を示し、それらにおいては環境保全の観点が重要であることを示している。

こうした産業と環境の融合を目指す取組みを推進することは、尼崎市の特徴的な取組みである。

さらに、そうした事業活動において、産業関係団体や市と連携し、それぞれが社会的責任を認識しつつ、その責務を果たすとしている。

（イ）「産業の5つの分野への再分類」

　産業振興の推進において、従来の産業分類（大分類や中分類）ではなく、尼崎市における主要産業、あるいはこれからの社会経済の進展を見据えて、次の5分野に再分類して、それぞれの産業振興の方針を示すこととした。

①ものづくり産業：製造業、建設業、農業等。

②にぎわいづくり産業：卸売業、小売業、飲食サービス業、宿泊業等。

③知識づくり産業：学術研究機関、開発研究機関、専門的な知識又は技術に関するサービスの提供に関する産業、高等教育機関等。

④生活づくり産業：医療、福祉又は生活に関するサービスの提供に関する産業等。

⑤ネットワークづくり産業：運輸業、情報通信業、職業の紹介を行うサービスの提供に関する産業等。

　こうした新しい分類で産業を捉えている点が基本条例の第二の特徴である。

（ウ）「分野別の推進方針」
①ものづくり産業

　ものづくり産業とは、「各種製品」、「建物」、「食べ物」をつくる業種で、具体的には、日本標準産業分類の製造業、建設業、農業などを指す。

　製造業は、かつては阪神工業地帯の要として、近年は大阪湾ベイエリアにおいて重要な地位を占めるなど、全国有数の工業都市である本市産業の中核になっている。

　しかし、経済活動の国際化、生産拠点の集約などの影響もあり、製造品出荷額は減少している。建設業も、都市づくりが成長期から成熟期に入ったこと、生産設備投資の減少等の影響もあり、受注額が減少傾向にある。また、これらの産業では事業者数や従業者数も減少している。

　一方で、製造業の市域内での再投資や新規進出など、消費地に近く、雇用確保も容易な本市の立地優位性が見直されている。

　このため、本市産業の中核として、事業活動の維持充実とともに、新技術・新製品開発など付加価値をより高める取組みなど、成長に向けた事業活動に取

り組むことが必要である。

　また、精巧な製品加工や部品作り技術を生かした中間製品や最終製品分野への展開、環境や健康など製造業の技術が生かせる分野への展開などを目指す。特に製造業や建設業は環境との関わりが強いことから環境負荷の軽減や新たな環境価値の創造を目指す。

　農業についてもいわゆる６次産業化に関連した取組みも検討していく。

②にぎわいづくり産業

　にぎわいづくり産業とは、商業や商業集積に関連する業種で、具体的には、日本標準産業分類の卸売業、小売業、飲食サービス業、宿泊業などを指す。

　本市は、駅前を中心に小売業、飲食サービスなど商業施設が多く集積し、人があふれ、にぎわいが形成されてきた。

　しかし、消費者人口の減少と高齢化、小売業の大型店化、インターネットを利用した消費行動など流通構造の変化、そして商業経営者自身の高齢化による事業継承の問題など様々な要因により、空き店舗が増え、建物やアーケード等が老朽化した安全性に課題のある市場や商店街もみられる状況にあるなど、一部にはにぎわいを取り戻すことが難しい状況にある。

　一方で、利便性の高い駅前などでは集合住宅の建設が進み新たな需要が生まれたり、商業集積における教育、生活、福祉等のサービスを提供する店舗の増加など、商品の小売り以外のサービスを求める傾向が見られる。

　このため、商店街や市場などの全事業者が一丸となって、地域の一員として、まちの魅力を引き出し、地域のにぎわいを呼び、集客力のあるテナントや新規商業者等を呼び込むなど商業の活性化に向けた意欲的な取組みが必要であり、また、商業集積内での地域的な連携や協力に加え、他の産業分野、商業集積や施設、生産者や消費者、学生など、多様な主体との連携に取り組んでいく必要がある。併せて、事業者が中心となって、産業関係団体等や市が一体となって応援し、地域に支持され、地域に根差した拠点として地域コミュニティの形成に寄与する取組みを行っていく。

　なお、人口が減少するなか、事業者が中心となることが難しい空き店舗が多

い商店街や市場は、地域づくりの観点から新たな活用に向けた取組みを目指す。

③知識づくり産業

　知識づくり産業とは、製品開発や専門知識を提供する業種、高等教育機関で、具体的には、日本標準産業分類の学術研究開発、弁護士、税理士などの専門・技術サービスに加え、大学や専門学校などを指す。

　製造業と関わりの強い公共や民間の研究開発機関やその従業員が多いことが、本市産業の特徴の一つである。また、事業活動を支える各種専門・技術サービス、高等教育機関なども多く立地している。

　産業が活性化するうえでは、技術や経営の革新、新製品や新たな価値の創造といったイノベーションの創出が不可欠である。

　このため、イノベーションを生み出す核として、交通の利便性を生かし、また、インキュベーション施設の活用などによる更なる集積を図るとともに、技術革新や産業の高度化を図るために、他の産業や研究機関同士で連携を行うことで地域経済の活性化に向けて取り組むことを目指す。

④生活づくり産業

　生活づくり産業とは、市民が安全で安心に暮らすことを支援するサービス業種で、具体的には、日本標準産業分類の医療、福祉に加え、理髪業等の生活関連サービス業などを指す。

　市民が健康で安全・安心に暮らしていくために必要不可欠な業種であり、社会的課題の解決への取組みなど、時代とともに新しいサービスが生まれ、成長が期待される分野である。

　このため、利用者に対する継続的、かつ良質なサービスの提供を行うことを目指す。また、時代とともに発生する社会的課題をビジネスの手法を取り入れて解決する社会的企業が育つ環境づくりや、地域コミュニティの場として子育て施設等に空き店舗を活用するなど、生活の拠点でもある「にぎわいづくり産業」との連携により、まちの活力を高めることにつながる取組みを目指す。

⑤ネットワークづくり産業

ネットワークづくり産業とは、物流や情報発信を行う業種や、就労希望者と企業をつなぐ業種で、具体的には、日本標準産業分類の運輸業、情報通信業、職業紹介・労働者派遣業などを指す。

成熟した社会においては、人、もの、情報などに関するネットワークが様々な領域で広がっており、今後、重要になる分野である。

このため、環境負荷を軽減するグリーンロジスティックを促進するとともに、情報化に対応した新たな付加価値を持つ物流への転換を促す。また、情報社会の進展にあわせ、教育や健康分野などでの新たなサービスの提供も促す。さらに、労働力人口が減少している中で、潜在的な労働力である若者、女性、高齢者、雇用のミスマッチによる離職者の活用など、雇用就労の確保に加え、就職しやすい環境づくりなど、雇用に対する社会的要求への柔軟な対応を目指す。

（2）起業の促進

起業については、産業の新陳代謝を進め、新たに事業を起こすことから雇用の創出への寄与、ニーズの変化に柔軟に対応し、新たなマーケットに展開しやすいなど、地域経済の活力を高めるために必要な要素であるが、現状は、本市においても、全国同様、新規開業数は非常に低調である。

起業の促進に関する基本的な理念（第5条）として、一般的な起業に加え、地域の活性化や社会問題の解決に向けた起業などに、事業者のみならず、若者、高齢者、女性、地域団体など誰もがチャレンジしやすい環境づくり、市内事業者の新分野への事業展開や、新たな事業者の本市立地を促すため、資金面や情報提供、意識啓発も含んだその支援に向けた取組みを行っていく。

（3）雇用就労の維持創出

雇用就労については、安定した市民生活を送るための経済的な基盤であると

ともに、産業の振興を支える労働力としての重要な役割に加え、自己実現を満たす役割も担っている。

しかし、生産年齢人口の減少による就労者数の減少、雇用のミスマッチによる離職などが問題となっている。また、雇用形態についても、派遣や短時間労働など多様化していることへの対応も課題である。

具体的には、今まで働いてきた知識や経験を活用できる場が限られているため、高齢者、結婚などライフイベントに伴い離職した女性などについては、潜在的な労働力を生かしきれていない。

雇用就労の維持創出に関する基本的な理念（第6条）として、ワークライフバランスや人間性、能力や意思を尊重し、若者、女性、高齢者、障害のある方など広く多様な人材が様々な場面で活躍できる環境づくり、雇用就労支援の取組みが必要である。

そのためには、就学期からの就労体験などにより働くことの大切さや意欲づくり、及び就職や働き続けるための必要な知識、能力、技能を高める取組みが必要となる。

また、専門的な技能や技術を生かし、その技術を評価するといった取組み、及び成長産業分野などへの転職や再就職が円滑にできるような職業訓練などの環境づくり、さらには、正規、派遣、パートなど多様な就労の機会を提供し、働き方を選択できるような環境づくりを目指す。

3 役割と責務

産業振興等のためには、関連する主体が互いに協力し、その能力や役割に応じた取組みを行うことが必要と考え、「事業者」、「産業関係団体等」、「市民」、及び事業者、産業関係団体、地域金融機関、研究教育機関、行政などからなる産業を側面から支援する「産学公融ネットワーク」を含む各主体の役割及び市の責務を示している（第7条〜第11条）。尼崎市には、多くの産業関係団体等があり、日常的に、行政や事業者と連携した取組みが行われているため、基本条例においても「産学公融ネットワーク」という組織体制をひとつの主体とし

て捉えている。この点が基本条例の第三の特徴である。

4　今後の方向

　基本条例の制定後、基本理念に基づいた様々な取組みをすでに始めている。

　第一に、「①産業の振興」については、2014（平成26）年12月に尼崎市企業立地促進条例の改正を行った。市内での設備投資を促す観点から事業投資額に応じた固定資産税等を補助する制度であるが、これまでは既存設備の更新は対象外であった。今回の改正により、中小企業に限り、既存設備を更新する場合にも補助を行うこととした。

　第二に、「②起業の促進」については、基本条例の制定に先立ち、2013（平成25）年3月に、国から「尼崎市創業支援事業計画」の認定を受け、産業関係団体等との連携により、創業支援事業を展開してきた。

　基本条例の制定後、2015（平成27）年2月に、尼崎商工会議所及び尼崎信用金庫と「市内における創業支援に関する連携協定」を締結し、三者が持つ人的・知的資源及び事業制度等を有効に活用しながら、創業を支援する体制を強化した。

　2015（平成27）年10月には、地方創生交付金を活用して、尼崎市中小企業センター内に創業支援オフィス ABiZ（アビーズ）を開設し、産業関係団体等が連携して創業支援にあたっている。

　また、尼崎市では、活性化が見込める商店街・小売市場等の空店舗において、小売・飲食店を開業する事業者に家賃等を補助してきた。今後、市内での創業を促進するために、多店舗展開のための開業ではなく、創業に伴う開業の場合は補助率を上乗せすることを検討している。さらに、まちのにぎわいづくりの観点から、今後、「にぎわいづくり産業」や「生活づくり産業」に含まれるサービス業にも支援の対象を拡げることを検討しているところである。

　第三に、「③雇用就労の維持創出」については、大学生の就職先として市内企業に目を向けてもらうために、市内企業の代表者等と大学生が交流できる機会を提供したり、大学生からみた市内企業の魅力を大学生自身が企業紹介冊子

としてとりまとめ、市内外に広く発信する事業を展開している。また、先に述べた企業立地促進条例の改正時には、設備投資の対象を拡充したほか、設備投資にあわせて常勤従業員が市外から移住する場合に新たに補助を行うこととした。

　基本条例では、市の責務として、各主体が連携して基本理念の3つの柱に取り組める体制を整備することを掲げている。尼崎市では、2015（平成27）年7月に、産業関係団体等が参画する「産業振興推進会議」を立ち上げた。この会議は、参画する各団体が実施する事業や把握している課題等を共有し、各団体が3つの柱に関する施策を市とともに推進していくことを狙いとしている。

　経済の流れは常に動いているが、今後は産業振興推進会議を活用し、本市経済の持続的発展に向け、経済全体の動向など社会情勢の変化や時代潮流をふかんしつつ、選択と集中の観点から、タイムリーな産業施策を講じていきたいと考えている。

［注］
（1）　条例の本文は後掲の参考資料を参照のこと。
（2）　「産業関係団体等」とは、産業関係団体のほかに、地域金融機関と教育研究機関を含む（以下の文中も同様）。

［参考資料］尼崎市産業振興基本条例（平成26年10月7日制定、条例第38号）

　本市は、我が国の経済の成長とともに発展を遂げ、様々な産業の各分野において中小企業と大企業がともに活発に事業活動を行う産業都市としての地位を確立しました。

　しかしながら、我が国は、社会経済全体が成熟し、少子高齢化社会と人口減少社会に向かっており、また、国際化や情報化の進展、流通構造の変化等に伴い事業経営が厳しい環境に置かれる一方で、生活の質や利便性を高めるための新たなサービスが生み出されるなど、我が国の経済活動は大きく変革しています。そのため、事業活動においても、持続可能な社会の構築に向け、事業者がその社会的な責任を認識したうえで率先して取り組むことが求められています。

　このような中、本市の地域経済を今後も持続的に発展させていくためには、常に社会情勢の変化や時代潮流をふかんし、経済活動を取り巻く環境の変化に対し問題意識を持ちながら、柔軟に対応していくことが不可欠です。

そのためには、様々な産業が活性化し、新たな産業が生まれ、雇用が発生し、消費を通じて更なる生産やサービスの提供につながるといった好循環を、事業者、産業関係団体、市民、行政等が常に意識しながら、互いに協力して産業の振興に取り組む必要があります。また、事業活動を維持充実させ、起業等により新しく生まれた事業を成長させるための環境づくり、地域社会の一員として社会的な責任を果たすための取組、事業経営を支える人の経営能力や職業能力を向上させるための環境づくり、女性と高齢者を含む全ての市民が働きやすい環境づくりを連携して行い、又はこれらを支援することが重要です。

　ここに、私たちは、一丸となって、本市の地域経済を支えてきたこれまでの産業が時代の変化に応え、これからの時代に求められる産業が生まれ、事業経営において最も重要な資源である人が育ち、成長することができる社会の構築を目指すことを決意し、その基本となるこの条例を制定します。

(この条例の目的)
第1条　この条例は、産業の振興等に関し、基本理念を定め、産学公融ネットワーク、事業者、産業関係団体等及び市民の役割並びに市の責務を明らかにすることにより、本市の地域経済の持続的な発展を推進し、もって市民生活の向上に寄与することを目的とする。
(定義)
第2条　この条例において、次の各号に掲げる用語の意義は、当該各号に定めるところによる。
(1)　産業の振興等　本市における産業の振興、起業の促進及び雇用就労の維持創出（雇用の確保及び維持並びに就労機会の創出をいう。以下同じ。）をいう。
(2)　産学公融ネットワーク　産業関係団体等並びに国、兵庫県及び市によって構成される組織で、産業の振興等を支援する活動を行うものをいう。
(3)　事業者　本市の区域内に事務所又は事業所を有する個人及び法人その他の団体をいう。
(4)　産業関係団体等　産業関係団体（産業の振興等を支援する活動を行う法人その他の団体で市以外のものをいう。）、地域金融機関（本市の区域内にその事務所を有する金融機関をいう。）及び教育研究機関（産業の振興等に関する教育又は研究を行う法人その他の団体で市以外のものをいう。）をいう。
(基本理念)
第3条　産業の振興等に関する基本理念（以下「基本理念」という。）は、次条から第6条までに定めるとおりとする。
(産業の振興)
第4条　本市における産業の振興については、次の各号に掲げる方針を基本として推進されなければならない。
(1)　事業者が、自らの創意工夫を生かして事業活動に取り組むこと。

(2) 事業者が、他の産業との連携、事業の継続及び継承、事業に係る技能の継承、研究開発の推進並びに新たな事業分野への事業展開に取り組むこと。
(3) 事業者が、環境保全の観点に立った事業活動に積極的に取り組むこと。
(4) 事業者、産業関係団体等及び市が、相互に連携して、本市における産業の特長であるものづくりの技術及び商業の集積を生かすこと。
(5) 事業者、産業関係団体等及び市が、社会的な責任を認識し、その責任を果たすことができる事業の創造に取り組むこと。
2 前項に規定するもののほか、本市における産業の振興については、次の各号に掲げる産業の各分野における方針を基本として推進されなければならない。
(1) ものづくり産業（製造業、建設業、農業等をいう。）については、本市における産業の中核として、技術又は経営の革新（以下「技術革新等」という。）を通じて、事業の高度化、商品等の付加価値の追求、成長が見込まれる事業分野への事業展開等に取り組むこと。
(2) にぎわいづくり産業（卸売業、小売業、飲食サービス業、宿泊業等をいう。以下同じ。）については、活気のある地域を醸成する産業の中核として、事業者を中心に、産業関係団体等及び市が一体となって、地域の魅力の向上及び商業の活性化に取り組むこと。
(3) 知識づくり産業（学術研究機関、開発研究機関、専門的な知識又は技術に関するサービスの提供に関する産業、高等教育機関等をいう。以下同じ。）については、技術革新等又は他の産業の高度化を促進する産業の中核として、交通の利便性等を生かして集積を図り、知識づくり産業の間における連携及び他の産業との連携に取り組むこと。
(4) 生活づくり産業（医療、福祉又は生活に関するサービスの提供に関する産業等をいう。）については、市民が健康を維持し、又は安心して暮らすことを支援する産業の中核として、良質なサービスの提供、社会的な課題の解決に向けた事業展開及びにぎわいづくり産業との連携に取り組むこと。
(5) ネットワークづくり産業（運輸業、情報通信業、職業の紹介を行うサービスの提供に関する産業等をいう。）については、人の交流又は物資若しくは情報の流通（以下「人の交流等」という。）を支える産業の中核として、人の交流等の活性化、環境保全等の要請その他の成熟社会における社会的な要求に柔軟に対応することができるよう事業活動に取り組むこと。

（起業の促進）
第5条 本市における起業の促進については、何人も容易に起業に挑戦することができる環境の整備及び事業者が新たな事業分野への事業展開又は企業立地（企業立地の促進等による地域における産業集積の形成及び活性化に関する法律（平成19年法律第40号）第3条第2項に規定する企業立地をいう。）を行うことができる環境の整備に取り組むことを基本として推進されなければならない。

（雇用就労の維持創出）

第6条　本市における雇用就労の維持創出については、多様な人材が様々な事業活動において登用されるよう、次の各号に掲げる方針を基本として推進されなければならない。
(1)　労働に対する意識の定着及び労働意欲の喚起に取り組むこと。
(2)　就労希望者及び労働者の能力開発及び人材育成に取り組むこと。
(3)　安定した雇用の維持及び円滑な再就職の促進を図るための環境の整備に取り組むこと。
(4)　多様な就労の機会が提供されること。
（産学公融ネットワークの役割）
第7条　産学公融ネットワークは、基本理念にのっとり、産業の振興等に関する課題を共有し、事業者間の連携の支援、事業活動又は経営に関する専門的な助言又は指導を行う体制の整備、事業の実現性等を審査基準とした融資制度の整備の支援等を行うよう努めなければならない。
（事業者の役割）
第8条　事業者は、基本理念にのっとり、自ら行う事業の分野及び規模を生かした持続可能な事業活動並びに従業員に対する使用者としての責任及び地域社会に対する社会的な責任を果たすことができる事業活動を行うよう努めなければならない。
（産業関係団体等の役割）
第9条　産業関係団体等は、基本理念にのっとり、それぞれの特長を生かして事業者を支援するとともに、国、兵庫県、市及び他の産業関係団体等と連携して産業の振興等に関する施策を実施するよう努めなければならない。
（市民の役割）
第10条　市民は、自らが本市の地域経済の持続的な発展を支える主体の一つであることを自覚するとともに、事業者による事業活動がその発展に寄与していることを認識して産業の振興等に関する施策に協力するよう努めなければならない。
（市の責務）
第11条　市は、基本理念にのっとり、次の各号に掲げる責務を有する。
(1)　産学公融ネットワーク、事業者及び産業関係団体等がそれぞれの役割を果たすことができるよう支援するとともに、これらの者が連携して産業の振興等に関する施策を推進することができる体制を整備すること。
(2)　前号に掲げるもののほか、産業の振興等に関する調査研究を行うとともに、産業の振興等に関する施策を策定し、及びこれを実施すること。
(3)　本市の地域経済の持続的な発展のため、事業者が市の事業活動に関連する事業活動を行うことができる環境を整備すること。
　　付　則
この条例は、公布の日から施行する。

IX 尼崎市におけるソーシャルビジネス政策の展開

立石 孝裕
尼崎市企画財政局 まちづくり企画・調査担当課長

1 尼崎市とソーシャルビジネス

(1) 本市がソーシャルビジネス振興に取り組む意義

 「地域での社会経済を活性化する新たな担い手として、ソーシャルビジネスの活動が期待されています」、「ソーシャルビジネス等地域での新たな事業活動の活性化方策、地域と企業の連携促進等の検討に取り組みます」——2013(平成25)年4月にスタートした「ひと咲き まち咲き あまがさき」をキャッチフレーズとする現在の総合計画に、初めて「ソーシャルビジネス」の文字が刻まれた。
 本市は、多様な市民グループ・団体が、まちの「お困りごと」レベルから、大きくは公害問題など、まちの課題解決に取り組み、克服してきた歴史があり、現在も子育てや介護・福祉を中心に活発な活動が行なわれている。今後のまちづくりにおいて、こうした活動に加えて、以下の理由により、ソーシャルビジネスを振興することが必要かつ重要と考えている。
 まず、本市では前述のようにいろいろな活動が行なわれているものの、まだ多くの社会的課題があり、その課題の多様さや複雑さゆえに、社会的活動の存在と相まって、新たな社会起業家の創出やソーシャルビジネス発展の契機になると考えている。第二に、本市が有する交通利便性、市内各地域の表情とその多様性、他者を受け入れ応援する包容力のある気風などの「まちの魅力」により社会起業家を呼び込み、ソーシャルビジネスの集積に繋がる可能性を有していると考えられる。最後に、ソーシャルビジネスは本市の課題を解決するだけ

でなく、新たな産業を創出する。雇用面など地域経済の活性化や課題解消がさらなるまちの魅力増進につながることも期待できるからである[1]。

（2）本市が直面する課題

　本市は1916（大正5）年に市制制度を引き、県下で3番目の市として誕生した。2016（平成28）年には市制100周年を迎える。市制直後の人口は3万人程度であったが、その後、近隣村との合併により、ほぼ現在の市域面積となる1947（昭和22）年以降、戦災復興とともに人口は増え続け、高度経済成長期の1971（昭和46）年には55万4,000人のピークを迎えた。

　しかしながら、それ以降、本市の人口は現在に至るまで約45年間、ほぼ右肩下がりで減少している。人口のピークを迎えた1971（昭和46）年前後には1万人以上の方々が転出超過（社会減）であり、ほぼ同数の自然増により、人口総数は毎年約1,000人の減で推移していたが、徐々に自然増の減少により、社会減が大きく上回るようになり、1977（昭和52）年から1981（昭和56）年に掛けては、人口総数で毎年約5,000人も減少した。近年も人口総数では約1,000～2,000人の減となっているが、その内訳を見ると社会減が1,000人弱であるにも関わらず、2009（平成21）年には自然増から自然減（少産多死）に転じており、自然減が社会減に追討ちを掛けるような形になっている。高度成長期と現在とでは、人口総数の減少数に大きな変化がないものの、その構成要素はかなり変化している（図1）。

　また、人口減少に加えて、本市の年齢構成区分を見ると、同じく高度成長期以降、高齢者が増加を続ける一方で、生産年齢人口、年少人口は減少し、2010（平成22）年には、65歳以上の老年人口と年少人口が逆転した（図2）。

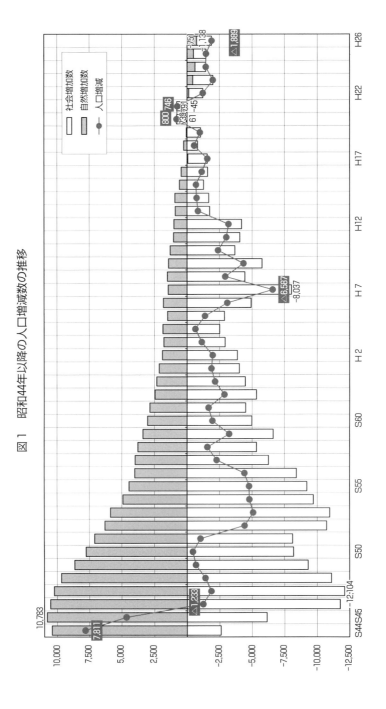

図1 昭和44年以降の人口増減数の推移

図2　人口の年齢構成の変化

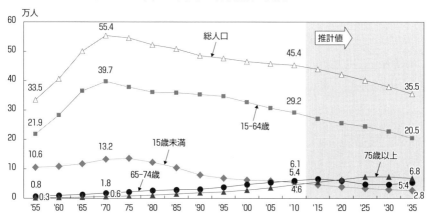

　人口動向を詳しく分析するため、2012（平成24）年1年間の転出入者の動きを見ると、年間約1万6,000人の転入に対し、約1万7,000人が転出しており、1,000人ほど転出が超過している。両者の約6割が単身者であるが、転出入者の数に大差はなく、15歳以下の子どもを持つファミリー世帯と夫婦2人世帯を見ると、ファミリー世帯では2,000人の減、夫婦2人世帯で1,000人の増となっている。

　さらに、転出世帯の子どもの年齢に着目すると、小学校入学前までの転出傾向が強く、1歳児の転出者数は約300人、各年の出生数が4,000人前後であることから、1歳の時点で7.5％の子どもが転出していることがわかる。加齢とともに転出者数は徐々に少なくなり、6歳児以上では90人前後になるが、若年者の社会減が本市の高齢化率の上昇に拍車を掛けていることが分かる。

　一方、本市の扶助費は1998（平成10）年頃から急激な伸びを示しており、同年、336億円だったものが、2015（平成27）年予算では706億円と倍以上増加している。扶助費が増加した理由の全てが高齢化によるものではないが、介護や医療（後期高齢者制度や国民健康保険）に対する補助金の負担の伸び率も高く、こうした年齢構成の変化が、行財政改革を進めても本市の財政状況が好転しない一因であると考えている。

(3) 課題先進都市から課題解決先進都市へ

　本市は今後も人口減少と少子化・高齢化が進むことが見込まれるなか、まちの魅力や活力を高め、ひいては人口減少等の傾向を緩やかにしていくために、交流・活動人口の増加を目指すほか、現役世代の定住・転入を促進することとしている（尼崎市総合計画）。

　さらに本市は、人口減少や高齢化を起因とする前述した課題以外にも、公共施設の老朽化や駅前の放置自転車問題、また市民アンケート調査によると「市外に移りたい」理由が住宅、環境、マナー・治安、学校教育が上位を占めているなどの課題も有している（尼崎市総合計画）。

　本市は、近隣他都市と比較して都市化が早く、それゆえに課題が早くから顕在化した「課題先進都市」であるが、逆に近い将来、他都市が直面するであろう課題解決に先んじて取り組むことで他都市のモデルとなるべく「課題『解決』先進都市」を目指している。ソーシャルビジネスの振興は、地域の課題を、民を含む広義の「公」で解決しようとすることを支援するものであり、本市では課題解決先進都市に向けた取組みの一環として振興に努めている。

2　これまでの取組みと来年度の予定

(1) これまでの取組み（行政として）

(ア) ソーシャルビジネス振興に向けた基本指針の策定

　総合計画のスタートとあわせて、2013（平成25）年4月から企画財政局、市民協働局、経済環境局の関係課からなる庁内プロジェクトチームを組織し、ソーシャルビジネスについての研究に取り組んだ。大阪、神戸、京都の先進事例調査、10回以上の会議を重ね、2014（平成26）年2月に「ソーシャルビジネス振興に向けた基本的な考え方」を策定した。

（イ）ソーシャルビジネスビジネスプランコンペの開催

2013（平成25）年度はソーシャルビジネスについて学ぶことを目的に、職員研修として、NPO法人edgeが開催するソーシャルビジネスプランコンペに「尼崎コース」を設定いただき、各種セミナー、合宿、審査会に参加し、ノウハウの吸収に努めた。

2014（平成26）年度は前年度の成果を踏まえ、市主催による尼崎地域課題解決ビジネスプランコンペ（以下、コンペ）を次頁の日程で開催した（表1）。

コンペ開催にあたり、2014（平成26）年度は、①提案内容の質も重視するが、本市での活躍が見込まれる人材発掘の場であることをより重視する、②賞金がない代わりに、コンペで提案された事業の1つでも実現できるよう全力で応援することとした。

①ソーシャルビジネス1dayセミナー

2014（平成26）年8月20日に開催したソーシャルビジネス1dayセミナーは、昼間の部は、「赤ちゃんにひっぱられても切れない丈夫なアクセサリー」を製作・販売している、育児ママで「お家起業」家SONRISA代表の勇上澄子氏に、夜間の部は若者の就労支援を行う尼崎市出身のNPO法人スマイルスタイル代表の塩山諒氏を招き、社会的起業について講演いただいた。昼間、夜間ともに計20名程度の参加があり、昼間の部は30～40代の女性が、夜間の部は20～30代の男性の参加が多く見られた。夜間の部には稲村市長も参加し、本市コンペへの応募を熱く呼びかけた。

②一次審査

コンペには13組の応募があった。前述の1dayセミナーの参加者からは3組の参加があり、セミナー開催について一定の効果があったと考える。一次審査は応募書類をもとに審査を行い、13組全員が一次審査を通過した。

③ブラッシュアップ合宿と二次審査

2014（平成26）年9月20（土）、21日（日）と兵庫県立総合体育館にて、ブラッシュアップ合宿を行った。目的はそれぞれのプランの「磨き上げ（ブラッシュアップ）」と11月1日のコンペファイナル（最終審査）に挑むプレイヤー（発表者）の絞込みを行う二次審査のためである。

表1　2014（平成26）年度　尼崎地域課題解決ビジネスプラン　コンペ日程

日にち	内容	講師・メンター・審査員	場所	参加人数
8月1日〜30日	応募者募集			
8月20日	ソーシャルビジネス1dayセミナー	【ゲストコメンテーター】 （昼）勇上澄子氏（SONRISA代表） （夜）塩山諒氏（NPO法人スマイルスタイル代表）、稲村和美（尼崎市長）	梅田スカイビル（大阪市）	40名
9月4日	第1次審査（書類審査）		尼崎市役所	
9月20、21日	ソーシャルビジネスプラン合宿・第2次審査	【メンター】 高亜紀氏（NPO法人ノーベル代表） 今井紀明氏（NPO法人D×P共同代表） 河内崇典氏（NPO法人み・らいず代表理事） 稲村和美（尼崎市長）、尼崎市職員ほか	兵庫県立総合体育館（西宮市）	13組
11月1日	ソーシャルビジネスプランコンペ・ファイナル（最終審査）【市民向けソーシャルビジネスシンポジウムと同時開催】	【審査員】 加藤恵正氏（兵庫県立大学政策科学研究所教授） 佐藤真琴氏（㈱PEER代表取締役） 矢ケ崎雅巳氏（日本政策金融公庫尼崎支店長） 尼崎市政策部まちづくり企画・調査担当課長 【ゲストコメンテーター】 湯浅誠氏（反貧困ネットワーク代表・法政大学教授） 田村太郎氏（（一財）ダイバーシティ研究所代表理事・復興庁上席政策調査官） 高亜紀氏（NPO法人ノーベル代表）	市立女性センタートレピエ	発表6組観衆50名

合宿では、2日目午後の二次審査に向けて、全13組がそれぞれのプランの概要について説明した後、社会起業家と市長・市職員の2人1組からなるメンターが待つ3部屋に分かれ、順番に各30分間、「課題は何か」、「ターゲットは誰か」、「やろうとしていることが課題のどこに効くのか」といった質問や、事業化に向けてコンセプトを固めるための追加調査、分析のアドバイスを受けるメンタリング（面談）を受けた。こうしたメンタリングの機会が2日目の午前中までの間に3回あり、次の面談までの間、それぞれのプレイヤーはメンタリングでの指摘やアドバイスを踏まえ、プランの修正を行う。これをブラッシュアップと呼んでおり、余談ではあるが、プランの磨き上げを重ねた結果、2日目には当初の提案が跡形もなくなっている方もいた。

　参加者は初めて受けるメンタリングに戸惑いながらも、翌日の二次審査に向けて、深夜遅くまで真っ暗なロビーや廊下で発表資料を修正したり、二次審査のプレゼンテーションを練習したりしていた。合宿2日目の午後から11月の最終審査に臨むチームを選考する二次審査を行い、6組を選出した。

　行政職員として、このメンタリングに参加できたことは非常に貴重な経験となった。「課題は何か」、「ターゲットは誰か」、「やろうとしていることが課題のどこに効くのか」。これら社会起業家の指摘は、行政職員の政策立案に最も必要な視点であり、社会課題を解決するという目的が同じであるのだから後で考えれば当然のことではあるのだが、一民間の方がこうした問題意識をすでに持っているということを目の当たりにし、正直、驚いた。

④ ファイナル（最終審査）

　二次審査を通過した6組のプレイヤーそれぞれが、最終審査に向けて、よりプランの精度を高めるため、個別の相談に応じられるよう体制を整えた。プレイヤーごとに担当の社会起業家と行政職員を割り振り、さらに「尼崎市の子育て支援の内容を教えて欲しい」、「社会福祉協議会の方を紹介してほしい」といった要望に、個別に、できる限り応えるようにした。

　前述したように合宿に参加し、それぞれのプレイヤーが夢や課題解決に向かって努力されている姿を間近に見ていたこともあり、本市で一人でも起業家を産み出す支援ができればとの思いからである。

11月1日の最終審査では、審査に先立ち、審査員の1人でソーシャルビジネスプランコンペを経て起業した㈱PEER代表取締役の佐藤真琴氏から、自身が運営する「抗がん剤や脱毛症など脱毛期をもっと自然に楽に過ごせる人毛100％ウイッグを作る専門美容室」について事業の説明とご自身のコンペ参加時の経験談を聞いた。最終審査に挑んだ応募者及び提案名、提案内容は表2のとおりである。

　各提案の持ち時間はプレゼンテーション10分、質疑応答5分で、4人の審査員が5点満点で採点。最優秀賞には「産後うつゼロを目指して！駅前ベビー教室」を、審査員特別賞として「ママに尼いも。―ベランダ栽培キット―」が選ばれた。

表2　尼崎地域課題解決ビジネスプランコンペ最終審査通過5組のテーマ

	プロジェクト名	内容
1	『いろは』プロジェクト	矯正施設等から円滑な社会復帰、安定した生活基盤づくりをめざして
2	「書く力、読む力」を尼崎の子どもたちに！	尼崎の教育現場と連携して生きた「作文力」を子どもたちに～「キライからフツウ」へと導くために～
3	産後うつゼロを目指して！駅前ベビー教室	資格を活かせないママ講師のための駅前ベビー系教室作り
4	尼のフーズ宅配で安心をお届け！	日保ちするドライフーズの宅配を通じて、高齢者の見守り、アクティブシニアの活躍の場を創出
5	ママに尼いも。―ベランダ栽培キット―	尼崎の伝統野菜である尼藷の存在を市内に広く普及させるためのベランダ栽培キットを開発

(ウ) 市民向けソーシャルビジネスシンポジウムの開催

　コンペの最終審査の時間を利用して、市民向けソーシャルビジネスシンポジウムを開催した。

　ゲストには社会活動家の湯浅誠氏（法政大学教授）を招き、高亜紀氏（NPO法人ノーベル代表）、田村太郎氏（（一財）ダイバーシティ研究所代表理事・復興庁上席政策調査官）とのトークセッションを開催。コンペの最終審査の感想

やソーシャルビジネスに取り組む意義について議論が交わされた。

(エ) 兵庫県立大学 COC 事業（ソーシャルビジネス関連）の協力体制

　兵庫県立大学は2013（平成25）年に文部科学省の「地（知）の拠点整備事業」(以下、大学COC事業）の採択を受け、本市とはソーシャルビジネスの分野で協力していくこととしている。2014（平成26）年度から3回生を対象に本市の課題解決策を考える連続講義が設けられ、講師、市内案内役として本市職員が参加、また（公財）尼崎地域産業活性化機構との協力により、阪急塚口駅前のさんさんタウンや阪神尼崎駅前の中央商店街等のフィールドワークを実施、参加した。

　2月には県立大学と同じく、市内で大学COC事業に取り組む園田学園女子大学との学生による合同政策提言報告会を開催し、本市の課題解決に向けた提案を受けた。本市としては、政策提言の内容云々よりも、学生が市内で市民とふれあい、話し、感じ、考えたことで、将来、「尼崎市で人生のスイッチが入った」といって貰いたいと考えている。学生たちの活動を本気で応援しているという姿勢を示すため、審査員として稲村市長、村山副市長に参加していただいた（表3）。

表3 大学COC事業（ソーシャルビジネス関連）の一年間の取組み

日にち	内容	場所	本市参加者
4月11日	履修ガイダンス	兵庫県立大学	福嶋、能島
4月25日	講義「尼崎市の都市課題と政策」	兵庫県立大学	立石
5月9日	講義「尼崎市の産業」	兵庫県立大学	井上（機構）
5月10日	市内視察	出屋敷〜中央商店街〜武庫〜立花	立石、井上（機構）
5月23日	講義「ソーシャルビジネス・コミュニティビジネス概論」	兵庫県立大学	能島
5月30日	講義「商店街を舞台に活躍するSB・CB」	兵庫県立大学	井上（機構）
5月31日	フィールドワーク	わいわいステーション、NPO法人あまがさき環境オープンカレッジ、生活広場WIZ（大島事業協同組合）ほか	立石、井上（機構）
7月23日	フィールドワーク	市立大島幼稚園、杭瀬中市場協同組合	立石、井上（機構）
8月6日	フィールドワーク	NPO法人こどもの未来あまがさき、立花愛の園幼稚園、有限会社フレッシュコア	立石、上野、井上（機構）
2月13日	兵庫県立大学、園田学園女子大学合同政策提言発表会	尼崎市教育総合センター	稲村市長、村山副市長、船木、能島、立石、上野、井上（機構）

（オ）市民向けソーシャルビジネス基礎講座の開催

　兵庫県立大学COC事業として、2014（平成26）年度から尼崎市民等を対象に、ソーシャルビジネス基礎講座を開催した。2013（平成25）年度は4回の連続講座であったが、2014（平成26）年度は本市が前面に立って進行を務めることとし、8回（うち2回は事例発表）の連続講座とした。全回、司会進行は船

木成記(尼崎市顧問・高知大学客員教授)、能島裕介(尼崎市参与・兵庫県立大学客員教授)が務めた(表4)。

最終回は、参加人数は少なかったものの、「みんなでプラン発表!」と題し、参加者のソーシャルビジネスへの思いを述べ合うなど温かい雰囲気に包まれた回となった。

表4 市民向けソーシャルビジネス基礎講座の内容

(会場は全て市立女性センタートレピエ)

	日にち	内容・講師	参加者数
1	10月11日	「ソーシャルビジネスってなに」講師:能島裕介	9名
2	10月25日	「教育分野のソーシャルビジネス Teach For Japan の挑戦」講師:松田悠介氏(特定非営利活動法人 Teach For Japan 代表理事)	21名
3	11月1日	「事業計画ってなに?」講師:能島裕介	8名
4	11月22日	「マーケティングってなに?」講師:船木成記	7名
5	12月6日	「障がいの有無は関係ない!ブラインドサッカーの挑戦!」講師:松崎英吾氏(日本ブラインドサッカー協会事務局長)	11名
6	12月20日	「事業計画書を書こう!」講師:小川雅弘氏(中小企業診断士)、能島裕介	13名
7	1月10日	「資金調達の基礎・基本」講師:青木伸也氏(日本政策金融公庫神戸創業支援センター所長)、塔筋幸造氏(中小企業診断士)、能島裕介	12名
8	1月24日	「みんなでプラン発表!」	5名

(カ) 関係者向けソーシャルビジネス研修(ShD 研修)の開催

市役所職員をはじめ関係者において、ソーシャルビジネスについての認知がまだまだ浸透していないことから、2014(平成26)年2月から兵庫県立大学COC事業として、尼崎市職員、兵庫県阪神南県民センター職員、尼崎地域産業活性化機構職員、尼崎商工会議所職員、兵庫県立大学教員等を対象としたソーシャルビジネスに関するステークホルダーディベロップメント(Stakeholder Development）研修を実施している。

　本市顧問の船木成記、同参与の能島裕介の人脈から、全国的にも著名な社会起業家を講師として招くことができた（表 5）。

　この講演を機会に、本市との連携の検討を開始している事業や無業・ニート予防の授業など実際に学校現場での出前授業に繋がった例もある。

表 5　ShD 研修講師一覧

	日にち	内容・講師	場所	参加者数
1	2月13日	「学生がフィールドで学ぶ意義と、それを支える大学・地域・行政の役割」 講師：真鍋和博氏（北九州市立大学地域創生学群教授）、坂野充氏（NPO 法人日本アントレプレナーシップアカデミー代表理事）	尼崎市立中央公民館	40名
2	7月25日	「実践型長期派遣インターンシップと起業家型リーダーの育成について」 講師：宮城治男氏（特定非営利法人 ETIC. 代表理事）	尼崎市教育総合センター	40名
3	10月3日	「地域活性とローカルベンチャーについて」 講師：牧大介氏（株式会社西粟倉・森の学校代表取締役）	尼崎市教育総合センター	20名
4	11月1日	「学校教育とリーダーシップについて」 講師：松田悠介氏（特定非営利活動法人 Teach For Japan 代表理事）	尼崎市教育総合センター	26名
5	12月5日	「障がい者とソーシャルインクルージョンについて」 講師：松崎英吾氏（日本ブラインドサッカー協会事務局長）	尼崎市立すこやかプラザ	20名
6	1月27日	「若年無業者の自立支援について」 講師：工藤啓氏（認定特定非営利法人育て上げネット理事長）	尼崎市教育総合センター	32名

（2）これまでの取組み（行政の立場を離れて）
——尼崎ソーシャル・ドリンクス——

　2012（平成24）年7月から尼崎市をソーシャルビジネスのメッカにしようと、平日の夕刻にレストランで軽食を摂りながら社会起業家等の講演を聞き、参加者同士の交流を兼ねる「尼崎ソーシャル・ドリンクス」が行政の立場を離れ、実行委員会形式で開催されている。

　会場の都合により阪神尼崎から塚口、武庫之荘と場所を変えながら、これまで20回開催され、稲村和美尼崎市長は全回、加藤恵正兵庫県立大学教授は1回のみ欠席であとは全回参加している。加藤教授には当イベントのご意見番として毎回、最後に締めのコメントをいただいている。

　この企画、司会進行は本市顧問の船木成記、同参与の能島裕介が務め、民間事業者、行政職員などからなる有志が運営を支えている。

　最近では座席数50の募集に対して、1、2日で予約が満席になることもあり、また参加者は毎回3分の1程度が初参加者であるなど、決して、ニッチな分野の固定ファンだけの集まりではないことがわかる。

　そもそもの開催は関東地方では週末の夜などに開かれているこうした社会企業家を招いた、いわゆる「ゆるい」集まりが関西にないことから、ソーシャルビジネスの普及啓発、尼崎を中心に近隣のソーシャルビジネスに関心のある方との交流を企図して開催された。（https://www.facebook.com/amagasakisd）

3　今後の展開　——2015（平成27）年度の取組み——

　本市におけるソーシャルビジネス振興に向けた支援のあり方については、解決すべき社会的課題の状況と事業の担い手の活動状況を踏まえ、担い手の発展段階に応じた柔軟性のある支援を行うこととしている。ソーシャルビジネス振興に向けた基本的な考え方では、①人材育成、②普及・啓発、③資金調達、④事業展開の4点から検討を進めており、その取組みの進捗と今後の進め方については表6のとおりである。

表6　尼崎市におけるソーシャルビジネス振興の取組みと予定

	2013年（平成25年）	2014年（平成26年）	2015年（平成27年）(予定)
基本指針	（1）ソーシャルビジネス振興に向けた基本指針の策定	（1）基本指針に基づく事業の実施	（1）基本指針に基づく事業の実施
人材育成	（2）ソーシャルビジネスプランコンペの開催（民間企業の事業に尼崎コースを付加）	（2）ソーシャルビジネスプランコンペの自主開催	（2）-1 ソーシャルビジネスプランコンペの開催（COC事業と共催）
	―	―	（2）-2 課題発見・問題分析コンペの開催（本市課題の市民等との共有）
普及・啓発	（3）市民向けソーシャルビジネスシンポジウムの開催	（3）市民向けソーシャルビジネスシンポジウムの開催（COC事業と共催）	（3）市民向けソーシャルビジネスシンポジウムの開催（COC事業と共催）
	（4）兵庫県立大学COC事業（SB）との連携会議	（4）兵庫県立大学COC事業（SB）との連携会議・授業の支援（尼崎地域産業活性化機構とともに）	（4）兵庫県立大学COC事業（SB）との連携会議・授業の支援（尼崎地域産業活性化機構とともに）
	―	（5）市民向けソーシャルビジネス基礎講座の開催（COC事業と共催）	（5）市民・関係者向けソーシャルビジネス研修の開催（COC事業と共催）
	―	（6）関係者向けソーシャルビジネスShD研修の開催（COC事業と共催）	
資金調達	―	（7）市内金融機関との連携	（7）金融機関とのラウンドテーブルの開催
事業展開	―	―	（8）ビジネスに関する相談窓口設置、事務所賃貸の支援策を検討する【創業支援の一環として】
	―	―	（9）事業者向けソーシャルビジネスシンポジウムの開催
	―	―	（10）事業者向けソーシャルビジネスに関する調査研究（長期実践型インターンシップに関する調査研究）

①人材育成、②普及・啓発はこの２年で順調に進んできているが、③資金調達のための金融機関との関係づくりや④事業展開は端緒に就いたところといった段階である。

　本市では、2013（平成25）年度から始まった新たな総合計画において、人口動態について着目し、現役世代の定住、転入促進を目標に掲げて取り組んでいたところ、2014年後半には国において人口減少問題の克服を目指した「地方創生」法案が成立するなど、大きな変化があった。

　この地方創生の取組みのなかで、東京以外の「地方」における安定した雇用の創出が基本目標の１つとされており、ソーシャルビジネスとの関連では、「地域産業の競争力強化」のなかで「新事業・新産業と雇用を生み出す地域イノベーションの推進」、「包括的創業支援（創業による新たなビジネスの創造や第二創業の支援など）」といった項目が掲げられている。

　こうしたことから、2015（平成27）年度は、これまでアプローチできていなかった「事業者」をターゲットに、事業者向けソーシャルビジネスシンポジウムの開催、事業者の第二創業において相性が良いといわれている長期実践型インターンシップについての調査及びマッチングといった、ソーシャルビジネスを含む起業、雇用の創出に繋がる事業を実施していく。

［注］
（１）　尼崎市（2014）８頁より

［参考文献］
尼崎市（2014）「ソーシャルビジネス振興に向けた基本的な考え方」

はやわかり
X 「尼崎版シティプロモーション推進指針」
合言葉は「あまらぶ」!

辻本 ゆかり

尼崎市企画財政局　シティプロモーション推進部長

はじめに
――「尼崎版シティプロモーション」とは

　「尼崎版シティプロモーション」とは何か。それは、本市総合計画における「ありたいまち」の姿を実現するために、人口から見たまちづくりの考え方として、本市の人口構成のバランスを達成していく上でのアプローチの方法を示すものである。一言で言うと、「尼崎に住んでもらう」ための取組みだ。

　尼崎に来ていただきたい「交流人口」、尼崎で活動していただきたい「活動人口」、そして、尼崎に住んでいただきたい・住み続けていただきたい、子育てファミリー世帯を中心とした「定住人口」の人口構成比を増やすため、まちの魅力発信の視点で取組みを進めるための庁内向け指針として、2013（平成25）年2月に「尼崎版シティプロモーション推進指針」（以下「指針」という。）を策定した。

　指針では、「まちの魅力を増進すること」、「それを戦略的・効果的に発信すること」を尼崎市のシティプロモーションとして定義している。「尼崎に住んでもらうために、まず、尼崎を好きになってもらうこと」から始まる、良い循環を私たちは目指すことにした。

　「尼崎を好きなこと」を「あまらぶ」と名付け、「あまらぶ」な人や「あまらぶ」な人をまちぐるみで増やすための、物、事、情報が溢れるまちを目指す、この取組みを尼崎版シティプロモーション「あまらぶ大作戦」と呼ぶことにした。

　詳しくは、指針の本編をご覧いただくことにして、本稿では、その特長を簡単にご紹介したい[1]。

図1 「尼崎が好き」な気持ちが全ての原動力

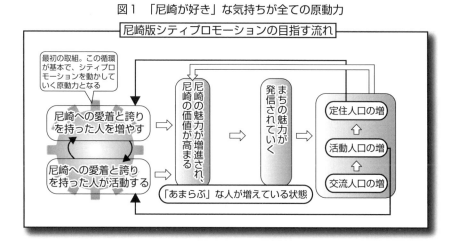

1 住みやすい、のに。

——「尼崎市では、市内に住んでいる多くの人は、まちの良さを実感しているものの、過去のマイナスイメージや実態として残る課題が影響し、結果として子育てファミリー世帯を中心に人口が減少している状況がうかがえます。」(指針p5)

　人口増減や年齢構成は、まちづくりを検討するうえでのベースとなる重要要素である。尼崎市の人口は、ピークの1971 (昭和46) 年から、2015 (平成27) 年1月1日時点まで、継続的に減少し続けている。また、国勢調査を基にした、2005 (平成17) 年から2010 (平成22) 年の全国市町村別人口増減数でも、尼崎市はワースト11位。全国的な人口減少傾向を考慮しても、両隣 (大阪市、西宮市) が増えているのに、尼崎市は減っている。兵庫県下では、神戸市・姫路市、阪神間の6市町を含む10市町は増加しているが、その阪神間で尼崎市だけが減少しているのだ。

　要因として、本市は阪神間でも最も早く市制が敷かれ、高度成長期から市域全体が市街化されたため、新たな宅地開発の余地が少ないこと、都市インフラ

の老朽化、あるいは、都市イメージ等の影響などがあげられる。

では、実際に住んでいる市民は、どう思っているのだろうか。

市民を対象とした「まちづくりに関する意識調査」(2012（平成24）年2月）では、尼崎に「ずっと住み続けたい」「当分の間は住み続けたい」が74.2％、「住環境は快適」「どちらかと言えば快適」が82.8％となった。「利便性」や「買い物」についての住民満足度は高く、「イメージ」についても3分の2以上の人が良いイメージを持っていることがわかる。尼崎は「下町」と評されることも多いが、交通至便で物価も安い、住みやすいまちなのだ。

それなのに、転出超過なのである。転出理由としては、「仕事の都合（転勤等）」「住宅事情（間取り・価格）」が最多だが、先の意識調査では、「市外に移りたい」理由として、「治安が悪い」「自然や空気などの環境面がよくない」「今の住宅に不満がある」「子育て支援や学校教育に不満がある」と言った項目が上位に並んだ。就学前の子どものいる世帯の転出超過は、本市の大きな課題であるが、子育てファミリー世帯の定住・転入促進のため、市は何に取り組むべきかを、このアンケートは教えてくれる。

2　あまのええとこ、わるいとこ
　　——「どこの自治体にも、魅力と課題があり、それらがまちの個性や特徴と呼ばれます。」（指針p7）

まちには魅力と課題があり、その総合点がまちのイメージを作る。あらためて、尼崎の魅力と課題を整理してみる。

まず魅力から。市民意識調査等でも評価が高いのは、「利便性の良さ」「暮らしやすさ」。平坦でコンパクトゆえ、買い物も医療も充実している。また、弥生時代からのまちの「歴史」や近松門左衛門との縁（ゆかり）、吹奏楽や演劇等の「文化・芸術」、まちの伸展を支えた「産業」、そして、子育て世帯向けの「充実した子育て支援」、「多彩な高校教育」も自慢。そして、狭い市域ながら、北部・中部・南部と、地域ごとにいろんな表情があるのも尼崎の魅力である。

次に課題だが、こちらは多少複雑だ。市民意識調査でも挙がった「治安」

「環境」「住宅」「子育て・教育」等は、誰もが認める（？）現実的課題である。しかし、その背後に、「実態と異なる悪いイメージを持たれていること」や、「尼崎の魅力が市民に十分に伝わっていないこと」で、市民が尼崎を誇りに思う気持ちが育ちにくい、という状況がある。たとえ自分のご町内には満足でも、尼崎全体への愛着に繋がらず、「どうせアマやから」といった自虐の悪循環を生んでいる。これではいけない！　まちの魅力を市民の皆さんにもっと知ってもらわなくては。魅力は高め、課題は解決し、それらを発信していくことが必要だ。

取組みのイメージを示すと図2のようになる。

魅力へのアプローチは、①現在ある魅力をさらに高める取組みと、②今はまだ魅力と考えられていないものを磨き上げ魅力にする取組みに分かれる。一方、課題については、③解決・克服しているのに、いまだに引きずっている過去のマイナスイメージを払拭する取組みと、④依然として残っている課題への

図2　尼崎版シティプロモーションの取組みのイメージ

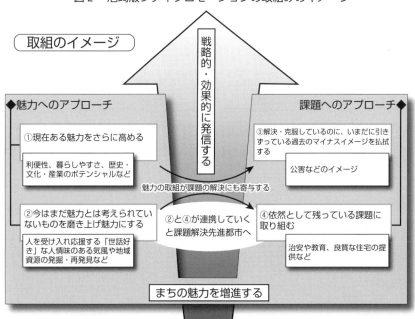

取組みに分かれる。そしてこれらは、相互に連関しあう。魅力の増進が課題の解決にも寄与し、課題解決の取組みそのものが魅力となる。

現在すでにある魅力はさらに高めて積極的なシティセールスを行う一方、課題の解決にもしっかり取り組み、その取組みも内外に発信し、知ってもらう努力をすることにした。

至極真っ当で、とても真面目な、尼崎のシティプロモーションなのである。

3　「あまらぶ体験隊」
　──「魅力へのアプローチは、①現在ある魅力をさらに高める取組と、②今はまだ魅力とは考えられていないものを磨き上げ魅力にする取組に分かれます。」（指針 p12）

尼崎版シティプロモーションの狙いは転入促進・定住促進であることはすでに述べた。言うのは簡単だが、難易度は高い。

会社の寮や社宅があるという場合は別にして、尼崎に住んでもらうには、尼崎を引越し先の候補地に加えてもらうところから始めねばならない。

誰でも、全く知らない接点のない町は候補にならないだろうし、嫌な思いのある町にも住もうと思わないだろう。それゆえ、尼崎に住んでもらうためには、その人が自分の住まいを選ぶシチュエーションに至る、そのもっと前の段階で、その人の心に尼崎の種を蒔いて、その人の心の中に良い尼崎花を咲かせねばならない。つまり、人が住まいを選ぶ年代になるまでに、尼崎が好き（少なくとも嫌いではない）状態まで持って行く必要がある。長期スパンで、ready to live in な人を、地道に増やしていくことが大切なのだ。

そこで、2013（平成25）年度から始めたのが、尼崎に来て、尼崎の魅力を体験して、尼崎のことをもっと好きになってもらう「あまらぶ体験隊」ツアーである。キラーコンテンツがない尼崎で、何を「ネタ」（テーマ）にするかは知恵の絞りどころだ。ネタそのものの面白さ、意外性、拡散性など多方面から検討し、特に市外の方に「一度、尼崎に出かけてみようか」と思わせる企画を心がけている。その第一弾として、プロのカメラマンに撮影指導を受けながら、

尼崎市交通局の貸し切りバスで夜の工場地帯をめぐる「写真家小林哲朗さんと行く工場夜景ツアー」は、募集開始後5分で定員に達する盛況ぶりで、追加ツアーが即決定した。夜の工場エリアに興味はあるけど、一人で行くのは不安、という女性参加者にも大いに喜んでいただくことができた。

　第二弾は趣向を変えて「尼崎で女子会　竹谷夏合宿の段」。昭和モダンな竹家荘旅館に泊まり、尼崎の地名の由来と歴史を学ぶ女子合宿。この時はアニメ「忍たま乱太郎」原作者の尼子騒兵衛先生がサプライズゲストとしてお越しくださり、スタッフも参加者も欣喜雀躍の騒ぎとなった。その後も、「ナローゲージ」「卸売市場」「初めての寺町　七福神めぐり」「園田競馬・早朝調教見学」「モダン建築ツアー」など次々と企画し、市外からのお客様はもちろん、市民にも喜んでいただいている。工場夜景は、2016（平成28）年1月に市制100周年記念事業として、「全国工場夜景サミット」が開催されるし、街中では「忍たま乱太郎」ファンが地名表示板を撮影して楽しんでいる。これまで「魅力」ととらえられていなかった「工場夜景」や「地名」は、今や立派な（？）観光資源となった。

写真1　工場夜景ツアー　煙突からたなびく煙も、しっかり捉えます。

あまらぶ体験隊ツアーでは、面白体験に加え、「あまらぶ」な人と出会っていただくことも重要視している。「そのまちを好きなひとと出会うことが、そのまちを好きな人を増やすことにつながる」からである。幸い、尼崎には人情味あふれる世話焼きの「あまらぶ」な人が大勢いる。小林哲朗先生しかり尼子騒兵衛先生しかり、毎回筋金入りの「あまらぶ」な人にツアーを盛り上げていただくことで、「あまらぶ」な人が大勢生まれている。

尼崎の魅力を発信することで、まちに人を呼び込み、**まちを「あまらぶ」で一杯にする**ことが、私達の野望なのである。

4　頑張る子ども・若者を応援

　──「尼崎への愛着と誇りを高める取組が尼崎版シティプロモーションのベースになります。特に、将来を担い、まちに活力をもたらす子どもたちに対して、尼崎への愛着と誇りを醸成する取組が不可欠です。」(指針p13)

実は、「あまらぶ大作戦」のもっと前、2009（平成21）年度から、市は誘客や交流人口の拡大を目的に「あまがさき・観光振興推進事業（「あまかん」)」に取り組んできた。また、「あまかん」とは別に、「あまがさき・街のみどころご案内事業」というのもやっていて、産・官・学・民で「みどころ委員会」を構成し、こちらは、まち歩き等を通して尼崎の歴史や魅力を紹介し、主として市民の郷土愛やシビックプライドの醸成に努めてきた。このように言わば、外向け、内向けで棲み分けていたが、転入促進・定住促進を目的としたシティプロモーション推進指針の策定は、この二本柱のあり方・考え方にも大きな影響を与えた。

観光事業でどんなに誘客に成功しても、迎える市民の側が「あまらぶ」でなければ、再訪や、ましてや転入促進には繋がることはない。また、定住促進（転出抑制）についても、住民サービスで市民満足度を上げるだけでは不十分で、そこにはやはり「尼崎のことが好き（あまらぶ)」、「尼崎を誇りに思う（シビックプライド)」がなければ、引き留められないということがわかってき

た。これまでの二本柱を束ね、より強力に一体展開することで、「あまらぶ」な市民を育てることが重要になってくる。

そこで、2015（平成27）年度から、これまで専ら市外向けに展開していた観光事業「あまかん」の企画の一部を、市民のシビックプライドの涵養も含めた「あまらぶ」にシフトさせることにした。なかでも、まちの将来を担う子どもたちが「あまらぶ」であることは、まちの死活問題であるとの認識から、「頑張る子ども・若者の夢を応援する」をコンセプトとして、社会と子どもと未来をつなぐ取組みに力を入れることにした。

事業の一例を挙げると、市内の洋菓子メーカーである株式会社エーデルワイスのご協力をいただき、2012（平成24）年度から小学校で実施している「パティシエ特別授業＆スイーツ給食」がある。子どもたちに市内の企業を知ってもらうことで地域の愛着を育てていくことと、子どもたちの憧れの職業であるパティシエ／パティシエールに身近に触れることで未来の職業について考えてもらうことが狙いだ。

また、2013（平成25）年度から年1回開催している「子どものためのあまら

写真2　パティシエ特別授業　パティシエを見つめるキラキラの瞳

ぶワークショップ」もキャリア教育的側面を持つ事業だ。マンション建設ラッシュで急激に新住民が増えているJR尼崎駅周辺の複数の商業施設や大学、病院等において、市内企業や団体、学校、市民活動団体等が、子ども向けに、ワークショップブースを出店。工作やゲーム、お絵かきなどのほか、消防士、警察官、運転士体験ができるブースなどが目白押しで、2015（平成27）年1月24日に開催した第2回には25ブースの出展、2,500人の参加者があった。この他、ワンコインで一流の芸術を鑑賞できる「ティーンズサポートチケット」や、若手アーティストに創作・発表の場を提供する「あまらぶアートラボ」、「尼崎落研選手権」など、「子ども」「若者」をキーにした事業を多数展開している。

　いずれも、子どもたちが大人になる過程のどこかで「尼崎の子」を自覚し、同時に「頑張る尼っこ」を支えた周囲の大人たちの存在にも思いを馳せてくれることを期待するもので、将来、子どもたちが尼崎から巣立って行ったとしても、市外へ尼崎の魅力を発信する力にきっとなってくれる、そして、いつかまた尼崎に戻ろうと思ってくれると信じている。もちろん、今いる尼崎の大人達も、尼崎の魅力や力に気づき、誇りに思うことで、まちの魅力を発信する存在へと変わってくれることを期待している。

5　これからの「あまらぶ」

　「あまらぶ大作戦」を始めて3年。試行錯誤を繰り返しながらも、前進し続けてきているが、取組みの結果が交流人口、定住人口に反映されなければ意味がない。

　成果指標については、全体については、市民意識調査で「尼崎のイメージがよくなった」と回答した市民の割合を、交流人口については観光客入込客数を評価の指標としている。ちなみに、尼崎の観光客入込客数は年々増加している。2014（平成26）年度実績は211万人で前年比約2万人増、ホテル宿泊者数で見ると36万5,000人で、こちらは前年度の2割も増えている。東京オリンピックに向け、外国人観光客の増も見込まれており、今後一層、尼崎ならではのおもてなし色を出して行きたい。

人口構成バランスについては、2015（平成27年）年秋予定されている国勢調査において、子どものいる世帯の増減数や割合で検証することとしている。ただし、全体の人口減少や、東京への一極集中の加速化等もあり、数値目標は置かずに増減を見る考え方を取っている。2014（平成26）年度に国においてまち・ひと・しごと創生法が成立し、「まち・ひと・しごと創生長期ビジョン及び総合戦略」が示されたことで、本市も「尼崎版人口ビジョン及び総合戦略」を策定し、ひき続き「あまらぶ」の拡大に全力を尽くす。

　2015（平成27）年は、「あまらぶ大作戦」にとって転換の年になる。

　2009（平成21）年度から2014（平成26）年度まで実施してきた「あまかん」事業を拡充・転換し、新たに「あまらぶインフォメーション事業」として実施する。阪神尼崎駅前の「まちのみどころご案内所」をJR尼崎駅構内に移転させ、名称も「ｉ＋Plus」（アイプラス）」と変更し、5月27日にリニューアルオープンした。

　「ｉ」には、information、introduce、intimate、intersection、interactive、inspire、interesting、impact、impress、inviteなど様々な想いを込めた。6年間の「あまかん」事業で得たノウハウをベースに、今後は、より地域との結び付きを強化し、市民参加型・双方向型のシティプロモーションを指向していく。尼崎に住んでいる人、尼崎で働いている人、学んでいる人、活動している人、尼崎に関係する全ての人に「あまらぶ」になってもらうため、活動を進めて行きたい。

あまがさきを好きな人があふれるまちを目指して。

【あまらぶFB】https://www.facebook.com/amagasakilove
【あまらぶ　尼崎観光交流サイト】http://ama-kan.jp

［注］
（1）【尼崎版シティプロモーション推進指針】
　　http://www.city.amagasaki.hyogo.jp/dbps_data/_material_/_files/000/000/026/081/cpsisin.pdf

XI 尼崎市の人口、地域経済と政策
——西宮市との比較分析

田代 洋久
北九州市立大学法学部政策科学科 教授

1 はじめに

　東京一極集中を是正し、雇用創出、定住促進、及び地域活性化を目指す地方創生は、これまでの地域あるいは都市のあり方を根本的に見直す機会でもある。とりわけ、高度経済成長を牽引し、産業構造の変化に直面する多くの工業都市では、産業都市政策の方向性を巡る議論への関心が高く、筆者が居住する北九州市でも同様の状況にある。

　都市の立地特性や競争力の状況により、採りうる産業都市政策は異なるが、これまで蓄積されてきた産業技術や生産設備、ネットワーク、取引関係を活かした地域特化型ものづくり産業の高度化を進めるのか、環境産業、情報産業、都市の魅力を高めるコンテンツ産業、都市型観光、社会的課題の解決に資するソーシャルビジネスなどの多彩な分野を視野に入れた多極型構造に転換するのか、あるいは両者のバランスを図るのかが第一の論点である。この問題は、産業構造だけでなく、就業構造のデザインも含まれよう。

　次に、人口減少社会が本格化する中、都市の歴史的文脈を掘り起こし、文化創造を通した魅力づくりや居住者ニーズを満たす快適な生活空間、さらに、子育て環境の充実など、人口増加に向けた戦略をどう設計するかが第二の論点である。

　ところで、大都市である大阪市と神戸市に挟まれた阪神間の諸都市は、いずれも個性的な特徴を持っている。阪神工業地帯の一翼を担う工業都市として発達してきた尼崎市は、歴史、自然、文化、大都市との近接性など多くの魅力があるが、産業構造の変化と人口減少を契機とした新たな産業都市政策を模索し

ているのに対し、隣接する西宮市は、阪神間モダニズム文化が開花するとともに大学・短期大学が集積する文教住宅都市として発達し、商業・サービス業が拡大している。いずれも50万人弱という類似した人口規模でありながら、異なる都市特性と進化を遂げる尼崎市と西宮市の比較は、今後の都市のあり方を検討するうえで大変興味深い。

本稿は、本号のテーマである「尼崎市の新たな産業都市戦略」を踏まえ、尼崎市と西宮市との人口及び地域経済の状況に関する基礎的な比較分析を行い、尼崎市の産業都市政策への課題を明らかにすることを目的とする。

2　尼崎市と西宮市の人口特性比較

まず、人口特性の比較からはじめたい。国勢調査によると、尼崎市の人口は、1970年の553,696人をピークにその後減少を続け、2010年には453,748人にまで低下した。一方、西宮市は1995年の阪神・淡路大震災時を除き人口は増加し続け、2010年には482,640人を記録した。この結果、尼崎市と西宮市の人口は、2005年頃にほぼ同数となり、2010年には逆転するに至っている（図1）。

人口増減の要因を分析するため、阪神淡路大震災以降の人口動態[1]を見ると、1994年の社会減が4,924人であった尼崎市は、1995年の阪神・淡路大震災の

図1　尼崎市と西宮市の人口推移

出典：国勢調査（総務省統計局）

発生により8,037人と大きく減少したが、その後、ゆるやかに転入者が増加し、2008年には739人の社会増に転じるまでに回復した。しかし、2010年以降は再び減少傾向となっている（図2）。

一方、西宮市では、1995年は19,685人の減少と大きく社会減となったが、翌年にはいち早く増化に転じ、1998年には8,163人と社会増のピークを迎えた後、増加幅は次第に減少傾向にある（図3）。

尼崎市と西宮市の人口変化のより精緻な比較を行うため、1965年以降の地区

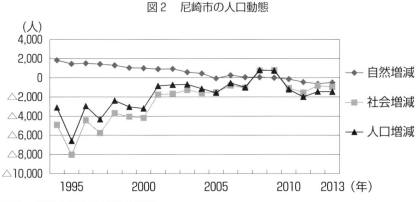

図2　尼崎市の人口動態

出典：尼崎市総務局情報政策課

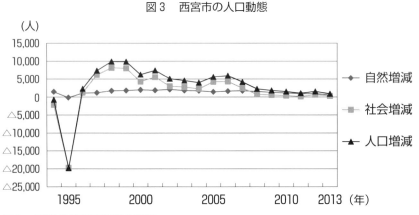

図3　西宮市の人口動態

出典：西宮市総務局情報公開課

別人口増加率の推移を示した（表1）。尼崎市は、大規模工場が広がる南部の中央、小田、大庄地区と、住宅地が広がる北部の立花、武庫、園田地区で人口推移のパターンが異なっている。南部の大庄、中央、小田地区は1970年以降、人口減少に歯止めがかからない状況が続いているが、北部でも1980年から立花地区が減少に転じ、1995年以降は武庫地区、園田地区も減少に転じるなど市全地区で人口減少傾向となっている。

　一方、西宮市は1990－1995年を除けば1965年以降の各地区の人口は拡大基調にある。特に山間部の塩瀬・山口地区では名塩ニュータウンなどの宅地開発によって人口増加率の高い時期が続いたが、2000年以降鈍化に至った。さらに、1990年代後半からは、阪神・淡路大震災後の復興に合わせ、市中心部の本庁地区、甲東地区、さらに阪急西宮北口駅周辺地域で再開発が行われた瓦木地区で人口増加傾向が高くなっている。

　2008年以降の尼崎市の地区別の人口動態を見ると、南部の中央、小田、大庄地区の人口減少は主に自然減によるが、社会増減も社会増から社会減に再び転じている。北部の立花、武庫、園田地区の人口減は、主に社会減に起因していることがわかる（表2）。

　一方、西宮市の地区別人口動態では、本庁地区、瓦木地区の自然増は、年々低下傾向にあるものの高い水準にあり、転入による社会増も継続している。鳴尾、甲東地区では自然増は維持されているものの、社会減のためトータルで人口減となっている。塩瀬地区は自然増、社会増で推移していたが、2011年以降、社会減に転じた。山口地区では低い水準ながらも自然減、社会減が続いている（表3）。

　このように、地区別人口動態を見ると、人口動態の変動パターンが異なっており、本庁地区、瓦木地区に集中的な人口増加が認められる。

　こうした西宮市の局地的な人口増加は、震災復興に伴う大型マンションの立地による都心回帰の一環として説明される場合が多いが、住宅供給という供給側の視点だけでは、西宮市で人口が増加する理由を説明するには十分とはいえない。そこで、次節では、尼崎市と西宮市の地域経済の状況を検討する。

表1　尼崎市、西宮市地区別人口増加率推移（％）

地区		1965-1970	1970-1975	1975-1980	1980-1985	1985-1990	1990-1995	1995-2000	2000-2005	2005-2010
尼崎市	全市	10.5	△1.4	△4.1	△2.8	△2.0	△2.1	△4.6	△0.8	△1.9
	中央	△10.9	△13.0	△10.2	△8.1	△5.3	△8.0	△5.7	2.7	△2.1
	小田	0.5	△10.1	△7.4	△6.6	△5.9	△1.0	△5.5	△2.4	△1.8
	大庄	△2.7	△10.6	△13.0	△6.0	△4.6	△2.9	△8.0	△5.0	△3.0
	立花	27.9	4.2	△2.8	△1.1	△2.4	△2.3	△3.8	0.1	△2.5
	武庫	50.9	26.7	11.1	3.6	4.3	△0.2	△2.3	△1.9	△2.3
	園田	34.2	7.1	0.4	0.4	1.2	△0.1	△3.7	1.4	△0.3
西宮市	全市	11.9	6.3	2.4	2.7	1.3	△8.6	12.2	6.2	3.7
	本庁	10.7	5.3	0.4	0.8	△2.3	△16.2	21.4	7.4	4.8
	鳴尾	7.7	△0.7	0.1	5.9	4.9	0.5	△9.9	2.8	1.5
	瓦木	11.0	4.0	1.3	△0.4	△1.4	△12.6	16.9	6.3	6.0
	甲東	27.8	22.5	10.5	0.5	0.6	△14.3	23.0	5.2	1.2
	塩瀬	26.7	39.7	17.3	17.0	16.7	22.9	21.4	14.5	5.7
	山口	7.3	11.1	16.3	35.4	44.3	35.5	14.0	4.5	2.4

出典：国勢調査（総務省統計局）より筆者作成

表2　尼崎市地区別人口動態（人）

地区	自然増減						社会増減					
	2008	2009	2010	2011	2012	2013	2008	2009	2010	2011	2012	2013
全市	61	△45	△141	△450	△624	△490	739	791	△1,080	△1,541	△825	△964
中央	△232	△202	△205	△358	△338	△369	220	401	12	△57	131	212
小田	△249	△196	△290	△240	△305	△246	410	287	16	△113	150	144
大庄	△146	△123	△184	△209	△298	△217	342	10	20	△206	△223	△165
立花	67	8	25	△74	△49	△26	△209	75	△368	△387	△109	△299
武庫	322	219	208	238	161	184	△344	△119	△490	△355	△312	△298
園田	299	249	305	193	205	184	320	137	△270	△423	△462	△558

出典：尼崎市総務局情報政策課

表3　西宮市地区別人口動態（人）

地区	自然増減						社会増減					
	2008	2009	2010	2011	2012	2013	2008	2009	2010	2011	2012	2013
全市	1,511	1,278	1,124	921	900	633	743	547	387	135	639	282
本庁	600	587	444	382	432	274	646	614	433	807	1,243	1,339
鳴尾	184	121	159	50	9	△2	△290	△112	△211	△558	△525	△840
瓦木	423	387	406	378	372	392	442	7	198	365	301	△191
甲東	247	166	111	154	114	27	△223	△70	△79	△326	△370	112
塩瀬	59	50	44	12	10	△7	177	76	94	△119	△181	△90
山口	△2	△33	△40	△55	△37	△51	△9	32	△48	△34	171	△48

出典：西宮市総務局情報公開課

3 尼崎市と西宮市の地域経済比較

(1) 市町内総生産

　尼崎市と西宮市の地域経済の状況を比較するため、1990年度を100とした市町内総生産の推移を示す[2]。尼崎市は第3次産業が横ばいとなっているものの第1次、第2次産業の減少が激しく、総計[3]で減少傾向となっている。一方、西宮市では、第3次産業の伸長が第2次産業の落ち込みを下支えする構造となっている（図4、図5）。

図4　尼崎市市町内総生産の推移（1990年度＝100）

出典：「兵庫県市町民経済計算」（兵庫県統計課）より筆者作成

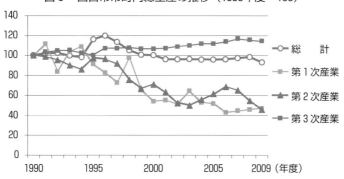

図5　西宮市市町内総生産の推移（1990年度＝100）

出典：「兵庫県市町民経済計算」（兵庫県統計課）より筆者作成

（２）製造業、卸売・小売業[4]

次に、1990年を100とした製造業の事業所数、従業者数の推移を見ると、尼崎市、西宮市とも減少傾向にあるが、従業者一人当たりの製造品出荷額を見ると、尼崎市では2002年頃から増加傾向を示しており、生産性の向上が示唆されるのに対し、西宮市は減少傾向となっている（図6～図8）。

卸売・小売業の事業所数は、1982年以降、店舗の大規模化によって各市とも減少傾向にあるが、尼崎市と西宮市の減少傾向は同程度である（図9）。従業者数は、1988年以降、横ばい傾向で推移しているが、1999年以降、尼崎市の従業者数の減少傾向は西宮市より大きくなっている（図10）。一方、一人当たり年間商品販売額の推移は、尼崎市と西宮市で同程度で推移している（図11）。

（３）産業別就業者数

表4に、2010年国勢調査の常住地による産業別（大分類）就業者数、構成比、兵庫県構成比に対する特化係数を示す。尼崎市と西宮市の就業者構成比を比較すると、両市とも「卸売業、小売業」が第1位となっているが、尼崎市は第2位が「製造業（17.1％）」、第3位が「医療、福祉（9.5％）」、西宮市は、第2位が「製造業（12.4％）」、第3位が「医療、福祉（10.8％）」となっており、同じ順位であるが製造業の比率が異なる。就業者構造を比較するため、兵庫県全県に対する特化係数を見ると、尼崎市は、「情報通信業」が1.3であるのを除けば、高い特化係数を有する産業は見られず、工業都市を牽引した製造業の就業者は、0.9と兵庫県構成比よりもむしろ下回っている。これに対し、西宮市では、「情報通信業」「金融業、保険業」「不動産業、物品賃貸業」「電気・ガス・熱供給・水道業」「学術研究、専門・技術サービス業」の特化係数が1.3以上となっており、第3次産業に就業する者が多く居住している。

XI 尼崎市の人口、地域経済と政策

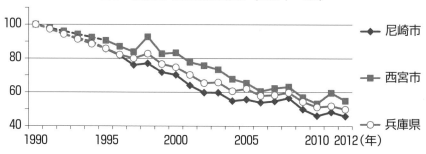

図6 製造業 事業所数の推移（1990年＝100）

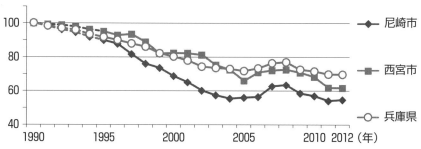

図7 製造業 従業者数の推移（1990年＝100）

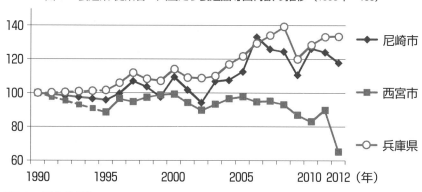

図8 製造業 従業者一人当たり製造品等出荷額の推移（1990年＝100）

［図6〜図8共通］
（注）2011年は経済センサス（2012年2月1日現在）を使用
　　　2012年は工業統計調査（2012年12月31日現在）を使用
出典：工業統計調査（経済産業省）、経済センサス（経済産業省）

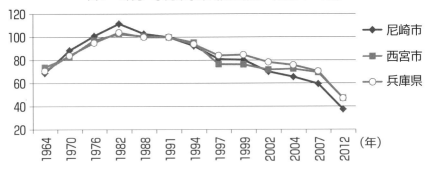

図9　卸売・小売業事業所数の推移（1991年＝100）

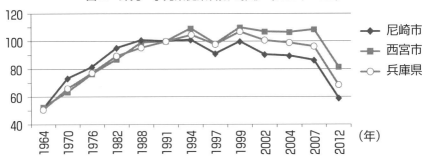

図10　卸売・小売業従業者数の推移（1991年＝100）

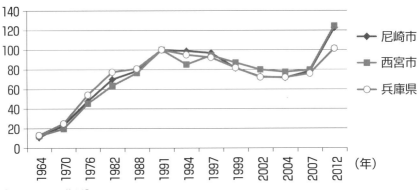

図11　卸売・小売業一人当たり年間商品販売額の推移（1991年＝100）

［図9～図11共通］
出典：商業統計調査（経済産業省）、経済センサス（2012年）（総務省統計局）

表4　尼崎市と西宮市の産業別就業者特性

		第1次産業	第2次産業	鉱業、採石業、砂利採取業	建設業	製造業	第3次産業	電気・ガス・熱供給・水道業	情報通信業	運輸業、郵便業	卸売業、小売業
就業者数（人）	兵庫県	49,014	615,889	379	164,479	451,031	1,680,141	13,151	52,252	140,771	427,787
	尼崎市	545	50,781	10	15,786	34,985	135,388	776	5,631	12,660	35,544
	西宮市	632	38,783	15	12,026	26,742	161,785	1,623	7,947	12,123	40,144
構成比（％）	兵庫県	2.1	26.3	0.0	6.6	18.1	71.6	0.5	2.1	5.7	17.2
	尼崎市	0.3	27.2	0.0	7.7	17.1	72.5	0.4	2.8	6.2	17.4
	西宮市	0.3	19.3	0.0	5.6	12.4	80.4	0.8	3.7	5.6	18.6
特化係数	兵庫県	1.0	1.0	1.0	1.0	1.0	1.0	1.0	1.0	1.0	1.0
	尼崎市	0.1	1.0	0.3	1.2	0.9	1.0	0.7	1.3	1.1	1.0
	西宮市	0.2	0.7	0.5	0.8	0.7	1.1	1.4	1.8	1.0	1.1

		第3次産業（つづき）	金融業、保険業	不動産業、物品賃貸業	学術研究、専門・技術サービス業	宿泊業、飲食サービス業	生活関連サービス業、娯楽業	教育、学習支援業	医療、福祉	複合サービス事業	サービス業（他に分類されないもの）	公務（他に分類されるものを除く）
就業者数（人）	兵庫県		63,536	51,726	83,767	140,588	90,892	118,476	267,938	13,639	139,966	75,652
	尼崎市		5,241	5,102	6,442	11,977	7,936	6,886	19,459	467	13,773	3,494
	西宮市		8,908	7,121	9,416	11,805	8,090	12,831	23,267	544	12,424	5,515
構成比（％）	兵庫県		2.6	2.1	3.4	5.6	3.7	4.8	10.8	0.5	5.6	3.0
	尼崎市		2.6	2.5	3.2	5.9	3.9	3.4	9.5	0.2	6.7	1.7
	西宮市		4.1	3.3	4.4	5.5	3.7	5.9	10.8	0.3	5.7	2.6
特化係数	兵庫県		1.0	1.0	1.0	1.0	1.0	1.0	1.0	1.0	1.0	1.0
	尼崎市		1.0	1.2	0.9	1.0	1.1	0.7	0.9	0.4	1.2	0.6
	西宮市		1.6	1.6	1.3	1.0	1.0	1.2	1.0	0.5	1.0	0.8

（注）特化係数は、兵庫県構成比に対する比較
出典：2010年国勢調査（総務省統計局）より筆者作成

（4）産業別従事者数

　2009年と2012年に実施された経済センサスにおける尼崎市、西宮市の産業大分類別従業者数を表5に示す。尼崎市と西宮市の従業者ベースの産業構造を比較すると、製造業就業者数ベースとは異なり、尼崎市の従事者数の兵庫県構成比に対する特化係数は、1.2となっているのに対し、西宮市は0.7である。一方、「教育、学習支援業」の特化係数は、尼崎市0.7に対し、西宮市2.6となっていることに加え、2009年に対する増加率も19.4％、寄与度は1.42ポイントと大きく伸長している。また、「サービス業（他に分類されないもの）」も尼崎市0.9に対し、西宮市1.3となっており、西宮市は総じて第3次産業に従事する者の比率が高く、拡大していることが示される。

　表4と表5の結果から、「学術研究、専門・技術サービス業」を例に、就業者数と従業者数を比較してみると、尼崎市では2010年の就業者数が6,442人（特化係数0.9）、2012年の従業者数は6,445人（特化係数1.3）であるが、西宮市の2010年の就業者数は9,416人（特化係数1.3）であるのに対し、2012年の従業者数は、2,238人（特化係数0.6）にとどまっていることから、西宮市では、「学術研究、専門・技術サービス業」に自地域だけでなく他地域で就業している人も多く居住していることを示唆している。

表5　尼崎市と西宮市の産業大分類別従業者特性

		H24従業者数(人)	構成比(％)	H21従業者数(人)	増減率(％)	寄与度	H24従業者特化係数
尼崎市	全産業	189,050	100.0	201,843	△6.3		1.0
	農林漁業	237	0.1	265	△10.6	△0.01	0.3
	鉱業、採石業、砂利採取業	32	0.0	44	△27.3	△0.01	―
	建設業	12,949	6.8	13,995	△7.5	△0.52	1.2
	製造業	41,838	22.1	45,997	△9.0	△2.06	1.2
	電気・ガス・熱供給・水道業	643	0.3	1,132	△43.2	△0.24	1.5
	情報通信業	3,211	1.7	2,824	13.7	0.19	1.3
	運輸業、郵便業	13,103	6.9	13,066	0.3	0.02	1.1
	卸売業、小売業	35,045	18.5	38,150	△8.1	△1.54	0.9
	金融業、保険業	3,553	1.9	3,867	△8.1	△0.16	0.9
	不動産業、物品賃貸業	5,643	3.0	5,844	△3.4	△0.10	1.2
	学術研究、専門・技術サービス業	6,445	3.4	8,660	△25.6	△1.10	1.3
	宿泊業、飲食サービス業	18,499	9.8	19,010	△2.7	△0.25	0.9
	生活関連サービス業、娯楽業	7,359	3.9	7,864	△6.4	△0.25	0.9
	教育、学習支援業	4,143	2.2	4,408	△6.0	△0.13	0.7
	医療、福祉	23,056	12.2	21,854	5.5	0.60	1.0
	複合サービス事業	596	0.3	696	△14.4	△0.05	0.9
	サービス業（他に分類されないもの）	12,698	6.7	14,167	△10.4	△0.73	0.9
西宮市	全産業	147,324	100.0	147,297	0.0		1.0
	農林漁業	330	0.2	107	208.4	0.15	0.7
	鉱業、採石業、砂利採取業	2	0.0	17	△88.2	△0.01	―
	建設業	5,483	3.7	6,653	△17.6	△0.79	0.7
	製造業	12,875	8.7	13,585	△5.2	△0.48	0.5
	電気・ガス・熱供給・水道業	145	0.1	31	367.7	0.08	0.5
	情報通信業	2,162	1.5	1,389	55.7	0.52	1.2
	運輸業、郵便業	9,941	6.7	12,770	△22.2	△1.92	1.1
	卸売業、小売業	30,859	20.9	34,499	△10.6	△2.47	1.0
	金融業、保険業	2,450	1.7	2,750	△10.9	△0.20	0.8
	不動産業、物品賃貸業	5,185	3.5	5,770	△10.1	△0.40	1.3
	学術研究、専門・技術サービス業	2,238	1.5	2,299	△2.7	△0.04	0.6
	宿泊業、飲食サービス業	17,746	12.0	17,570	1.0	0.12	1.1
	生活関連サービス業、娯楽業	8,580	5.8	8,971	△4.4	△0.27	1.2
	教育、学習支援業	12,831	8.7	10,743	19.4	1.42	2.6
	医療、福祉	22,015	14.9	19,532	12.7	1.69	1.2
	複合サービス事業	521	0.4	548	△4.9	△0.02	0.7
	サービス業（他に分類されないもの）	13,961	9.5	10,063	38.7	2.65	1.3

（注）従業者特化係数は、兵庫県構成比に対する比較
出典：経済センサス基礎調査（2009年）、経済センサス活動調査（2012年）（総務省統計局）、兵庫県統計課データに基づき筆者作成

4　産業別年齢層別人口の社会移動の状況とその要因

　尼崎市と西宮市の人口と地域経済の関係を探るため、就業者の社会動態に注目した。そこで、2010年国勢調査で公表されている5年前の常住地に関する移動人口において、産業（大分類）、年齢（5歳階級）別に県内他市町村あるいは他県、他国から現住所への転入者数から、県内他市町村あるいは他県への転出者数を引くことで、産業別年齢層別の移動人口を算出した（図12～図17）。

　結果を要約すると、①尼崎市と西宮市では、移動人口のパターンに大きな違いが見られ、尼崎市の労働力人口は転入超過、非労働力人口は転出超過であるのに対し、西宮市は、労働力人口、非労働力人口のいずれも転入超過となっている。②労働力人口で転入超過となっている年齢層の幅は、尼崎市では「15～34歳」と狭いのに対し、西宮市では「15～54歳」と広い。③非労働力人口の転出超過は、尼崎市では「30～49歳」、「60～74歳」の2つの山が認められる。

　次に、主要産業別にみると、④製造業では、尼崎市は労働力人口と同様、「35～44歳」の転出が著しい。一方、西宮市は広い層にわたって転入しているものの「15～24歳」の若年層の転入は少ない。⑤その他の産業では、「教育、学習支援業」のように西宮市の吸引力が強い産業分野がある一方、「情報通信業」や「金融業、保険業」に見られるように、若年層の吸引では尼崎市が優位な産業分野も見られる。

　尼崎市と西宮市の人口移動状況に関する分析結果から、西宮市は労働力人口、非労働力人口にかかわらず全年齢層にわたって人口吸引力が高いが、尼崎市は、産業分野に関わらず「35～44歳」の転出が著しいことから、子育て・ファミリー層の流出を促進する社会的要因が示唆される。

XI 尼崎市の人口、地域経済と政策

尼崎市、西宮市の産業別5歳階級別移動人口

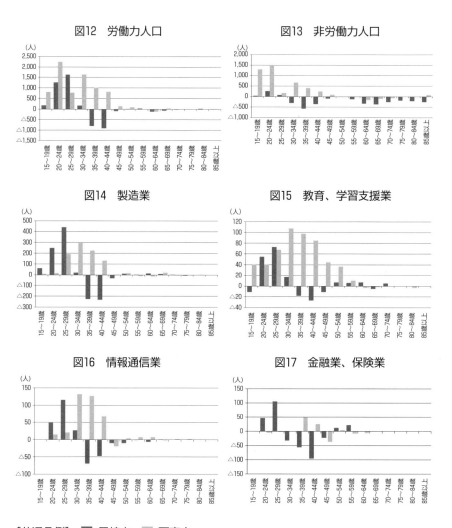

[共通凡例] ■ 尼崎市　■ 西宮市

出典：2010年国勢調査（総務省統計局）より筆者作成

5　尼崎市産業都市政策の課題

　これまでの分析結果を要約すると、第一に、尼崎市は人口減少に歯止めがかからない状態が続いている。地区別人口動態を見ると、南部の中央、小田、大庄地区の人口減少は主に自然減によるが、社会増減でも社会増から社会減に転じている。一方、北部の立花、武庫、園田地区の人口減は、主に社会減に起因しており、地区によって人口減少要因が異なっている。第二に、主力であった製造業が往時の勢いを失い、規模的拡大から生産性の向上へのシフトによって従業者数を減少させる中、雇用の受け皿となる第3次産業が十分に発達していない。また、尼崎市では、製造業の相対的な地位が低下する中、基幹産業の再編が急務であるが、「医療、福祉」を除けば「情報通信業」が雇用吸収力を持っており、就業者数ベースの特化係数も1.3と高い。第三に、産業別年齢層別人口移動の分析結果より、ほぼ全産業分野にわたって「35〜44歳」の子育て層を中心とした人口流出が見られる。

　以上の結果から、尼崎市では、基幹産業の再編という経済的課題と、子育て・ファミリー層の流出という社会的課題の二重の政策課題に直面していることがわかる。

　これに対し、西宮市は、第一に、全市として人口増加基調である。地区別人口動態を見ると、本庁地区、瓦木地区の自然増は高い水準にあり、転入による社会増も継続している一方、鳴尾、甲東地区では自然増は維持されているものの、社会減によってトータルで人口減となっている。また、山口地区では自然減、社会減が続くなど地区によって人口動態の様相は異なっている。第二に、市町内総生産では、製造業の落ち込みを第3次産業が下支えしていることが示された。第三に、産業別年齢層別人口移動の分析では、非労働力人口も含め幅の広い年齢層にわたって人口を吸引していることが明らかとなった。

　尼崎市で2012年に実施された「まちづくりに関する市民意識調査」では、「居住継続を希望しない理由」として、①住環境、②自然、空気など環境が良くない、③治安が悪い、④子育て支援、学校教育への不満が抽出されているものの、居住者の不満はさほど大きくないことや、実態はかなり改善されてきて

いることから、尼崎市では「尼崎が持っている実力と尼崎が抱かれているイメージは必ずしも一致しておらず、ギャップを埋める必要がある」と分析している。

これを受けて、尼崎市では、まちの魅力を増進し、戦略的、効果的に発信することで、交流人口、活動人口、子育て世代を中心とした定住人口の増加を図る「シティプロモーション政策」を市民協働の枠組みで展開している。埋もれた地域資源を発掘し、まちの魅力を発信することで、地域の愛着と誇りの回復と交流人口の増加から定住人口の増加へとつなげる戦略はユニークであり、今後の成果が期待される。

本稿を終えるにあたり、尼崎市の都市魅力のさらなる増大に向けて、若干の付言をしておきたい。尼崎市と西宮市における都市イメージの差は、都市魅力の発信力の差だけでなく、ストック要素としての「都市の文化性」の厚みが要因となっているのではなかろうか。確かに、尼崎市は、歴史都市であるとともに地域に根ざした市民文化が積み重ねられてきており、それが他の都市にはない大きな魅力となっているものの、経済成長過程でものづくり産業に大きく依存してきた結果、「尼崎の文化力」が地域の固有価値へとうまく転換しきれていない感がある。

これに対し西宮市では、文教住宅都市として発展してきた歴史的文脈を活かした巧みな都市政策によって都市ブランドの確立に寄与し、都市イメージと産業構造が連動した結果、成長が期待される「学術研究、専門・技術サービス業」従事者等の吸引に成功していると考えられる。

そこで、尼崎市には、都市の魅力の情報発信力の強化に加えて、歴史的建造物、景観形成といった歴史都市としての価値、大都市に近接している立地上の優位性、阪神地域の発展を牽引してきた都市プライド、つまり、尼崎市がもつ固有価値そのものを止揚する中長期的なアプローチを加味すること、都市の文化性を高めることを期待したい。

さらに、クリエイティビティ（創造性）に注目した展開の可能性もある。創造都市（Creative City）は、かかる要素に注目した都市政策論であり、これまで多くの論者による議論が行われているが[5]、有形、無形の新たな価値創出への期待として、クリエイティブ人材の吸引、クリエイティブ産業の育成、空間イメー

ジの改変を通した価値反転能力への期待がある。尼崎のソウルフードや市民気質を表象化し、止揚するアプローチはこの文脈に他ならず、尼崎版創造都市戦略の展開も期待できる。この際、従来の縦割り構造のままだと効果的な政策展開は困難であり、産業、教育、文化、生活分野など政策の統合化が必要となろう。

　一方、子育て・ファミリー層が関心を寄せる教育分野へのアプローチとしては、「学術研究、専門・技術サービス業」従事者の居住促進を図るとともに、大学等の研究教育拠点の拡充と大学地域連携による初等教育サービスの重層性を増す方策が考えられる。

　自然減と社会減による人口減少は確かに深刻な都市課題であるが、過度の人口集中は新たな都市問題を誘発する可能性がある。大西（2004）は、人口減少期においては「適度な都心回帰」が重要であり、人口急増によって居住を支える社会基盤に過度の負担をかけない成長管理政策が必要と指摘した[6]。こうした観点からは、一見、順調に見える西宮市中心地においても、人口集中によるかかるリスクは十分に考えられる。

　市場メカニズムによる都市のダイナミズムを喚起する一方で、政策分野間の有機的な連関や多元的パートナーシップなど都市政策手法を駆使した総合的な都市マネジメントの展開が今後の尼崎市の産業都市政策の課題となろう。

［注］
（1）　人口動態とは、自然増減と社会増減を足し合わせて求められる。自然増減とは出生児数から死亡者数を引いたもので、社会増減とは他地域からの転入者数から他地域への転出者数を引いたものである。
（2）　市町内総生産とは、一定期間内に各市町内の生産活動によって新たに生み出された付加価値額（総生産）で、産出額から中間投入額を除いたものである。本稿では、震災前後の変化を把握するため、兵庫県統計課が推計した93SNA平成12年基準による市町民経済計算長期時系列データを使用した。
（3）　第1次産業から第3次産業の合計額ではなく、帰属利子等を控除した額とした。
（4）　2012年は、経済センサス（確報）を使用しているため、工業統計調査や商業統計調査と調査方法の違い等に基づく断層（不連続）が生じている可能性があり、注意を要する。
（5）　代表的論者として、創造都市の概念を広めた佐々木雅幸のほか、文化活動と文化基盤の充実した都市は創造的問題解決能力を高めるとした英国のCharles Landry、創造階級（creative class）の集積が都市を活性化するとした米国のRichaed Floridaがいる。
（6）　大西隆（2004）『逆都市化時代』学芸出版社、p.42を参照のこと。

研究報告

公益財団法人 尼崎地域産業活性化機構

XII 衰退した小売市場・商店街の実態調査からみた商業政策に関する一考察

國田 幸雄
公益財団法人尼崎地域産業活性化機構　調査研究室

新庄 勉
公益財団法人尼崎地域産業活性化機構　調査研究室

1　はじめに

　尼崎市では、近年だけでみても2000（平成14）年2月に1件、2009（平成21）年3月に2件、2011（平成23）年2月に1件、2012（平成24）年1月に1件の計5件の小売市場・商店街等商業施設の火災が起きた。いずれも、空き店舗の多い小売市場・商店街施設である。その後、マンションに建て替わったものもあるが、いまなお権利者の意見調整がつかず、再生の目途がたたないまま放置された状況のものもある。

　空き店舗の多い小売市場・商店街の火災は、漏電や放火といった原因が考えられるが、老朽化した木造という構造、密集による消火の難しさといった要因も加わって、大規模火災につながりやすく、市民の安全・安心を脅かす一つの要素になりかねない。

　さらに、小売市場・商店街において、空き店舗の多い状況で土地・建物を放置していることは、都市資源の活用や都市の活性化の観点から、非常に不経済であり、都市魅力の減衰につながる。

　一方、古くから集積した小売市場・商店街は尼崎市民の生活を支えてきた役割は大きかったのもまた事実である。しかし、近年のスーパーやコンビニといった台頭とその発展などにみられる小売業の業態変化や流通機能の改革は、市民の買い物ニーズをも変化をもたらし、旧態依然たる小売市場・商店街が次第にその市民ニーズへの変化に対応できなくなったと言えそうである。ひとり尼崎市に限らず、全国の小売市場、商店街で空き店舗が目立ち、衰退している

状況はそのことを如実に物語っているように思われる。

それでは、こうした衰退した小売市場・商店街はすでに役割を終えたのか、再生の方向はないのか、そのためにはどんな方法がありえるのかを検討するために、この研究では、まず、その実態を明らかにすることからとりかかり、そこから導き出すことができる知見から、今後の商業政策のあり方を考えようとしたものである。

なお、この報告は、当機構が平成25年度に尼崎市から受託した「小売市場・商店街等基礎調査事業業務委託」報告書を再整理し、分析したものである。

2　調査概要

(1) 調査対象

調査は、尼崎市に立地する小売市場・商店街等（平成25年度末で概ね70団体（小売市場26団体、商店街44団体）とみることができる。その分布は図1に示したとおりである）のうち、空き店舗等の比率が高い17施設（市場・商会・商人会・商業組合など）から調査開始時点ですでに実態のないものを除き、表1に示した13施設を対象とした。

したがって、ここで扱う小売市場・商店街の計13施設は尼崎市内に分布する小売市場・商店街の中でも衰退の度合いが高いものといえる。

表1の当初街区数とは、当初の施設範囲の中で、すでにマンション等に建て替わった区画分を現在の区画割りから想定して概算したもので、現街区数に加えて算出した。したがって、表1の転用率が高いL市場、C市場、M商店街、D市場は、すでに転用（ほとんど住宅）が進みつつあることを示す。

図1 尼崎市の小売市場・商店街等分布図

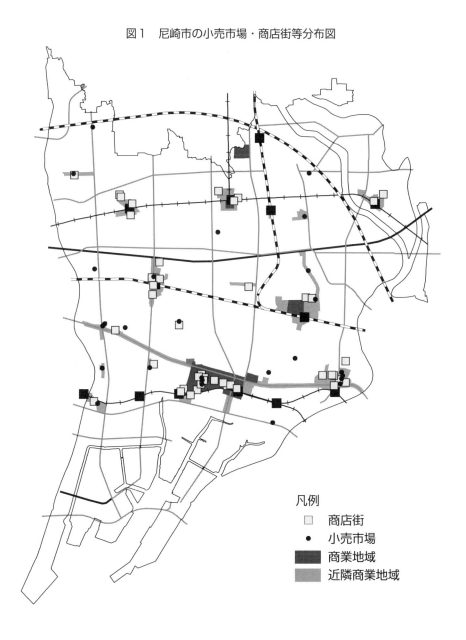

凡例
- □ 商店街
- ● 小売市場
- ■ 商業地域
- ▨ 近隣商業地域

表1　調査対象

市場・商店街	用途地域	当初区画数（概算）A	現区画数　B	転用率（%）※
A市場	近隣商業	19	19	0
B市場	近隣商業	44	44	0
C市場	近隣商業	20	13	35.0
D市場	近隣商業	15	13	13.3
E市場	第1種住居	39	39	0
F市場	準工業	25	25	0
G市場	近隣商業ほか	41	41	0
H市場	近隣商業	35	35	0
I市場	近隣商業	38	38	0
J市場	商業	57	57	0
K市場	第2種住居	36	36	0
L市場	第1種住居　第2種中高層	47	15	68.1
M商店街	第2種中高層	18	13	27.8

※転用率＝（A－B）/A×100

（2）調査の種類と調査事項

　調査は、次のことを行った。なお、調査時期は①から⑥によって異なるが、全体で言えば2013（平成25）年7月から2014（平成26）年2月である。

①土地、建物の所有実態の把握
　土地：地番、土地所有者氏名、土地所有者住所、地積
　建物：家屋番号、建物所有者氏名、建物所有者住所、種類、構造、床面積、建築年

②土地、建物の利用者と利用形態の把握
　利用者氏名、用途（店舗、居住、倉庫等）、店舗の業種と店舗名

③小売市場等の施設設備の実態
　アーケード、屋根、消火器、屋内消火栓、屋外消火栓、スプリンクラー設

備、非常警報設備、漏電火災警報器、避難器具、誘導灯、連結送水管、防犯カメラ、自動火災警報器、出入口扉の有無及び設置場所など

④小売市場等の管理・運営について

組織の有無、活動の有無、建物や施設・設備等の維持・管理など

⑤権利者の意識の把握

ヒアリング調査によって、外部土地所有者、店舗営業者、居住者の意識を聞いた。

⑥周辺住民の意識の把握

半径500m圏内の住民に対してアンケート調査を行った。

3　調査結果（1）
——土地・建物の利用状況や周辺住民の評価等

（1）土地・建物の利用状況

　小売市場・商店街の土地・建物の利用状況を調査した結果、利用形態を店舗・居住、店舗・非居住、居住、倉庫、事業所（事務所等）、共同施設（トイレ、組合事務所など）、非利用に分類することができた。それを図化したものが別図1（紙幅の関係で省略）である。その結果から、現区画数に対する店舗数、居住数、空き家（非利用）数とそれぞれの比率を整理すると表2のようになる。

　表2に示したように、調査対象の小売市場・商店街は、非利用（空き家）率が30.8％～73.7％の幅にあり、多くは50％以上という状況にある。

　店舗率でいえば、高いところでも23.1％で、10％未満が5施設もある。何よりも店舗の実数でみて1ケタ台が12施設もある。店舗数が最も多いJ市場でも13店舗に過ぎない。店舗数が1ケタ台の小売市場・商店街はすでに商業集積といえる段階になく、いわゆる生鮮三品（青果、鮮魚、肉類）すら揃っていない。13店舗あるJ市場では、店舗種類でいえば、青果2店舗、鮮魚1店舗、肉類2店舗と生鮮三品は一応ある。ほかに、鳥肉店、鶏卵店、塩干物店、昆布

表2　小売市場・商店街の利用実態

市場・商店街	現区画数	店舗数	店舗率(%)	居住数	居住率(%)	空き家(非利用)	非利用率(%)
A市場	19	2	10.5	6	31.6	10	52.6
B市場	44	5	11.4	10	22.7	27	61.4
C市場	13	2	15.4	2	15.4	7	53.8
D市場	13	1	7.7	4	30.8	8	61.5
E市場	39	3	7.7	15	38.5	20	51.3
F市場	25	2	8.0	5	20.0	18	72.0
G市場	41	4	9.8	17	41.5	20	48.8
H市場	35	8	22.9	13	37.1	15	42.9
I市場	38	6	15.8	15	39.5	20	52.6
J市場	57	13	22.8	2	3.5	42	73.7
K市場	36	3	8.3	11	30.6	20	55.6
L市場	15	3	20.0	3	20.0	10	66.7
M商店街	13	3	23.1	8	61.5	4	30.8

店、カマボコ店、花屋、味噌類などで構成されている。一見、各種店舗が揃っているかにみえるが、それで十分といえるだろうか。買い物客はほかに、菓子類、うどん・そば等麺類、飲料なども一か所で買いたいだろう。そして、何よりも小売市場に不足しているのは、今やどの家庭でも頻繁に利用する冷凍食品、カップ麺などかもしれない。さらにJ市場の場合、立地位置と店舗配置にも課題がありそうだ。このようにJ市場も含めて、現状では客の買い物ニーズを満足させる状況にはないといえよう。この点については、後の周辺住民アンケートの結果を示しながら触れる。

　一方、居住率でみると、3.5％〜61.5％となっている。50％を超える施設がある一方で、居住率の低い施設も多く30％台以下が13施設中11施設あった。居住率の高い施設は住宅地化が進展しているとみることができるし、居住率の低い施設は、店舗率の低さとも相まって、施設を利用している率が低い（いわゆる空き家率が高い）ことを意味し、防災・防犯上の懸念がある。

　店舗経営者でもそこに居住するものは、13施設合計で55店舗中17店舗（31％）

と約3分の1である。店舗兼居住の形態をとるものは、各施設とも多くて4区画（I市場）で、他は0～2区画という状況である。

　以上のことをまとめると、調査対象の小売市場・商店街は多くが空き家（非利用）となっている。一方、利用しているものの多くは居住に転用されている。店舗率は低く、その店舗も従来のような居住兼用の店舗が減少し、居住は別の場所に移すという店舗経営者が増えているという状況である。

（2）利用者の評価——周辺住民のアンケート調査から

　周辺住民に当該小売市場・商店街についての意見や日常の買い物についてアンケート調査を行った。なお、調査ではC市場とD市場、G市場とH市場、L市場とM商店街は連続して立地しているため、一つの施設としてアンケート調査を実施した。

　調査の中で、施設の防災・防犯面での不安の有無を自由記入方式で質問した。その結果、次のような内容が記述された。

①**物的環境への不安**：

　「建物やアーケードの老朽化」「古い」「木造」「倒壊の心配」「暗い」「通行の道路が狭い」「密集している」「設備（電気、ガス、水道）の老朽化、点検の有無」「見苦しい」「外観がきたない」など

②**社会的環境の不安**：

　「用心が悪い、物騒、こわい」「放火の心配、火災の心配、類焼の恐れ」「防犯上の心配」「盗難にあった」「人通りが少ない」「さびしい」「子どもの通行に不安」「溜まり場になっている」「たむろしている」「夜間の見回りをしてほしい」「深夜の管理体制への不安」など

③**営業・経営等への不安**：

　「品物が揃わない」「内容が充実していない」「開いているのか、閉まっているのかわからない」「空き店舗、空き家が多い」「シャッターが閉まっている、店が少ない」「食品の衛生面への不安」「活気がない」など

④存在自体への懸念：

「小売市場の機能を果たしていない」「取り壊す、再開発して」「スーパーにして」など

　これらの意見をみると、不特定多数の一般市民が出入する小売市場・商店街でそもそも、物騒、こわい、見苦しい、きたないといった印象を持たれる状況であることだけでも、最早その存立意義を疑われてもしかたがない。また、買い物に行っても品物が揃わない、内容が充実していないといった意見は、買い物客ができるだけ一つの場所で買い物を済ませたいという行動心理を持っているにもかかわらず、調査対象の小売市場・商店街はその要求を満たしていないことを示しているように思われる。現に、普段の買い物場所をたずねた質問では、どの施設の周辺住民も9割以上（小売市場・商店街が集積した中心市街地の一角にあるJ市場だけは約7割）が「スーパー」で買い物をしていると回答している。

　もちろん、個店で品質、品揃え、価格などを工夫して一定の顧客を確保している例もあろうが、一つの店で満たせる買い物への要求には限りがある。その点からみても、調査対象の小売市場・商店街はこのままで商業集積として生き残るのは難しいように思われる。

　それでは、周辺住民の当該小売市場・商店街への評価をみておく。

　まず、防災・防犯上の「不安はない」と回答した比率と、上記①～④の内容を理由として「不安がある」と回答した比率との差を算出して、「安心DI」と名付けた。

　次に、当該小売市場・商店街に対する意見（自由記述）を、その存続という視点から「好意的・肯定的意見」「中間的意見」「否定的意見」に分類した。

　結果として、存続に対する好意的・肯定的意見は少なかった。最も比率が高いC市場・D市場でも20.7％であり、最も低いF市場では9.1％しかない。好意的・肯定的意見は、現在でも買い物に行くお店があったり、以前活気があった時期の当該小売市場・商店街を知っており、その活気ある状況を懐かしんだり、現在の町をそういう状況にして欲しいと望むものまで含まれる。

一方、否定的意見の比率はいずれも高く、最も低い施設でも4割以上ある。とくにE市場、F市場、G市場・H市場、K市場で70％台にのぼる。その理由は、概ね施設の防災・防犯面での記述①～④と類似している。

この「好意的・肯定的意見」の比率と「否定的意見」の比率との差を算出して、「支持DI」と名付けた。

こうして施設ごとに算出した「安心DI」を横軸に、「支持DI」を縦軸にとって図に示したのが図2である。

図2においてその小売市場・商店街の評価が第1象限にあれば、その商業集積は安心して買い物ができ、買い物ニーズを満たし、買い物客から将来にわたっての存続の支持を得ている評価を受けているといえる。

ところが、調査対象の小売市場・商店街はほぼ第3象限に分布している。買い物での安心・安全の確保への不安、買い物ニーズに応えられていないこととともに、将来への存続に支持が得られていないことを如実に示している。

ちなみに、調査対象の小売市場・商店街の周辺でほぼ徒歩圏である500m以内には、2施設を除いて、いずれも2～3の大規模店舗、スーパー、他の小売

図2　周辺住民の施設に対する安心度・支持度

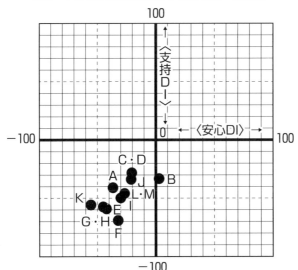

市場・商店街が存在する。残り2施設のうち1つはJ市場で、中心市街地にあるため、9もの大規模店舗、スーパー、他の小売市場・商店街がある。つまり、周辺住民にとってJ市場は、大集積の中の一つで、その依存度はその意味からすると低いのではないかと推測される。

唯一500m圏内にそれらの施設がないK市場は、それでも1km圏内には商店街、スーパー等がある。ただし、K市場周辺に居住する高齢者は、K市場に依存しているとは言えないものの、買い物に不便を感じている様子が、アンケートの回答に散見された。

(3) 施設設備の状況

①アーケード

調査した13施設の小売市場・商店街には、6施設でアーケードが現存している。そのアーケードはいずれも老朽化し、中には破損がひどいものもある。台風など暴風雨や地震の際には倒壊の恐れがあり、市民の安全・安心の面から言えば、撤去するのが望ましいだろう。しかしながら、すでに店舗も少なく費用負担が重くのしかかるため、手つかずのままで放置されているのが現状である。また、管理する組織すら消滅している施設が13施設中10施設あり、残り3施設のうち2施設は任意の組織であり、1施設のみ管理組合が現存しているという状況で、その点からも施設を十分な維持管理できる状況にはなくなっている。

②建物

老朽化の問題は、アーケードだけではない。小売市場施設は基本的には出入口に扉を設けた閉鎖型をしており、真ん中に通路を設けその両側に店舗兼住宅が並ぶ形式が多い。建物そのものも木造で老朽化したものが多いし、中央の通路上部を覆う大屋根も老朽化や破損がみられる。唯一B市場の西側棟は以前に火災にあったため、1974（昭和54）年に鉄筋コンクリート造に建て替えられているが、それでもいわゆる新耐震基準前の建物である。

つまり、調査対象となった13施設の多くは、建物自体も古く、そのままで

は、店舗として利用するにも住宅に転用するとしても、倒壊、火災・延焼の危険をはらんでいるといえる。

とくに、調査対象となった小売市場・商店街は、四周すべてを道路に囲まれた施設はなく、道路と接するのはせいぜい1～2面で、場合によっては短辺の出入口2か所だけという施設もある。このことは、多くの施設が消防活動に非常な困難を伴うことを意味し、火災が発生すれば大規模なものに拡大する恐れがある。

③防火設備等

それでは、火災などに対してどのような備えがあるのか。結論からいえば、はなはだ覚束ない状況にあるといえる。

調査では、13施設についてそれぞれ、消火器、屋内消火栓、屋外消火栓、スプリンクラーといった消火設備、非常警報装置、自動火災報知設備、漏電火災報知機などの通報設備、避難器具、誘導灯といった避難設備の設置場所、設置個所数、設備の状態などを確認した。

13施設で、消火設備、通報設備、避難設備がすべて揃っているいわば万全の状況にある施設はない。設置しているとしても多くは消火器ぐらいだが、中には期限切れとなったものをそのまま置いているだけで保守点検ができていないものもある。代わりにバケツに水を入れたものを所どころに置くという方法で急場を凌ごうとする施設もあった。通報設備も多くは設置していないし、設置していても不備があって機能していないものもある。避難設備は誘導灯ぐらいだが、これも中には電源が切れているものもある。

確認した結果、13施設中10施設は火災に対する備えがほぼ無いに等しい。残る3施設も一応の備えはあるものの十分とは言えない状況である。

さらに、こうした防火設備は、保守管理をする組織があること、いざという非常時に目が届く店舗等の従事者等がいることという条件が揃ってはじめて機能すると考えられるが、調査対象の13施設はいずれも十分とはいえない、防火・防災上では危険な状況にすらあるとみるべきだろう。

4　調査結果（2）
——土地・建物の所有状況と店舗経営者や居住者の意識

　以上のようにみてくると、尼崎市の中でも利用率が低く、店舗数が少なくなった小売市場・商店街をそのままの状況で維持することは難しいし、何よりも周辺住民がその存続を望んでいない状況にあることが分かった。加えて、施設設備の状況からすれば危険ですらある。また、そうした都市空間を未利用のまま放置することも都市経営の視点からすれば非効率であることも事実であろう。

　しかし、だからといって現に店舗を経営する人、そこに居住する人がいて生活を営んでいる以上、簡単に方向転換するのも難しい。そういった人々の意向を確認しつつ、将来のあり方を検討する基礎資料としてここでは、土地・建物の権利関係、権利者それぞれの意向を確認することとした。

（1）土地・建物の所有関係

　土地の所有者、建物の所有者、土地・建物の利用者が調べ、その結果から表3のように分類した。その結果を区画単位の配置図で示したのが別図2（ここでは紙幅の関係で省略）である。また、土地・建物の所有形態別区画数を小売市場・商店街ごとに表4に示した。

　表4で示したように、土地・建物の所有者と利用者のパターンをみると、大きくはⅠ～Ⅲ（表4右欄）のように分類できる。

表3　土地・建物所有と利用関係の類型

No	所有関係	記号
1	土地・建物を所有し、自らが利用	AAA
2	土地所有者とは別の人が建物を所有しかつ利用（借地）	ABB
3	土地・建物所有者とは別の人が利用（借地、借家）	AAB
4	土地と建物を別々の人が所有し、利用者は第3者（借地、借家）	ABC
5	非利用（土地と建物所有者は同一）	AAO
6	非利用（土地と建物所有者は別）	ABO

表4　各小売市場・商店街の所有形態別区画数

市場・商店街	利用関係の類型						7不明	合計	所有類型
	利用				非利用				
	1 AAA	2 ABB	3 AAB	4 ABC	5 AAO	6 ABO			
A市場	0	6	1	2	4	6	0	19	II
B市場	13	0	1	0	26	1	3	44	I
C市場	2	0	3	1	7	0	0	13	I
D市場	2	0	3	0	7	0	1	13	I
E市場	13	0	6	0	19	0	1	39	I
F市場	6	0	1	0	18	0	0	25	I
G市場	18	0	3	0	20	0	0	41	I
H市場	18	0	2	0	14	0	1	35	I
I市場	0	14	0	3	8	12	1	38	III
J市場	0	12	1	0	36	6	2	57	II
K市場	5	5	2	4	13	7	0	36	III
L市場	4	0	1	0	9	0	1	15	I
M商店街	4	2	1	0	3	1	2	13	I

（注）トーンをかけているのは、利用関係の類型で件数が多いものを示す。また、トーンの濃淡は所有類型のI〜IIIのタイプ別に変えている。

　典型的類型Iは、土地と建物を同一人物が所有し、自らが利用（AAA）、もしくは他者の貸している（AAB）のパターンで構成され、土地所有者と建物所有者が異なる（ABB）のパターンはない。B市場、C市場、D市場、E市場、F市場、G市場、H市場、L市場、M商店街がこれに相当する。これらは非利用区画でも、土地・建物の所有者は同一人なので、ABOは少なく、AAOの類型が多い。

　この類型の施設は、基本的には区画単位で土地・建物をそれぞれ所有していて、その所有者が異なるため、極端にいえば区画数分所有者が存在することになり、権利関係者が多い。ただし、この類型の施設では、区画単位では土地と建物の所有者が同一であるため、区画ごとの将来方向の意思決定はしやすい。

　類型Iの中では、AAB（土地と建物が同一人で、利用者が異なる）が1区

画と少ない施設からE市場のように6区画と多い施設まである。

　第2の典型的類型Ⅱは、「利用」ではAAAの区画が無く、ABBが多いパターンで、施設全体の土地を一人（あるいは一親族）が所有し、建物は区画ごとに別の人が所有するという類型である。これにはA市場、J市場が相当する。

　この類型Ⅱは、成立過程を考えると、一人の地主が自分の土地に市場施設を建設し、その利用者が建物を買い取ったという経緯が想定される。中には買い取りではなく建物も賃貸形式のまま利用しているものもあり、AABやAAO（AABの形態から店舗経営または居住がなくなり非利用になったと考えられる）のものもある。また、一度売った後、近年になって買い戻すことで、AAOになったものもある。

　この類型Ⅱの場合、土地のすべて、あるいは多くを一人（一親族）が所有しているため、今後の方向性を考えるのに大きな牽引力になり得るが、逆に言えば区画単位でいえば、土地所有者と建物所有者が異なる点では意見調整は難しさがあろう。

　以上のⅠやⅡの類型に入らないのが、Ⅰ市場とK市場である。これをここでは類型Ⅲとしてまとめたが、それぞれ事情は異なる。

　まずⅠ市場。この施設は所有関係が複雑で、大きく3つのエリアで異なる。第1のエリアは外部に土地所有者（一人）がいて、そのエリアの建物は28人の権利者がいる。第2のエリアは別の外部の土地所有者（一人）がいて、第1のエリアと同じ28人が建物の権利を持っている。第3のエリアは、市場組合で信託登記した土地と一部個人所有の土地に、第1のエリアの建物権利者28人のうちの22人と、それに加えて別の7人計29人の権利者がいる。つまり、この施設はとくに建物の権利関係が非常に複雑な状況にある。

　次にK市場。これはむしろ類型Ⅱに近いかもしれない。土地を持っていた一人の地権者が建物を建て、それを利用者に分譲または賃貸していった結果、現在では利用のある区画は、AAA、AAB、ABB、ABCの各パターンがみられるし、非利用の区画でもAAOとともにABO（建物を分譲した後、買い取った権利者が空き家状態にしている）がみられる。

　これらの類型Ⅲは、権利者が多数でかつ権利関係が複雑という点で今後の整

備には難しさが想定される。

(2) 店舗経営者の意向

13施設すべてで店舗経営者のほとんどに、継続意向をたずねた。全55店舗中53店舗に聞くことができた。そのうち、42店舗（79％）が継続したいという。「廃業する・する予定」「移転したい・してもよい」は6店舗で少ない（これ以外は不明）。

つまり、現在営業している店舗数はどの施設も少ないものの、経営者の多くは、今後も店舗経営を続けていきたいという意向を持っている。

そこで、店舗を営業している区画の土地・建物の所有形態との関係をみた（表5参照）。

表5　店舗の土地・建物の所有形態

市場・商店街	店舗数	土地・建物の所有形態			
		1 AAA	2 ABB	3 AAB	4 ABC
A市場	2		2		
B市場	5	5			
C市場	2			1	1
D市場	1	1			
E市場	3	1		2	
F市場	2	2			
G市場	4	2		2	
H市場	8	8			
I市場	6		6		
J市場	13		12	1	
K市場	3	1	2		
L市場	3	3			
M商店街	3	1	1	1	
合計	55	24	23	7	1
構成比(％)	100.0	43.6	41.8	12.7	1.8

55店舗のうち、24店舗（44％）は土地・建物ともに所有して営業している。また、23店舗（42％）は、土地は借地であるが建物を所有して営業している。残り8店舗（14％）が土地も建物も借りて営業をしていることになる。

　つまり、約4割は営業に地代、家賃が不要（固定資産税は別）であり、ほかの4割も地代だけで家賃は不要という状況にある。わずか8店舗（約1.5割）だけが地代、家賃を負担して営業している。

　このようにみると、土地・建物の両方もしくは建物だけを所有して店舗経営を行っている場合が多く、その点で営業上の経費負担は軽い。

　調査では店舗に対して詳しい内容でのヒアリングはできていないが、先に示した店舗の継続意向が強いというのは、そういった要因があってはじめて成り立つものではないかと考えられる。これも具体的に質問できていないため想像の域をでないが、こういった店舗を次世代に引き継いでまで継続しようとする店舗はそれほど多くないと考えられる。なぜならば、経費をかけずに営業はできるものの、最早そこにはいわゆる「儲かる仕組み」が見いだせないからである。

（3）居住者の永住意識

　居住についても店舗と同様にみてみよう。

　13施設で、居住している区画は全部で111区画あった。そのうちヒアリングできたものはそれほど多くはない。そのため、居住者全員の意向という訳にはいかないが、意見の傾向はみられた。

　全体で36件から意見を聞くことができた。そのうち、31件（86％）で「永住希望」という意見であった。「移転希望」または「移転も可」とするのはわずか2件でしかない（他の3件は不明）。

　つまり、現在住んでいる人の多くは「このまま住み続けたい」という意向である。

　調査で統計的に出した訳ではないが、意見を聞く中で居住者の高齢化も移転したくない理由の一つではないかと推測できる。また、土地・建物の所有状況も移転を希望しない理由ではないだろうか。

表6に居住区画の土地・建物の所有形態別の件数を整理した。

居住区画の7割以上が土地も建物も所有して居住していることがわかる。建物だけを所有するABBの形態を加えると8割に近い。それに対して、借地・借家で居住しているのは約2割にとどまる。

地代や家賃もかからずに居住していて、しかも高齢者であればなおのこと、新たな負担をしてまで移転しようとは思わないのは当然かもしれない。

都市経営、都市整備あるいは土地の有効活用という観点からの地域の整備は、こういった費用負担の問題を解決しなければいけないというハードルがあるのもまた事実であろう。

表6 居住区画の土地・建物の所有形態

市場・商店街	居住区画数	土地・建物の所有形態				
		1 AAA	2 ABB	3 AAB	4 ABC	不明
A市場	6		4		2	
B市場	10	10				
C市場	2	2				
D市場	4	2		2		
E市場	15	12		3		
F市場	5	4		1		
G市場	17	15		2		
H市場	13	11		2		
I市場	15	12			3	
J市場	2	2				
K市場	11	4	1	2	4	
L市場	3	2		1		
M商店街	8	4	2			2
合計	111	80	7	13	9	2
構成比(%)	100.0	72.1	6.3	11.7	8.1	1.8

5　今後に向けて

　これまで、尼崎の中でも、店舗数が少なくなった小売市場・商店街を調査して得られた実態を整理してきた。以下、それらの結果からみえてくるものについて述べていきたい。

（１）商業集積としての再生は難しい

　調査対象とした13施設は、店舗数が非常に少なく、いわゆる商業集積といえる状況にはない。店舗の集積状況からすれば、いわば街なかに店舗が散在しているのと何ら変わりがないのである。さらに、そういった数少ない店舗が小売市場という老朽化した閉鎖空間に立地することで、市民の安全・安心の観点からもより問題を深刻化させている。

　周辺住民からは、安全・安心、あるいは買い物ニーズの充足という点や将来の継続性といった点からも評価が低い。ということは、たとえ商業施設として再建しても（その場合、当然その費用負担が必要で、費用対効果ということも考慮しなければならない）、再生は難しいと考えざるを得ない。ましてや単に空き店舗活用で補助して１、２店舗増えても効果を期待することは難しい。

　その理由の一つには、当該施設の周辺（半径500mの徒歩圏）には、すでに大規模店舗、スーパー、他の小売市場・商店街が存在し（13施設中１施設だけは500m圏内にそれらの施設がない）、それらと競争に打ち勝っていかねばならないというハードルがあるからである。

　一方、13店舗残りが残るＪ市場について考えてみる。Ｊ市場は、生鮮三品ほかいくつかの店舗が残っているもののその店舗種類は十分でないことは先に示した。加えて、この小売市場では市場の延長距離が長く、そこでの店舗が疎らであるため、買い物客に買い回りをしてもらうには少し無理があるのではないかと考えられる。しかも、そもそも小売市場の立地位置が、店舗集積（他の商店街や小売市場群）の端部に位置し、周辺の店舗群に比べて客が行くのに不利な条件にある。たとえ13店舗を１か所にまとめたとしても、立地位置の不利さ

は依然として残り、店舗構成の不十分さ、建物の老朽化による今後長い間の利用には限界があることなどから、安易な整備はそれほど効果が期待できるとは思えない。

（2）小売市場・商店街等、集積全体をマネジメントする力が必要

　小売市場・商店街は、調査対象とした13施設以外でも徐々に衰退傾向にある。その一因は、商業集積全体をマネジメントする力が働いていない（そうした力が働く構造にない）ことではないか。

　周辺住民のアンケート調査でも、買い物では、品揃えや内容が充実していることが必須条件のようにあげられていた。分かりやすくいえば、一つの場所で効率よくひと通りの買い物ができることを住民は望んでいるのである。野菜も魚も肉類も、さらに日用品、雑貨なども効率よく買いたいと思うだろう。商業集積としてはそうした店舗がひと通り揃っていないとなかなか足を向けてもらえない。個店では競争力に限界がある。そうした点から住民が日常の買い物場所にスーパーを選ぶのはしごく当然の選択ともいえる。

　加えて、スーパーや百貨店であれば、売れない店舗はさっさと転換して、売れ筋の店舗に変えることを躊躇なくできる。また、例えば野菜でも、高級品から廉価品まで取りそろえ、客の選択肢を広げる（幅広いニーズに応える）といったマネジメントができるのである。あえて言えば、スーパーや百貨店でさえそうしなければ生き残れない時代であるともいえる。

　調査対象の小売市場・商店街がそういった店舗群を揃えて再建されたとしても、変化に対応するマネジメント力が働かないと、再び衰退の道をたどることになりかねない。そういった点を商業者がどのように理解し、判断するのかが地域整備の一つの分岐点にもなろう。

（3）調査対象の多くは住宅地としての整備方向が考えられる

　調査対象の13施設は、現在の店舗数、居住数、周辺の土地利用等から考え、

(1)で述べたように基本的には商業集積地としての再生の可能性が低いとすれば、多くは住宅地としての整備方向が考えられる。

　現に、表1 (p188) の転用率で示したように、小売市場・商店街の一部がすでに戸建やマンションなどに転用されている施設もある（C・D・L市場、M商店街)。また、店舗率より居住率がはるかに高くなっている点をみても、住宅地への指向が妥当だと考えられる。これに該当する施設は10施設である。

　住宅地を指向するにしても他も要素を考えるべき施設はB・H・J市場の3施設あるように思われる。この点については、次の①に示す。

①住宅地整備も含めて他に考慮すべき点のあるケース

　まず、B市場。この施設は一部の区画は背中合わせに商店街店舗と接するなど、そもそもの商業集積はもっと広い。今回の調査では、小売市場施設のみを対象としたが、地域整備は小売市場と商店街を含めて一体的に行われることが望ましい。隣接する商店街も衰退が目立つため、両者合わせても商業集積としての再建は難しいと考えられるが、ある程度の広がりがあるため、その整備方向は地域地区のまちづくり全体の性格づけにも影響するだろう。逆に、一体的整備を考えなければ、取り残された部分が後に整備しようとしても、接道条件などより厳しい状況に追い込まれ、身動きがとれなくなる可能性がある。この点については後の③で触れる。

　第2はH市場。これはG市場と南北に連続して位置している。両者合わせると現状で12店舗になる。国道に接するH市場の場所であれば、既存店に加えて新規参入店があればそれなりの集積ができないかという可能性も探れないだろうか。もちろん、(1)で述べた商業集積としての再生の難しさがあることには違いないが、店舗の継続意向が強いという点も考慮すれば、その可能性はないかと考えるものである。ただ、いずれにしても経営者や権利者がどこまで覚悟をもって取り組むかにかかっているのはまちがいない。

　第3はJ市場。これは尼崎市の中心市街地の中に位置するものである。しかし、最寄り駅からいえば、中心市街地の端部に位置するのと、メインストリートから一筋はずれていることもあって、衰退してきたようだ。現状では店舗は

少しあるものの、居住区画は少ない。ここも周辺部とうまく調整しながら、もっと広い範囲での整備の視点が必要だと考えられる。

②店舗移転の仕組みが求められる

　店舗数はそれぞれ少ないものの、多くの店舗が継続意向を持っていることは先に示した。住宅地を指向して整備するにしても、意欲ある店舗を閉鎖させることになるのは望ましくない。

　そういった意欲ある店舗は、他の商業集積へ移転してもらい、その店舗も継続でき、入居した商業集積もにぎわい・活力が生まれるという方向ができればうまい。もちろん、元の場所での顧客との関係をそのまま別の場所でというのは難しいかもしれないが、少なくとも移転に伴う費用負担など、商業者の一定の理解が得られる仕組みづくりが必要だろう。

③部分的な整備は、残る他の整備を難しくする場合がある

　13施設の配置をみると、これらの施設の再生のポイントになるのは、それぞれ施設がどの部分で接道しているかという点であると思われる。

　M商店街以外のA～Lの12は小売市場施設で、基本的には中央部に通路があり、その両面に店舗が面し、全体を大屋根で覆う形式のもので、形状はⅠ形である。それを基本として、敷地状況によってL型、T型のものがみられる。

　この施設がどのように接道しているかを整理したのが表7である。形状によって若干の違いがあるが、Ⅰ型のものでいえば、その建物や敷地が短辺で接しているもの、長辺で接しているものによって敷地利用の可能性が大きく変わる。理想的には四周が道路に接していれば最も自由度は高いが、その形状のものはない。

　多くの小売市場施設はⅠ型の短辺で接道し、長辺は民地と接する形態になっている。表7で備考欄に※印を入れた7施設が該当する。他には街区の角に位置するものが4施設ある。この形状のものは※印の7施設よりも整備の自由度は高いといえる。

表7 各施設の接道状況

市場・商店街	接道状況		
	短辺	長辺	備考
A市場	2	1	一部を含めると角地
B市場	3	0	※
C市場	2	0	※
D市場	2	0	※
E市場	2	1	角地
F市場	2	0	※
G市場	1	0	※
H市場	1	0	※
I市場	2	0	注）1街区ともとれる
J市場	2	0	※中間に道路あり
K市場	1	1	角地
L市場	1	1	角地
M商店街	中央部の道路に沿って店舗が立地する開放型		

　上記以外としてはI市場がある。この小売市場は基本形態としては、I型で※印を入れた形態のものと同一である。ただし店舗に接する通路側区画と背中合わせになっている区画は、小売市場の店舗と同一利用者が利用しているのではないかと推測される。そうだとすると、小売市場空間だけでなく長辺側に隣接する民地は一体的利用がされていることになり、そういった実態であれば、I市場は四周が道路に面していることになる。ただし、この点については調査ではその実態を解明するまでには及んでいない。

　以上のように小売市場施設は周辺の民地との接し方、接道の仕方によってその後の整備のしやすさや、整備形態に大きく影響する。

　ただし、ここで留意しておくべき点は、次の模式図のようなケースである。

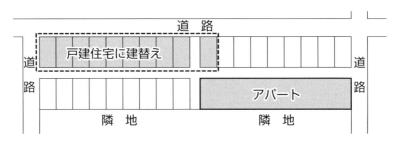

この模式図では、白抜きの部分が小売市場として数軒の店舗が残っていることを示す。南東部はアパートとして以前に建て替えられ、最近北西部の10軒が戸建住宅に建て替えられた。残された北東部の8軒は北側と東側に接道するのでまだしも、南西部の9軒は西側妻壁部分で接道しているだけなので、更新のための建替えはかなり厳しい状況になることが容易に想像できる。本来ならば、北側の戸建住宅になった部分と一体的に更新すれば、建替え後の建物形態にかなりの自由度がでると思われるが、そうはいかなかったようだ。
　以上のような、一つの建物空間を形成する小売市場に対して、商店街は中央部の道路に店舗が面している。道路上部に設置されたアーケードはその老朽化もあって撤去する方が望ましいが、個々の店舗についてはその動静が他を規制することはないので、整備更新については個々に行えばよい。

（4）早急に対処すべき行政の課題

　衰退した小売市場・商店街の状況から、行政がかかわってでも早急に対処すべき点が2つある。
　1点目はアーケードの撤去である。アーケードのほとんどが老朽化し、中には崩れかけのものもあるほど傷んでいるものもある。また、店舗が少ないこともあって保守点検もままならない。ほとんどが役にたっていないばかりか、うす暗く晴れの日の伸びやかさを阻害している。何よりも風雨等による倒壊の危険が懸念される。この点については、(公財)阪神・淡路大震災復興基金が行っている「商店街整備事業」がある。その中に「商店街共同施設撤去支援事業」があり、老朽化したアーケード等の共同施設を撤去する事業に対して補助（補助率が3分の2、補助限度額が10,000千円）されるもので、まず、この適用を受けるようにすることがポイントになろう。しかし、今回の調査対象のように、店舗数も少なく、そもそも商業団体としての組織体がないため、この補助金の対象とはならず、事業化が進まない施設が大半である。補助を受けられる方法の検討や、市が独自で補助金を設定することも検討して、併せて活用できるようにするなど、実現の向けての手立てが必要となろう。

2点目は、老朽化した施設の火災等の懸念への対策である。すでに施設の一部で火災が発生し、鎮火後にその部分だけブルーシートをかぶせただけで放置されているものもあり、倒壊の恐れすらある。土地や建物所有者が店舗を経営したりや居住している場合は、ヒアリングした範囲では火災保険等に加入しているものが多かったが、非利用（空き家）の場合はそうとは限らないだろう。

保険の問題もさることながら、防災のための設備充実と非常時の訓練等の指導強化、さらには、火災等発生後の処理等を円滑に実施できる、あるいは危険家屋は強制的にでも撤去できるなど、市民の安全・安心を確保する制度の検討も必要だろう。

（5）施設や地域の再整備の検討

今回調査した小売市場・商店街の多くは、商業施設というよりも生活利用（居住用）の側面が強い。また、店舗にも住居にも全く利用されていない空き家状態のものも多い。建物はほぼ老朽化した木造であり、老朽木造住宅の密集の様相を呈している。こうした状況のまま、比較的利便性の高い市街地において土地利用が適正に行われることなく放置される結果となっている。このことは所有者個人にとってもその街にとっても多大な損失といえるだろう。そういった資源を有効に活用できるような仕組みづくりこそ、今求められている。

本来、老朽建物は所有者の自主建替が基本である。また、再整備にかかる費用そのものは権利者が負担し、そこから得られる利益を享受することになる。しかし、一部の施設においては、狭小な敷地や未接道敷地があり、建替を進めようにも手の打ちようがない敷地が出現し、自主建替が難しい地域もある。市民生活の安全・安心を守るためにも、公共の役割として適切な制度を用意する必要がある。

地権者、建物所有者等が施設の整備に積極的であるならば、相談窓口の設置、コンサル派遣費用の補助、また、まちづくりの観点からの施策の適用も検討課題となるだろう。

この点については産業政策というよりむしろ都市政策に係る課題かもしれな

い。部局を越えて連携した対応が求められる。

（6）商業政策における小売市場・商店街

　今回調査対象とした小売市場・商店街は店舗数も少なく、非利用（空き家）区画も多い状態にあり、ほとんどが商業集積としての再生が難しいといえよう。
　これらほどではないものの、市内に現存する他の小売市場・商店街では、非利用（空き店舗）率が高いものから、空き店舗もあまりなく活力ある事業展開をしているものまである。
　とはいえ、今回の調査で浮き彫りにできた小売市場・商店街の品揃えや商品内容の充実、あるいは本節の（2）で指摘した住民ニーズに柔軟に対応できるマネジメント機能を持つことなどの課題は共通にあるかもしれない。
　店舗の集積状況や事業活動をていねいに確認しながら、意欲をもって積極的に活動する小売市場・商店街を支援していくことは、今後とも商業政策の一つの柱であることにはまちがいない。それは事業者への支援もさることながら、市民の日常生活を維持・発展させるという意味において重要なのである。
　行政の限られた財源のなかで、すべての小売市場・商店街を昔のように再生することは難しい。意欲ある事業者の支援をしていくことに主力を置かざるをえない。
　そのように考えると、例えば、「尼崎市商業活性化対策支援事業補助金交付要綱」に基づく事業の一つである「空店舗活用支援事業」でも、空店舗率が高い小売市場・商店街に1店舗や2店舗増えたとしても所期の目的を果たすことは難しい。より投資効果が期待できるところに集中する方向も検討されるべきだろう。
　そのためにも、市内に立地する小売市場・商店街の実態をていねいに確認し続けることが必要である。

【追記】本報告の文責は筆者にある。一方、広範多岐にわたる調査を遂行し、調査対象の小売市場・商店街にかかる実態を明らかにした成果は、当機構の諸氏に負うところが大きいことを書き添えたい。

XIII 尼崎市における女性労働に関するアンケート調査

櫻井 靖久
公益財団法人尼崎地域産業活性化機構　調査研究室

1　調査の概要

(1) 調査の背景と目的

　日本は、グローバル化や少子高齢化によって、大きく環境が変化している。それにともなって、社会に多様性（ダイバーシティ）が必要となりつつある。たとえば、グローバル化した企業は、文化も社会も異なる海外で事業活動を行っている。また、国際的な M&A は、日本企業でも海外の文化や社会のルールを持った企業の傘下に入る場合もある。一方で組織の外に目を向けてみると、市場では、成熟化によって少品種大量生産の製品よりも、多品種少量生産の製品のほうが受け入れられるようになっている。このように、日本は海外という外部と日本市場という内部も多様化しているのである。こうした、社会の多様化に適応するために、企業も多様化する必要があるという意見が大きくなってきている。

　しかし、こうした社会の多様性に対応するために、企業が多様化することにどのような意味があるのかという点では議論が続いている。つまり、企業の多様性は、売上や収益に貢献するのか、生産性や従業員のモチベーションを高めるのか、イノベーションを引き起こすことができるのか、という事業活動に影響するのかどうかということである。これまでの研究や調査では、短期的な収益や生産性には結びつかないが、イノベーションや問題解決には有効であるという結果が出ている。そこで、尼崎の地域経済活性化、市内企業の活性化に取り組むという視点から、本調査では多様性の一つである、女性の労働について

尼崎市での実態を調査することにする。

　尼崎市に限らず、日本では人口の減少による労働力不足が懸念されている。たとえば、国立社会保障・人口問題研究所の推計では、2060年には9,000万人を割り込むと予測されている。また、尼崎市では、2040年の将来人口は、約45万人から約35万人に減少すると予測されている（図1参照）。こうした人口減少は、税収の減少やマーケットの縮小といった全体のパイの縮小が問題であるだけではない。問題は、生産年齢層（15歳〜64歳）の減少である。尼崎市では、約30万人から18万人に減少すると予測されており、労働人口の減少による経済への影響が懸念されている。

　こうした背景を視野に入れて、尼崎市の女性の労働参加率をみると、年齢階層別に見た女性の労働力率は、25歳から全国平均を下回っている（図2参照）。特に、30〜59歳の労働力率は、全国の66.8％に対して63.7％と3.1ポイント下回っている。これを、全国並の比率にするだけで、約2,800人の労働者が増加する計算になる。このように、尼崎市では潜在的な労働力として女性が眠っていると言える。人口減少による労働力不足の解決策として、女性が活躍するこ

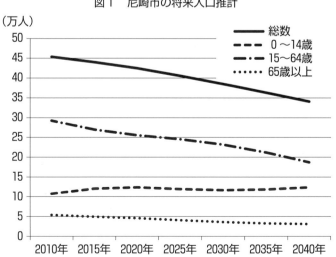

図1　尼崎市の将来人口推計

出所：国立社会保障・人口問題研究所

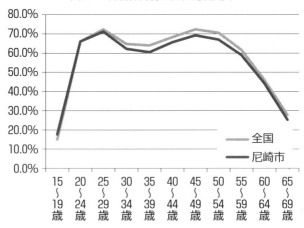

出所:総務所「労働力調査」

とは有効な解決策とみることができる。

　また、こうした労働力の不足という量的な問題に加えて、生活の質を充実させるために、これまでの働き方とは異なるワークライフバランスが重視されているという背景もある。これは、社会の成熟によって価値観が多様になることで、労働以外の生活に生きがいや充実を求める人が多くなっているためである。そのため、尼崎市でもワークライフバランス社会を実現することが、住みやすい街づくりにつながると考えられる。

　しかし、これまで女性が労働力として活躍できなかったのは、社会的・制度的な様々な制約があったためである。そうした制約を取り除くためにも、現在の尼崎市では、女性が活躍するためにどのような制約があるのかという実態を把握する必要がある。また、そうした制約は女性が社会進出しようとすることに対してだけでなく、企業が女性を採用しようとすることに対しても影響している。つまり、企業が女性を採用する時の判断に、社会的・制度的な制約、企業の業績低下への不安や経営方針として男性中心に採用してきたこれまでの慣習に対する影響が存在している可能性がある。そうした、企業側の実態についても知る必要がある。そのため、本調査はそうした問題意識に基づいて行っている。

（2）アンケート調査の概要

・調査主体（共同調査）：尼崎商工会議所、（公財）尼崎地域産業活性化機構
・調査対象：尼崎市内の従業者5人以上の中小企業
・調査方法：アンケート調査（調査票をFAXにより配布・回収）
・調査時期：平成26年12月
・調査項目：女性の従業員数・職種・採用方針、女性採用時に期待（躊躇）すること、休業制度の有無など
・配布回収状況
　　総配布数：935件（うち無効配布数：35件）
　　有効配布数：900件　……【A】
　　有効回収数：173件　……【B】
　　有効回収率：19.0%　……【B】÷【A】×100（%）

2　アンケートの結果

（1）回答企業の属性

①産業分類と取引先の地域

　回答企業を産業分類別（図3）にみると、製造業が37.4%と最も多く、次いでサービス業が24.6%、建設業が21.1%で、この3業種で80%以上を占めている。また、製造業と非製造業に分けると、前者が58.5%、後者が41.5%となっている。

　取引先の地域は（図4）、全体では日本全国が47.6%、海外が17.1%で、両者の重複回答を除いた47.4%が、日本全国もしくは海外を取引先としており、特定の地域に限定していない。一方で、尼崎市内が14.1%、関西圏が38.2%で、両者の重複回答を除いた52.6%が取引先の地域を限定している。

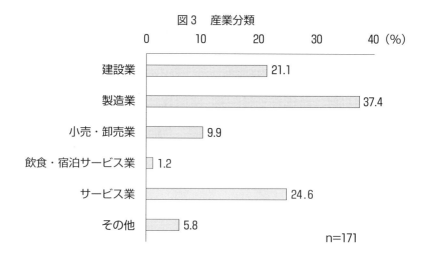

図3 産業分類

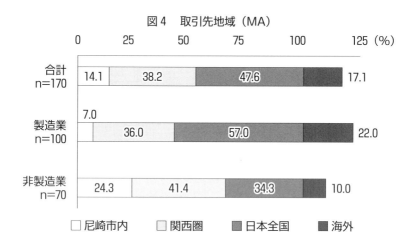

図4 取引先地域(MA)

②売上高と収益

売上高（図5）を見ると、8割以上の企業が売上高1億円以上で、10億円以上の企業も約2割を占めている。製造業は非製造業よりも比較的売上高が大きい傾向がある。収益は（図6）、約7割の企業黒字で、製造業、非製造業ともに差はほとんどない。

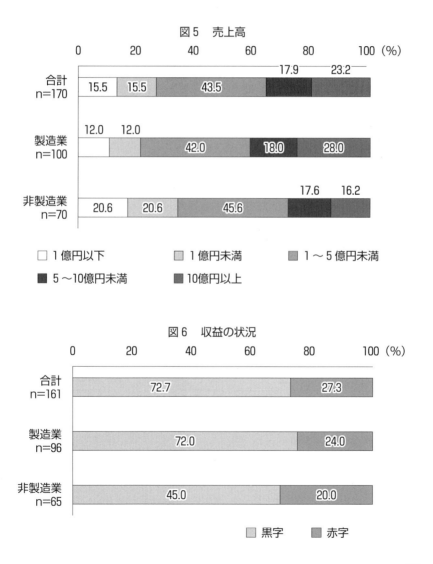

（２）尼崎市における女性従業員採用の実態

①女性労働者数・比率と分布

アンケートの結果（表１）から、女性従業員の比率は、全体の合計から見ると、正社員が20.5％、管理職・役員が13.3％、非正規社員が67.6％、全体が30.5％である。非正規社員の比率が非常に高くなっており、そのことが全体の女性社員比率を押し上げている。一方で、非正規社員を除いた正社員で見ると、19.4％である。

また、女性従業員数でみると、平均がそれぞれ5.2人、0.7人、6.0人となっている。しかし、中央値を見ると、それぞれ２人、０人、１人なので、一部の企業の女性従業員数が多いために、平均値が高くなっているとみられる。

表１　従業員数と女性従業員数

			正規社員	管理職・役員	非正規社員	全社員	正社員※
合計		全社員数	4,182	773	1,484	6,439	4,955
		女性従業員数	857	103	1,003	1,963	960
		女性従業員比率	20.5%	13.3%	67.6%	30.5%	19.4%
企業別	平均	全社員数	25.3	5.0	8.9	37.7	29.3
		女性従業員数	5.2	0.7	6.0	11.5	5.7
		女性従業員比率	22.8%	18.4%	61.3%	27.3%	21.4%
	中央値	全社員数	16	3	2	30.5	5.9
		女性従業員数	2	0	1	20	3
		女性従業員比率	17.6%	0.0%	66.7%	20.0%	16.7%

※正社員は正規社員と管理職・役員の合計

女性従業員数の分布（図7）を見ると、5人未満が51.2％で半数を占めている。一方で、30人以上が2.4％、50人以上が3.6％、100人以上が1.2％となっている。女性比率は、20％未満が48.2％で半数を占めている一方で、50％以上も14.4％と比較的高い数値となっている。

雇用形態別（図8）にみると、正規社員の女性従業員は比較的多いが、非正規社員、管理職・役員になるにつれて少なくなっている。

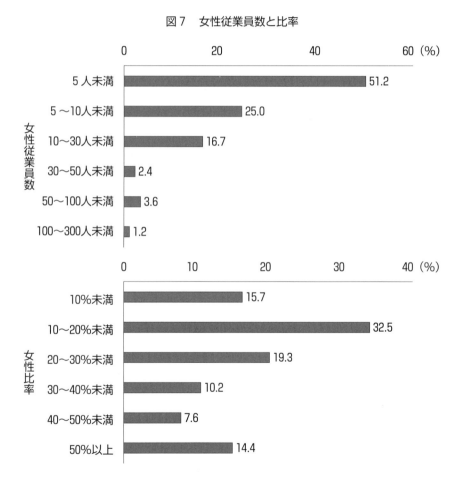

図7　女性従業員数と比率

図8 雇用形態別の女性従業員数

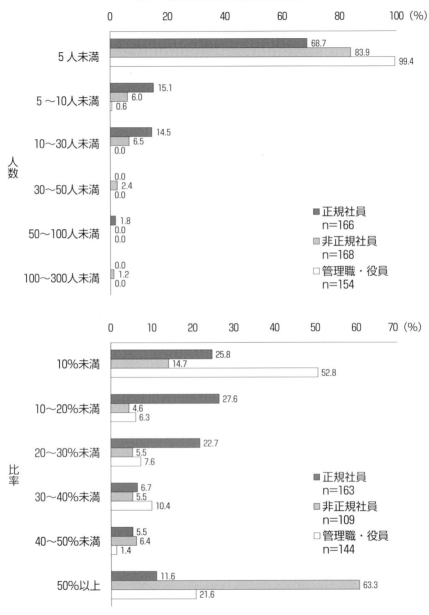

②女性従業員の職種

女性従業員の職種を見ると、ほとんどの企業で事務職に従事している（図9）。また、事務職だけの従業員も約4割にのぼっている（図10）。また、事務職以外の職種にも女性が従事している場合、女性従業員数、比率ともに高い傾向がある（図11）。

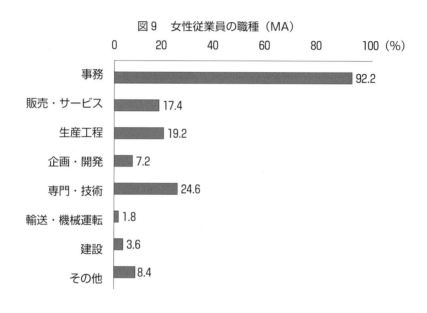

図9　女性従業員の職種（MA）

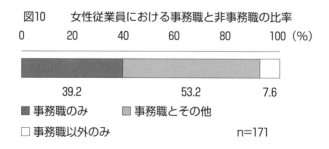

図10　女性従業員における事務職と非事務職の比率

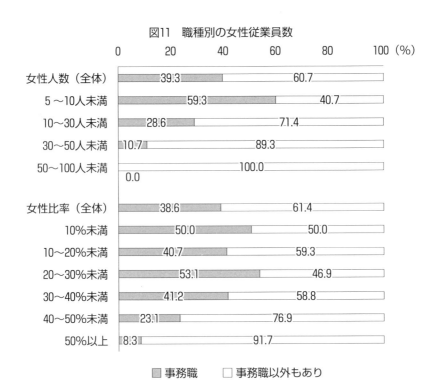

図11 職種別の女性従業員数

③採用方針と女性従業員への期待と不安

　女性従業員の採用方針（図12）を見ると、正規・非正規ともに積極的な採用を掲げている企業が約25％ある。正規・非正規社員のいずれかを積極採用している企業は約33％と、3社に1社の割合である。その一方で、消極的な採用方針の企業も10％程度存在している。女性の採用に積極的な企業は、非製造業や女性比率の高い企業、事務職以外の職種にも女性従業員がいる企業という特徴が見られた（図13）。

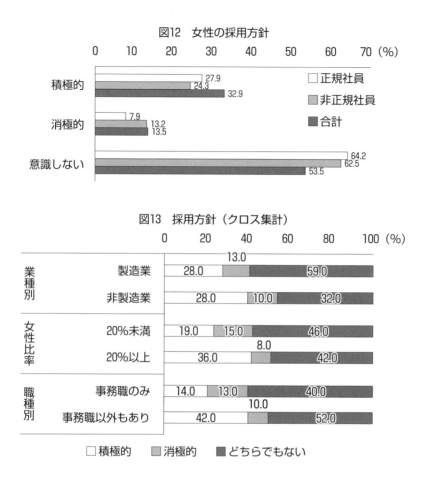

　女性従業員に対する期待（図14）は、「良い人材の採用」、「職務遂行能力が優秀」の二つが突出しており、それぞれ企業の76.0％、61.4％が選んでいる。それに対して、期待された「人手不足への対応」や「多様なアイデアや意見の活用」という意見は、それぞれ19.3％、15.8％にとどまっている。一方で、女性従業員に対する不安（図15）では、約４割の企業が「特にない」と答えている一方で、「妊娠、子育てによる休業期間がある」「身体能力等で女性に不向きな仕事」が、それぞれ26.7％、25.5％と比較的高い数値を示している。「妊娠、子育てによる休業期間がある」と「結婚・出産による退職が多い」の両方

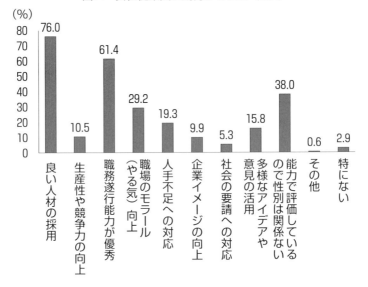

図14 女性従業員に期待すること（MA）

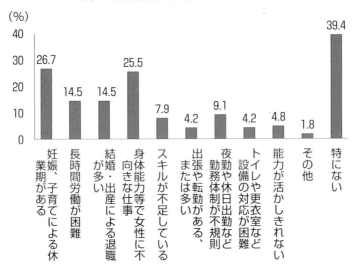

図15 女性従業員に対する不安（MA）

もしくはいずれかを理由にあげた約4割の企業は、女性のライフステージへの変化に対応できないことになる。

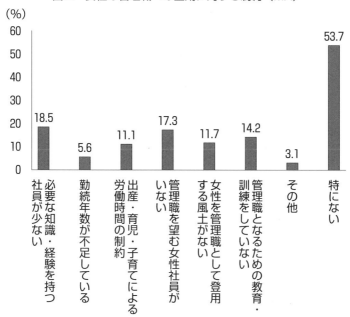

図16 女性の管理職への登用に対する制約（MA）

女性管理職への登用に対する制約（図16）は、約半数が「特にない」を選んでいる一方で、「必要な知識・経験を持つ社員が少ない」、「管理職を望む女性社員がいない」が比較的高い。また、「女性を管理職として登用する風土がない」や「管理職となるための教育・訓練をしていない」を合わせて重複分を除くと21.0％になり、女性を管理職に採用することへの企業の理解が進んでいない割合も高い。

④企業のワークライフバランス

ワークライフバランスに係る制度の有無について見ると、「育児休業制度」、「介護休業制度」はほぼ全ての企業が導入しているが、「母子健康管理制度」や「短時間正社員制度」については7割程度にとどまっている。利用実績についても、「育児休業制度」は比較的高いが、その他の制度は、すべての対象者が利用するとは限らないので単純に比較できないが、総じて低い。

図17 ワークライフバランス制度の有無と利用実績

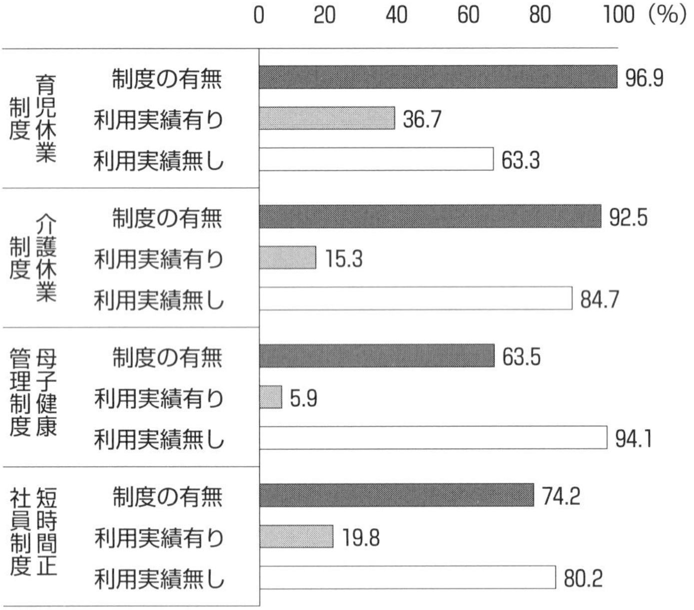

		(%)
育児休業制度	制度の有無	96.9
	利用実績有り	36.7
	利用実績無し	63.3
介護休業制度	制度の有無	92.5
	利用実績有り	15.3
	利用実績無し	84.7
母子健康管理制度	制度の有無	63.5
	利用実績有り	5.9
	利用実績無し	94.1
短時間正社員制度	制度の有無	74.2
	利用実績有り	19.8
	利用実績無し	80.2

3 アンケートの分析結果

(1) 女性社員比率の高い企業の特徴

これまでの結果から、企業ごとの全社員の女性比率の高い企業の特徴を捉えるために、収益、業種、職種、女性社員に対する不安の有無、女性管理職の登用に対する制約条件、子育て社員の有無、取引先の地域、企業タイプ別に相関関係を分析した。

①収益

「黒字」と回答した企業と、「赤字」と回答した企業の社員の女性比率の平均値は、それぞれ25.9％、30.6％で「赤字」と回答した企業の方が高かったが、有意な差は見いだせなかった。($t = -1.25, df = 155, ns$)

②業種

「製造業」と「非製造業」の社員の女性比率は、それぞれ22.8％、33.9％で、非製造業が有意に高いという結果になった。（$t=-3.36, df=163, p<0.01$）

③職種

企業内の女性社員の職種が、「事務職のみ」の場合と「事務職以外」にもいる場合の2群の女性社員比率の平均値は、それぞれ20.3％、31.7％で、「事務職以外」が有意に高いという結果になった。（$t=-3.46, df=164, p<0.01$）

④女性社員に対する不安の有無

女性従業員に対する不安について「なんらかの選択肢を選んだ」企業と、「特にない」と答えた企業の2群に分けて女性社員比率の平均値を算出したところ、それぞれ24.2％、32.3％で、「特にない」と答えた企業の方が有意に高い結果になった。（$t=-2.41, df=164, p<0.05$）

⑤女性管理職の登用に対する制約条件

女性の管理職への登用に対する制約について「なんらかの選択肢を選んだ」企業と、「特にない」と答えた企業の2群に分けて女性社員比率の平均値を算出したところ、それぞれ26.1％、28.6％で、「特にない」企業の方が高い結果となったが、有意な差は見いだせなかった。（$t=-0.75, df=164, ns$）

⑥子育て社員の有無

「子育て中の社員がいる」企業と「子育て中の社員がいない」企業の2群に分けて女性社員比率の平均値を算出したところ、それぞれ31.5％、21.8％と、「子育て中の社員がいる」企業の方が有意に高い結果になった。（$t=2.96, df=164, p<0.01$）

⑦取引先の地域

取引先が、企業の近隣にある「尼崎、関西圏」と、転勤や出張を伴うような「日本全国、海外」の2群に分けて女性社員比率の平均値を算出したところ、それぞれ30.7％、23.7％と、「尼崎、関西圏」企業の方が有意に高い結果になった。（$t=2.13, df=164, p<0.05$）

⑧企業タイプ別

事業所の特徴を尋ねた選択肢[1]によって、回答事業所を「イノベーション

志向」「問題解決志向」「ルーチンワーク志向」「ボトムアップ志向」「リーダーシップ志向」に分類して、それぞれに該当する企業としない企業の女性比率との相関関係を分析したところ、すべてのタイプにおいて女性比率の高さと有意な差はなかった。

- ・イノベーション志向　　　　：28.8％、25.0％、（$t=1.09, df=162, ns$）
- ・問題解決志向　　　　　　　：28.2％、25.7％、（$t=0.67, df=162, ns$）
- ・ルーチンワーク志向　　　　：27.9％、27.4％、（$t=0.15, df=161, ns$）
- ・ボトムアップ志向　　　　　：24.6％、28.5％、（$t=0.15, df=162, ns$）
- ・リーダーシップ志向　　　　：28.5％、26.3％、（$t=0.65, df=162, ns$）

以上のように、女性比率の高さと相関関係にあると考えられるのは、「非製造業」、「事務職以外の職種にも女性社員がいる」、「女性社員の採用に不安がない」、「子育て中の社員がいる」があげられる。

（2）女性社員比率を高める条件

①業種と職種による要因

「非製造業」が「製造業」よりも女性社員の比率が高い理由は、女性が従事する「事務職以外の職種」にあると考えられる。つまり、「製造業」では生産や建設の重要度が高く、その職種に就く従業員に対する期待も高い。そのため、「製造業」では男女を問わず、「生産工程」や「建設」が高くなる。図18を見ると、生産と建設の職種に従事する比率は4割に達している。一方で、「非製造業」における女性社員の比率は、「販売・サービス」や「専門・技術」が高く、合わせて7割を超えている。

以上を踏まえて、「製造業」において女性社員比率を高めるためには、「事務職以外の職種」の女性社員を増やす必要がある。特に、「非製造業」で多い職種である「販売・サービス」や「専門・技術」や、両業種でもまだ少ない「企画・開発」は、女性社員の採用を増やす余地があると考えられる。尼崎市では、長い不況やグローバル化によって、国内市場の縮小を経験しており、「製

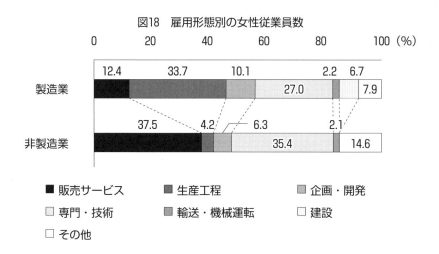

造業」が生き残るためには、これまでの製品や取引にとらわれない事業活動が求められている。つまり、新しい取引先の開拓や、新しい商品の開発には、こうした職種の人材が必要となると考えられるので、女性社員の採用と同時に考えられれば、女性比率の向上にもつながるだろう。

②子育てに拘る要因

女性社員を採用する際の不安のうち、「特にない」を除くと（図19）、大きく3つに分けることができる。一つは、「妊娠、子育てによる休業期がある」や「結婚・出産による退職が多い」の選択肢を選んだ、女性のライフステージにおける変化が51.0%と最も多い。ついで、「身体能力等で女性に不向きな仕事」のような身体的な差によるものが42.0%、そして、「長時間労働が困難」や「出張や転勤がある、または多い」、「夜勤や休日出勤など勤務体系が不規則」などの勤務体系によるものが、38.0%となっている。

このうち、「身体能力等で女性に不向きな仕事」は、42件中30件が製造・建設業で、非製造業でも輸送業がほとんどであるので、力を使う仕事についてはまだ女性参加は進んでいない。この分野については、技術革新などで体力や身体能力への依存が減少すれば女性が従事することも増えるだろう。

一方で、ライフスタイルの変化における不安や、退職や休業の原因は、子育

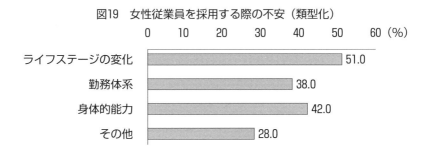

図19 女性従業員を採用する際の不安（類型化）

てに関するものと考えられる。また、勤務体系に関するものについても、長時間労働や出張・転勤ができない理由、不規則な勤務体系が受け入れられない理由は、男女差があるとすれば子育てに起因しているとみなすことができる。

このように、女性社員への不安は、主に子育てに伴う離職が大きな要因を占めている。そのため、こうした子育てに対する支援が、女性社員に対する不安を取り除き、企業の採用を増やすと考えられる。

4　おわりに

本調査は、尼崎市における企業のダイバーシティをテーマとした初めての調査である。その中で、今回は女性の労働に焦点を当てて、その実態を把握しようとした。その結果、企業の女性労働者を増やすためには、事務職に限らず多様な職種での採用を進めることが必要であることがわかった。しかし、残された課題も多い。それは、女性労働者を増やすという供給の視点からの分析にとどまったことである。つまり、女性労働者が増えることで企業は収益の増加やイノベーションの誘発などといったメリットが得られるという点については証明できなかった。この点は、今後の課題としたい。

［注］
（1）　詳しくは、尼崎地域産業活性化機構（2015）「尼崎市における女性労働に関する実態調査報告書」19ページを参照のこと。

XIV 尼崎市の土地利用変化に関する定量分析
──2001年以降を対象として──

井上 智之
公益財団法人尼崎地域産業活性化機構　調査研究室

1　はじめに[1]

　土地利用の現況や用途の変化を把握することは、人口や事業所数の動向を把握することと同様に、都市のもっとも基本的な情報を把握することであるといえよう。しかしながら、土地利用の現況、特に産業系の土地利用を示すデータは、ほとんど存在しない。産業系の土地利用を定量的に把握でき、一般に公開されており、なおかつ、都市間での比較が可能なデータは、筆者が知る限り、国土地理院が首都圏、中部圏、近畿圏を対象として作成している『細密数値情報（10mメッシュ土地利用）』と『数値地図5000（土地利用）』だけである[2]。これらは、15種類の土地利用分類（以下、「用途」という）によって土地利用の現況を示している。前者のデータは、1970年代から1990年代にかけて5時点のデータが作成されており、10mメッシュ（一辺10m×10m＝100m^{2}の正方形）の単位で土地利用の用途を把握できる。2000年以降は、高精度化が図られており、具体的な用地の形状を示す数値地図の方式（後者）が採用されている[3]。

　このように、土地利用の現況を示すデータがほとんど存在しないため、その変化を捉えた研究も少ないのが現状であるが、この2つのデータを用いて、市区町村別、用途別に面積を集計して、その推移を捉えた研究はいくつかみられる[4]。しかし、これらの研究には問題がある。市区町村内の別々の場所で、A用途⇒B用途という変化と、その逆のB用途⇒A用途という変化が同時に起きた場合、この分析方法では、両者を相殺した部分（両者の差）の面積でしか変化を捉えることができない。たまたま双方向に同一の面積が変化した場合は、変化をまったく捉えることができない。

筆者は、この双方向の用途変化を別々に定量的に捉えている。井上（2007a）、同（2007b）では、先に紹介した国土地理院の2つのデータを用いて、尼崎市を対象として、1974（昭和49）年から2001（平成13）年にかけての土地利用変化を把握している。そこでは、異なる2つの年の地図を重ね合わせることによって、用途が変化した場所を空間的に抽出して、変化前と変化後の地図を示すことで、空間的にも用途変化を捉えており、なおかつ、市内を29地区に分けて地区別に用途別の面積を集計することで、小さい空間単位でどのような土地利用変化が生じたのかを定量的に捉えている[5]。

　本研究では、先の研究では把握できなかった2001年以降の土地利用変化を、先の研究と同様の分析を行うことによって、用途別、地区別に、定量的に把握したい。なお、本研究は、土地利用変化の実態を把握することによって、今後のまちづくりや産業施策を検討するうえでの基礎資料とすることを狙いとしている。

　以下、第2節では、分析に使用するデータを解説する。第3節では、尼崎市における用途別の土地利用変化を把握し、続く第4節では、市内を29地区に分けて、地区別に用途別の土地利用変化を把握する。最後に、第5節では、本研究の限界と今後の課題について触れたい。

2　使用する土地利用データ

　本研究では、土地利用の現況を示すデータとして、国土地理院が発行している『数値地図5000（土地利用）』を用いる[6]。このデータは、国土地理院が首都圏、中部圏、近畿圏の3地域を対象として、約5年ごとに行っている宅地利用動向調査の結果をもとに作成されたものであり、CD-ROMの形式で市販されている。本研究で取り扱う近畿圏のデータは、近畿圏整備法に基づく既成都市区域及び近郊整備区域を中心とする3,585km^{2}を対象として作成されており、尼崎市は全市域が含まれている。現在、2001（平成13）年と2008（平成20）年のデータが発行されている（以下では、この2つの年が頻繁に登場するため、西暦のみ表示する）。

このデータの特長は、第一に、土地の形状、位置、用途（海を含めて16分類。付表1（249頁）を参照。）の情報を持つことである[7]。第二に、GIS（地理情報システム）を使用して、市区町村の情報を付与することで、市区町村ごとに用途別の面積を算出することが可能となり、都市間で用途別面積の比較ができることである[8]。第三に、異なる年の地図を重ね合わせることで、用途の変化を空間的、定量的に把握できることである。

　なお、本研究では、空間データを処理する専用のソフトウェア（GIS）として、米国ESRI社のArc View 9.1を使用した[9]。

3　尼崎市の土地利用変化

(1) 土地利用動向

　GISを用いて、尼崎市における宅地（土地利用分類コード06〜10、以下同様）の土地利用現況地図（2008年）を作成したのが図1である[10]。それをみると、「06 工業用地」は、臨海部に集中して分布しており、内陸部でも幹線道路、鉄道、河川沿いに多く分布していることがわかる。「07-09 住宅地」は、内陸部を中心に分布しており、「10 商業・業務用地」は、市内全域に広く分布しており、臨海部では主として物流センター、内陸部では、小売店舗や業務系での利用がなされている。

　これら宅地以外の用途も含め、すべての用途を表示した2001年の地図と2008年の地図を作成して、それをもとにしてGISで用途別に面積を集計した。表1は、その結果を示したものである[11]。加えて、表には2008年時点の構成比（表の中央列）と2001年から2008年にかけての面積の変化率（表の右列）を示してある。

図1 尼崎市における宅地の土地利用現況地図（2008年）

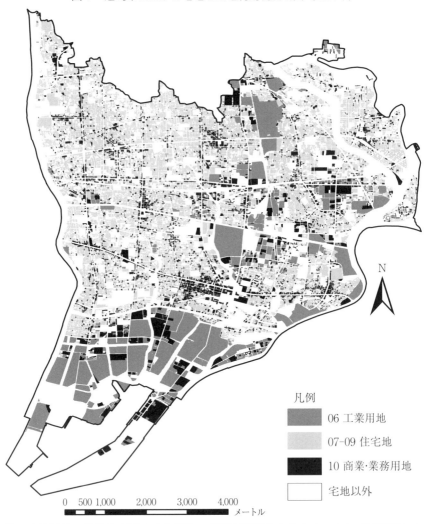

凡例
06 工業用地
07-09 住宅地
10 商業・業務用地
宅地以外

注：宅地以外の用途を表示すると用途の判別が困難となるため、ここでは表示しなかった。
資料：国土地理院『数値地図5000（土地利用）』『数値地図25000（行政界・海岸線）』より作成

XIV　尼崎市の土地利用変化に関する定量分析

表1　尼崎市の用途別面積の経年変化（2001年～2008年）

土地利用分類	実数（100m²）2001年 ①	実数（100m²）2008年 ②	構成比 08年（％）	変化 ②-① 実数（100m²）	変化 ②-① 変化率（％）
01 山林・荒地等	66	363	0.1	297	450.0
02 田	5,796	4,940	1.0	-856	-14.8
03 畑・その他の農地	6,263	6,220	1.2	-43	-0.7
04 造成中地	11,730	10,605	2.1	-1,125	-9.6
05 空地	28,039	27,447	5.4	-592	-2.1
06 工業用地	74,581	71,861	14.2	-2,720	-3.6
07 一般低層住宅地	88,346	90,455	17.9	2,109	2.4
08 密集低層住宅地	17,271	17,714	3.5	443	2.6
09 中高層住宅地	24,707	26,798	5.3	2,091	8.5
07-09 住宅地（再掲）	130,324	134,968	26.7	4,644	3.6
10 商業・業務用地	47,381	49,584	9.8	2,203	4.6
11 道路用地	85,464	87,746	17.4	2,282	2.7
12 公園・緑地等	29,498	28,859	5.7	-639	-2.2
13 その他の公共公益施設用地	49,497	47,151	9.3	-2,346	-4.7
14 河川・湖沼等	36,099	35,802	7.1	-297	-0.8
15 その他	0	0	0.0	—	—
16 海	939	132	0.0	-807	-85.9
合計		505,676	100.0	—	

注1：土地利用分類に含まれる用途については付表1（249頁）を参照のこと（以下の表も同様）。
注2：合計の数値は、『数値地図25000（行政界・海岸線）』（平成21年10月版）での市域面積を表している。
資料：国土地理院『数値地図5000（土地利用）』、『数値地図25000（行政界・海岸線）』より作成

　用途別に実数をみると、2008年時点でもっとも面積が大きいのは「07 一般低層住宅地」（904.55ha、市全体の17.9％（文中では100m²単位で数値を表記することが困難であるため、便宜上 ha = 10,000 m²で表記する。以下、同様））である。これに「08 密集低層住宅地」、「09 中高層住宅地」を合わせた

233

「住宅地」全体での面積は1,349.68ha（同26.7％）である。このほかで面積が大きい（構成比10％以上）のは、「11 道路用地」（877.46ha、同17.4％）、「06 工業用地」（718.61ha、同14.2％）である。

2001年から2008年までの変化をみると、尼崎市において、大きく減少（10ha以上）した用途は、「06 工業用地」（－27.20ha、－3.6％）、「13 その他の公共公益施設用地」（－23.46ha、－4.7％）、「04 造成中地」（－11.25ha、－9.6％）である。逆に、大きく増加したのは、「11 道路用地」（＋22.82ha、＋2.7％）、「10 商業・業務用地」（＋22.03ha、＋4.6％）、「07 一般低層住宅地」（＋21.09ha、＋2.4％）、「09 中高層住宅地」（＋20.91ha、＋8.5％）である（「住宅地」全体では、＋46.44ha、＋3.6％）。

土地利用では、工業用地の減少と住宅地の増加を確認したが、ここでは、既往統計を用いて、製造業事業所数と住宅戸数の動向も確認しておきたい[12]。経済産業省「工業統計表」によると2001年から2008年にかけて、製造業事業所（従業者4人以上）は、1,169事業所から1,032事業所へ11.7％減少している。一方、総務省「住宅・土地統計調査」によると、1998（平成10）年から2008年にかけて、住宅戸数（居住世帯あり）は、182,040戸から198,010戸へ8.8％増加している。いずれも土地利用の用途変化と方向が合致している。

（2）周辺諸都市の土地利用動向

尼崎市の土地利用の用途別面積の構成比とその変化は、周辺都市と類似しているか、それとも尼崎市固有のものであろうか。ここでは、周辺諸都市の土地利用の用途別面積とその変化を確認しておく。

周辺都市として、隣接する西宮市と伊丹市、周辺の政令指定都市3市（大阪市、堺市、神戸市）、中小企業都市である八尾市、東大阪市の7都市を選び、これらの都市についても、2001年と2008年の土地利用現況地図を作成して、GISを用いて用途別に面積を集計した。表2は、その結果を示したものである。なお、紙幅の関係上、いくつかの用途を統合して表示している（以下の表3～表5も同様）。

表2 尼崎市と周辺諸都市における用途別面積の経年変化（2001年～2008年）

	実数（単位：100m²） 2001年	2008年	構成比 08年(%)	変化率 01-08(%)	実数（単位：100m²） 2001年	2008年	構成比 08年(%)	変化率 01-08(%)
土地利用分類	尼崎市				神戸市			
01-03 山林・農地等	12,125	11,523	—	-5.0	3,160,309	3,152,740	—	-0.2
04-05 造成地	39,769	38,052	8.3	-4.3	262,780	221,033	10.0	-15.9
06 工業用地	74,581	71,861	15.7	-3.6	111,811	113,381	5.1	1.4
07-09 住宅地	130,324	134,968	29.5	3.6	607,307	651,169	29.5	7.2
10 商業・業務用地	47,381	49,584	10.8	4.6	215,544	255,322	11.6	18.5
11-13 公共公益施設用地	164,459	163,755	35.7	-0.4	974,623	965,275	43.7	-1.0
合計	505,676		—	—	5,551,626		—	—
土地利用分類	西宮市				伊丹市			
01-03 山林・農地等	470,511	473,216	—	0.6	17,541	15,937	—	-9.1
04-05 造成地	46,940	31,130	6.4	-33.7	14,493	10,866	5.0	-25.0
06 工業用地	13,943	13,757	2.8	-1.3	23,417	22,111	10.2	-5.6
07-09 住宅地	173,108	186,694	38.5	7.8	70,221	73,335	33.8	4.4
10 商業・業務用地	44,673	50,522	10.4	13.1	18,245	18,954	8.7	3.9
11-13 公共公益施設用地	209,072	202,852	41.8	-3.0	86,684	89,518	41.2	3.3
合計	993,010		—	—	249,991		—	—
土地利用分類	大阪市				堺市			
01-03 山林・農地等	15,706	13,305	—	-15.3	293,175	282,201	—	-3.7
04-05 造成地	125,718	127,539	6.3	1.4	100,209	93,870	8.1	-6.3
06 工業用地	175,517	161,818	8.0	-7.8	143,558	140,362	12.2	-2.2
07-09 住宅地	473,005	494,689	24.5	4.6	354,504	369,313	32.0	4.2
10 商業・業務用地	386,771	397,468	19.7	2.8	112,815	121,934	10.6	8.1
11-13 公共公益施設用地	846,415	840,008	41.6	-0.8	421,681	426,359	37.0	1.1
合計	2,240,164		—	—	1,496,928		—	—
土地利用分類	八尾市				東大阪市			
01-03 山林・農地等	114,025	109,465	—	-4.0	134,041	130,746	—	-2.5
04-05 造成地	25,552	22,272	7.5	-12.8	35,920	31,311	6.5	-12.8
06 工業用地	38,838	36,718	12.3	-5.5	52,663	50,655	10.6	-3.8
07-09 住宅地	101,774	106,948	35.9	5.1	156,732	161,415	33.7	3.0
10 商業・業務用地	33,570	35,580	11.9	6.0	79,598	83,112	17.4	4.4
11-13 公共公益施設用地	93,344	96,178	32.2	3.0	150,388	152,488	31.8	1.4
合計	416,951		—	—	617,740		—	—

注1：合計の数値は、『数値地図25000（行政界・海岸線）』の市域面積を表している。
注2：紙幅の関係上、「14河川・湖沼等」「15その他」「16海」を割愛したため、各用途の合計と合計欄の数値は一致しない。
注3：構成比の欄は、「01-03山林・農地等」「14河川・湖沼等」「15その他」「16海」を除いて算出した。
注4：堺市には旧・美原町（現・美原区）を含む。
資料：国土地理院『数値地図5000（土地利用）』、『数値地図25000（行政界・海岸線）』より作成

①土地利用現況（2008年）

　他都市と土地利用を比較する場合、「01-03 山林・農地等」、「14 河川・湖沼等」、「16 海」の取扱いには注意が必要である。たとえば、神戸市と西宮市は、山林の面積が広く、「01-03 山林・農地等」の面積が全体の約半分を占めており、他の用途の構成比を下げる要因となっている。八尾市、東大阪市、堺市でも「01-03 山林・農地等」の面積が大きい。その一方では、尼崎市、伊丹市、大阪市は、「01-03 山林・農地等」の面積が小さい。そのため、ここでは、「01-03山林・農地等」と「14 河川・湖沼等」、「16 海」を除いた構成比によって他都市との比較を行う。

　尼崎市の特徴は、他都市と比較して「06 工業用地」の構成比がもっとも高いことであり、産業都市の特徴を端的に表している（2008年時点［以下、同様］：15.7％）。一方、「07-09 住宅地」の構成比がもっとも高いのは、文教住宅都市である西宮市（38.5％）であり、「10 商業・業務用地」の構成比がもっとも高いのは、関西最大の中心業務地区を有する大阪市（19.7％）である。このように、土地利用の側面から都市の特徴を読み取ることができる。

②土地利用動向（2001年～2008年）

　2001年から2008年にかけての土地利用の動向をみると、神戸市を除くすべての都市において、「06 工業用地」が減少している。比較した都市のなかでは、大阪市の「06 工業用地」の減少率（−7.8％）がもっとも高い。尼崎市の減少率（−3.6％）は、伊丹市（−5.6％）、八尾市（−5.5％）よりも低く、東大阪市（−3.8％）と同程度であった。

　一方、「07-09 住宅地」、「10 商業・業務用地」は、すべての都市において増加している。「07-09住宅地」の増加率がもっとも高かったのは、構成比がもっとも高い西宮市（＋7.8％）であった。尼崎市でも「07-09 住宅地」は3.6％増加しているが、増加率は東大阪市（＋3.0％）に次いで低い。「10 商業・業務用地」の増加率がもっとも高かったのは、神戸市（＋18.5％）であり、西宮市（＋13.1％）、堺市（＋8.1％）も比較的高い。尼崎市でも「10 商業・業務用地」は4.6％増加しており、大阪市（＋2.8％）や隣接する伊丹市（＋3.9％）

よりは高く、東大阪市（＋4.4％）と同程度であった。

変化率でみると、尼崎市の「06 工業用地」、「07-09住宅地」、「10 商業・業務用地」の面積は、東大阪市と同じような変化をしている（いずれも差が1.0％ポイント以内）。

（3）土地利用転換

表1、表2で捉えた土地利用の用途変化は、他用途から転換した面積と他用途への転換した面積を相殺した面積の「純増減」であった。ここでは、尼崎市を対象として、他用途から転換した面積と他用途へ転換した面積を別々に捉えてみたい。その分析結果を示したのが表3である[13]。

表3上段の実数の表は、表側に2001年の用途を、表頭に2008年の用途を示しており、2001年の用途別面積は表の最右列に、2008年の用途別面積は表の最下行に示している。例えば、2001年時点の「06 工業用地」（上段最右列の数値）は745.81haであったものが、2008年には718.61ha（上段最下行の数値）に減少したことが分かる。

以下、「06 工業用地」を例に、表の見方について解説していく。表側の「06 工業用地」欄を横にみていくと、2001年時点から2008年に移行する過程で、「06 工業用地」から「01-03 山林・農地等」に変化した土地は0.38ha、「04-05 造成地」に変化した土地は24.89ha、「06 工業用地」のまま残った土地（太罫囲み部）が670.27ha、というように、以下順次他の用途に変化した土地の面積を示している。

一方、表頭の「06 工業用地」欄を縦にみていくと、2001年時点から2008年に移行する過程で、「01-03 山林・農地等」から「06 工業用地」へ変化した土地は0.06ha、「04-05 造成地」から「06 工業用地」へ変化した土地が8.52ha、「06 工業用地」のまま残った土地が670.27ha、というように、以下順次他の土地利用から「06 工業用地」に変化した土地の面積を示している。

次に、表3の下段の横構成比の表は、2001年時点から2008年にかけての土地利用の変化率を捉えることができる。2001年時点の用途別面積（上段最右列の

数値）を100として、2008年時点での用途別面積の構成比をとったものである。例えば、表側の「06 工業用地」欄を横にみていくと、2001年時点から2008年に移行する過程で、「06 工業用地」から「04-05 造成地」に変化した土地は3.3％、「06 工業用地」のまま残った土地（太罫囲み部）は89.9％、「07-09 住宅地」へ変化した土地は1.4％というように、以下順次他の用途に変化した土地の面積の割合を示している。

　以上の見方で表3をみると、宅地の用途間で面積の変化が大きかったのは、「06 工業用地」から「10 商業・業務用地」への変化（21.09ha）と「10 商業・業務用地」から「07-09 住宅地」への変化（18.94ha）であった。このほか、「06 工業用地」から「07-09 住宅地」（10.31ha）、「07-09 住宅地」から「10 商業・業務用地」（13.71ha）、「10 商業・業務用地」から「06 工業用地」（11.46ha）へも10ha以上変化している。その一方で、「07-09 住宅地」から「06 工業用地」への変化（1.49ha）は相対的に小さかった。

　このほか、「06 工業用地」の変化で着目すべき点は、「04-05 造成地」への変化が大きい（24.89ha）ことである。さらなる分析が必要となるが、「04-05 造成地」から「07-09 住宅地」、「10 商業・業務用地」、「11-13 公共公益施設用地」への転換率が高いことを合わせて考えると、「06 工業用地」が減少して「04-05 造成地」の形態を経た後に、「07-09 住宅地」、「10 商業・業務用地」、「11-13 公共公益施設用地」へ転換されるひとつの流れが見えてくる。

　なお、2001年から2008年にかけて、土地利用が転換した総面積を算出してみると、417.51haであった。これは、市域全体の8.3％に相当する[14]。ここから、尼崎市では、この期間に、平均すると毎年市域の1％程度の面積で、土地利用が他用途に転換したことがわかる。宅地で他用途への転換率（表3下段表で太罫囲み部の数値［残存率］を100％から差し引いた数値）が高かったのは、「06 工業用地」（10.1％）と「10 商業・業務用地」（10.5％）であり、「07-09 住宅地」（3.2％）の転換率は相対的に低い。

　GISを用いると、ここで数量的に把握した土地利用の転換が尼崎市内のどの場所で起きたのか、変化前（2001年時点）の用途と変化後（2008年時点）の用途を別々の地図で示すことができる。ここでは、紙幅の関係上、地図を示すこ

とはできないが、この変化前と変化後の地図を比較すると、どの場所で、どの用途からどの用途への土地利用転換が起きたのかを空間的に捉えることができる[15]。

表3　尼崎市における用途転換の動向（2001年～2008年）

		表頭：2008年 01-03 山林・ 農地等	04-05 造成地	06 工業用地	07-09 住宅地	10 商業・ 業務用地	11-13 公共公益 施設用地	合計
実数（100㎡）	01-03 山林・農地等	10,750	355	6	570	94	163	12,125
	04-05 造成地	228	30,084	852	3,749	2,303	2,528	39,769
	06 工業用地	38	2,489	67,027	1,031	2,109	1,859	74,581
	07-09 住宅地	142	1,257	149	126,139	1,371	1,230	130,324
	10 商業・業務用地	20	1,227	1,146	1,894	42,397	691	47,381
	11-13 公共公益施設用地	315	2,483	2,241	1,567	1,276	156,058	164,459
	合計	11,523	38,052	71,861	134,968	49,584	163,755	505,676
横構成比（％）	01-03 山林・農地等	88.7	2.9	0.0	4.7	0.8	1.3	100.0
	04-05 造成地	0.6	75.6	2.1	9.4	5.8	6.4	100.0
	06 工業用地	0.1	3.3	89.9	1.4	2.8	2.5	100.0
	07-09 住宅地	0.1	1.0	0.1	96.8	1.1	0.9	100.0
	10 商業・業務用地	0.0	2.6	2.4	4.0	89.5	1.5	100.0
	11-13 公共公益施設用地	0.2	1.5	1.4	1.0	0.8	94.9	100.0
	合計	2.3	7.5	14.2	26.7	9.8	32.4	100.0

注1：太罫で囲んだ部分は、表頭・表側の土地利用分類間で用途が変化しなかった面積、比率を示している。
注2：紙幅の関係上、「14河川・湖沼等」「16海」を割愛したため、各用途の合計と合計欄の数値は一致しない。
資料：国土地理院『数値地図5000（土地利用）』、『数値地図25000（行政界・海岸線）』より作成

4　地区別の土地利用変化

（1）地区の設定

　本節では、市内を29地区に分割して、2001年から2008年にかけての土地利用変化を地区別に把握した。各地区の分布は図2のとおりで、各地区に含まれる

町丁目は付表2（250頁）のとおりである。

　この地区設定は、2003（平成15）年度に当財団が行った自主研究調査「各種統計情報の統合に関するスタディ」で設定を試みたものである。各地区の面積は、尼崎市の中学校区程度に相当し、各地区では基礎的な市民生活がひととおり展開できかつ、公共施設も整備されている[16]。

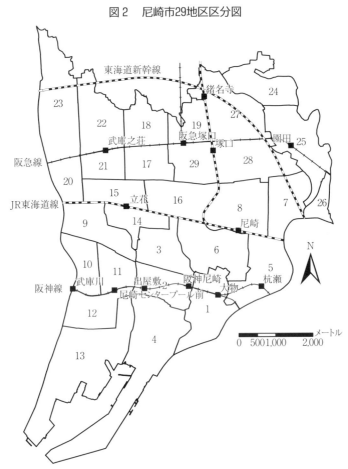

図2　尼崎市29地区区分図

資料：国土地理院『数値地図2500（空間データ基盤）』より作成

（2）地区別の土地利用動向

①地区別の土地利用現況（2008年）

　2008年の土地利用の現況を29地区別にみてみる。表4は、29地区の面積と、2008年の用途別面積の構成比（構成比の算出には「14 河川・湖沼等」、「16 海」を除外）を示している[17]。これをみると、各地区によって用途の構成に違いがあることがわかる。

　用途別構成比について、宅地のうち、もっとも構成比が高い用途（表4の網掛部を参照）をみてみると、29地区のうち24地区が「07-09 住宅地」であり、残る5地区（臨海部の地区『4』『13』とJR尼崎駅南北の地区『5』『6』『7』）は「06 工業用地」であった。

　「06 工業用地」を詳しくみてみると、構成比が20％以上を占めるのは6地区（前述の5地区と地区『27』）、5～20％未満は8地区ある。一方、5％未満（主として住宅地）は半数程度（15地区）しかなく、産業都市の特徴を示している。

　「06 工業用地」と「07-09 住宅地」以外で、構成比が比較的高い地区をみてみると、それぞれに特徴がある。「01-03 山林・農地等」では、地区『24』（13.1％、田能）が高い。「04-05 造成地」では、地区『4』（28.1％、船出地先での埋立等）、地区『26』（17.2％、戸ノ内町のゴルフ練習場等）地区『13』（16.2％、扇町の尼崎21世紀の森、末広町のゴルフ練習場等）、地区『8』（10.0％、JR尼崎駅北のあまがさき緑遊新都心土地区画整理事業等）が高い。「10 商業・業務用地」では、地区『2』（23.2％、阪神尼崎駅と出屋敷駅の間に位置する阪神間最大の商業集積地）、地区『19』（19.5％、阪急塚口駅北のつかしん等）が高い。「11-13公共公益施設用地」では、地区『11』（53.2％、センタープール［ボートレース場］等）が高い。

②地区別の土地利用動向（2001年～2008年）

　2001年から2008年にかけての土地利用の動向をみてみる。表5は、2008年の用途別面積から2001年の用途別面積を差し引いた数値を示しており、地区別に用途別面積がどの程度変化したのかを捉えることができる[18]。

まず、宅地について、主な変化をみてみると、「06 工業用地」は、減少している地区が多く、1ha以上減少しているのは、地区『13』(－19.95ha、尼崎21世紀の森の整備等)、地区『28』(－2.76ha、オプトレックス尼崎工場跡地での住宅開発等)、地区『6』(－1.36ha、大日本インキ化学工業関西樹脂製造所跡地での住宅開発等)、地区『8』(－1.13ha、あまがさき緑遊新都心土地区画整理事業等)、地区『29』(－1.01ha、精機工業所跡地での住宅開発等)の5地区であった。一方、1ha以上増加しているのは、臨海部の工業専用地域に位置する地区『4』(＋4.11ha)のみであった。

「07-09 住宅地」では、1ha以上増加している地区が19地区もある。地区『23』(＋7.87ha)は特に大きく増加しているが、これは武庫元町の西武庫団地の建て替えによるものであり、2001年時点で一時的に空き地となり、「04-05 造成地」に分類されていた状態から「07-09 住宅地」への用途転換が起きたことによる。一方、1ha以上減少しているのは、地区『1』(－1.29ha)のみであった。これは、築地地区復興事業で建設された仮設住宅が撤去されたことによるものである。

「10 商業・業務地区」では、1ha以上増加している地区が6地区ある。地区『4』(＋15.58ha)と地区『13』(＋4.09ha)は大きく増加しているが、いずれも臨海部の工業専用地域に位置しており、大型の物流センターが建設されたことによるものである。

このように、土地利用については、個別の用途変化がどこで起きたのか、どの用途からどの用途に変化したのか、その面積が市域全体でどのような比率を占めているのかを合わせて把握しておくことが、今後の土地利用計画立案にとって重要であると考えられる。この実態把握のための手段として、GISの活用は有効であると言えよう。

表4 尼崎市29地区別の用途別面積の構成比（2008年）

地区NO	地区面積（100m²） 総面積	14-16 河川・海等を除く	構成比（%） 01-03 山林・農地等	04-05 造成地	06 工業用地	07-09 住宅地	10 商業・業務用地	11-13 公共公益施設用地
1	20,525	17,829	0.0	2.8	14.0	17.4	13.0	52.9
2	13,197	12,930	0.0	5.1	1.2	26.7	23.2	43.8
3	14,353	14,280	0.0	4.1	1.5	44.1	13.9	36.4
4	42,826	38,420	0.0	28.1	39.6	0.2	15.3	16.9
5	20,631	18,632	0.0	3.7	28.1	28.0	9.5	30.8
6	22,133	21,495	0.1	3.5	32.9	18.5	9.9	35.1
7	15,321	13,097	0.4	5.0	22.8	20.9	13.3	37.6
8	21,402	21,360	0.9	10.0	18.9	25.4	13.7	31.1
9	15,771	15,315	6.1	6.6	2.4	39.9	9.9	35.1
10	11,062	10,158	2.4	4.3	2.0	41.3	7.9	42.2
11	10,099	10,033	0.3	6.1	1.9	30.6	7.9	53.2
12	13,508	12,798	0.1	7.3	11.2	27.6	14.5	39.3
13	41,791	37,545	0.0	16.2	49.7	0.2	7.3	26.7
14	9,711	9,566	0.6	5.9	2.1	41.9	9.0	40.6
15	11,881	11,754	0.8	5.3	2.5	43.2	13.8	34.4
16	16,563	15,976	0.9	6.9	7.0	34.3	14.3	36.7
17	11,458	11,089	0.7	4.7	0.1	49.1	5.7	39.7
18	12,796	12,601	3.7	4.3	0.1	57.5	4.1	30.3
19	10,210	10,103	0.6	4.5	9.2	42.2	19.5	24.0
20	9,122	8,386	5.4	5.8	2.9	35.8	8.9	41.3
21	8,837	8,734	4.1	5.3	0.3	38.0	13.1	39.2
22	19,629	19,346	9.1	4.9	0.2	48.9	6.5	30.3
23	30,499	26,737	7.9	5.3	0.6	39.1	7.2	39.9
24	15,931	13,637	13.1	4.4	3.5	22.1	4.7	52.3
25	23,353	18,387	2.7	5.7	0.6	41.9	8.9	40.2
26	5,127	4,057	0.0	17.2	9.3	29.2	7.8	36.5
27	24,053	22,753	6.7	4.8	26.3	29.6	5.1	27.5
28	21,243	20,292	2.0	5.3	6.9	37.8	8.7	39.2
29	12,586	12,387	2.0	4.6	18.1	29.4	13.6	32.3
合計	505,620	469,698	2.5	8.1	15.3	28.7	10.6	34.9

注1：構成比は、地区の総面積から「14-16 河川・湖沼・海等」を除いた面積を100％として算出した。
注2：網掛部は、宅地（分類コード06～10）のうちもっとも高い数値を示す。
資料：国土地理院『数値地図5000（土地利用）』、『数値地図2500（空間データ基盤）』、『数値地図25000（行政界・海岸線）』より作成

表5　尼崎市29地区別の用途別面積の変化（2001年～2008年）（100m²）

地区NO	01-03 山林・農地等	04-05 造成地	06 工業用地	07-09 住宅地	10 商業・業務用地	11-13 公共公益施設用地
1	-4	-255	19	-129	-163	559
2	0	89	13	-2	-30	-62
3	0	-343	-84	317	91	19
4	0	-1,636	411	9	1,558	-351
5	-10	-91	-2	143	-4	-273
6	10	-220	-136	234	50	63
7	-60	-147	20	179	18	-9
8	-21	580	-113	206	-254	-398
9	-115	-215	-66	233	40	124
10	-15	-134	-17	57	105	5
11	0	-74	43	341	4	-312
12	-4	3	-82	1	71	13
13	0	3,042	-1,995	-7	409	-628
14	-3	-16	9	31	37	-63
15	-9	-147	-88	56	161	29
16	-46	-102	20	127	-18	24
17	-9	-143	-9	130	33	-4
18	-45	-76	-7	115	-8	8
19	0	-124	-53	169	-7	18
20	-69	-195	-56	309	-24	44
21	-101	-87	0	140	38	9
22	-11	-238	-34	264	23	-19
23	-116	-823	18	787	142	-173
24	-1	-62	-52	80	9	393
25	32	-28	-22	129	-98	266
26	0	10	13	-55	-16	52
27	34	-173	-93	268	-55	22
28	-24	-72	-276	377	-38	61
29	-11	-38	-101	134	132	-113
合計	-602	-1,717	-2,720	4,644	2,203	-691

注1：網掛部と四角囲み部は、宅地（分類コード06～10）で±「100（1ha）」以上の数値を示す。
注2：紙幅の関係上、「14河川・湖沼等」「16海」を割愛した。
資料：国土地理院『数値地図5000（土地利用）』、『数値地図2500（空間データ基盤）』、『数値地図25000（行政界・海岸線）』より作成

（3）地区別の土地利用転換の規模

表5で捉えた29地区別の用途変化は、他用途から転換した面積と他用途への転換した面積を相殺した面積の「純増減」であった。ここでは、2001年と2008年における土地利用の現況を比較して、用途が他用途に転換した土地の面積を29地区別にすべて集計することで、各地区でどの程度の土地利用転換が生じたのかを定量的に把握した。

表6は、その結果を示したものである。それをみると、大きな面積が変化した地区は、臨海部に位置する地区『13』（93.43ha）と地区『4』（46.67ha）であった。両地区は、もともと敷地面積が大きい土地が多く、内陸部と比較すると変化がより大きな形で現れる傾向にある。また、海面が埋め立てられ、造成が進められたことも影響している。

一方、変化率でみた場合、これら2地区に加えて、地区『8』が10％以上の変化を示している。この地区は、JR尼崎駅の北部に位置しており、「あまがさき緑遊新都心土地区画整理事業」のエリアを含んでいるため、変化が大きな形で現れている。

表6 尼崎市29地区別の土地利用転換（2001年～2008年）

地区NO	地区面積 (100m²) ①	用途が変化した面積 (100m²) ②	用途変化率 (％) ②÷①
1	20,525	1,352	6.6
2	13,197	706	5.3
3	14,353	847	5.9
4	42,826	4,667	10.9
5	20,631	769	3.7
6	22,133	1,059	4.8
7	15,321	982	6.4
8	21,402	2,322	10.8
9	15,771	1,093	6.9
10	11,062	354	3.2
11	10,099	845	8.4
12	13,508	794	5.9
13	41,791	9,343	22.4
14	9,711	596	6.1
15	11,881	873	7.3
16	16,563	985	5.9
17	11,458	402	3.5
18	12,796	624	4.9
19	10,210	628	6.2
20	9,122	625	6.9
21	8,837	639	7.2
22	19,629	1,139	5.8
23	30,499	3,011	9.9
24	15,931	1,459	9.2
25	23,353	1,478	6.3
26	5,127	451	8.8
27	24,053	1,594	6.6
28	21,243	1,220	5.7
29	12,586	880	7.0
合計	505,620	41,739	8.3

資料：国土地理院『数値地図5000（土地利用）』、『数値地図2500（空間データ基盤）』、『数値地図25000（行政界・海岸線）』より作成

5　おわりに

(1) 本研究の結果概要

　本研究では、国土地理院『数値地図5000（土地利用）』の2001年と2008年のデータを用いて、尼崎市の土地利用の現況とその変化を定量的に把握した。ここでは、本研究で明らかにしたことを簡単に整理しておきたい。

①尼崎市の土地利用変化（第3節から）
- ◆2008年でもっとも面積が大きい用途は、「07 一般低層住宅地」（904.55ha、市全体の17.9%）。これに「08 密集低層住宅地」、「09 中高層住宅地」を合わせた「住宅地」全体での面積は1,349.68ha（同26.7%）。
- ◆宅地で大きく減少（10ha以上）した用途は、「06 工業用地」（-27.20ha、-3.6%）。逆に、大きく増加した用途は、「10 商業・業務用地」（+22.03ha、+4.6%）、「07 一般低層住宅地」（+21.09ha、+2.4%）、「09 中高層住宅地」（+20.91ha、+8.5%）（「住宅地」全体では、+46.44ha、+3.6%）。
- ◆他都市との比較では、尼崎市は「06 工業用地」の構成比がもっとも高く（2008年で15.7%）、産業都市の特徴を表わしている。宅地の変化は東大阪市と類似している。
- ◆他の用途に転換した面積は市全体で417.51ha（市域全体の8.3%に相当）。
- ◆宅地で他用途への転換率が高いのは、「06 工業用地」（10.1%）と「10 商業・業務用地」（10.5%）であり、「07-09 住宅地」（3.2%）の転換率は低い。
- ◆宅地間での変化では、「07-09 住宅地」から「06 工業用地」への転換は相対的に少ない。

②地区別の土地利用変化（第4節から）
- ◆宅地のうち「07-09 住宅地」の構成比がもっとも高いのは、29地区のうち24地区。残る5地区は「06 工業用地」の構成比がもっとも高い。

◆「06 工業用地」の構成比が20％以上を占めるのは6地区、5～20％未満は8地区。一方、5％未満（主として住宅地）は半数程度（15地区）しかなく、産業都市の特徴を表している。

◆面積が1ha以上増加している地区は、「07-09 住宅地」で19地区、「10 商業・業務用地」で6地区。「6 工業用地」は臨海部の1地区のみで、逆に1ha以上減少している地区が4地区。

◆土地利用が大きく変化（他用途への転換率が10％以上）したのは、3地区（臨海部の地区『4』『13』とJR尼崎駅北側の地区『8』）。

（2）本研究の限界と残された課題

　本研究で使用した土地利用のデータは、最新年次が2008年時点のものである。国土地理院によると、『数値地図5000（土地利用）』の情報源である宅地利用動向調査は、2010（平成22）年度で廃止され、今後、『数値地図5000（土地利用）』の更新はなされない。

　土地利用の実態を今後も継続的に把握していくための別のデータとして、もっとも有力なものは、地方自治体が保有する地図データである。尼崎市では、周辺都市と比較すると、比較的早い1997（平成9）年から土地利用等に関する電子地図データを「都市計画GISデータ」として整備している。毎年データの更新がなされており、比較的新しいデータを使用できる点は大きなメリットである。尼崎市を対象として、土地利用の実態を今後も継続的に把握していくためには、このデータを使用することが望ましいと考えられる。

　しかし、地方自治体が保有するデータには、いくつか問題もある。ひとつは、土地利用の用途区分が自治体ごとに独自に定められているため、他の自治体と比較することが困難な場合があることである。いまひとつは、各自治体によって、GISの導入時期が様々であり、データの精度にばらつきがある点である。データの精度は、年々上昇していると考えられるが、尼崎市の場合でも「用途不明」が少なからず存在しており、「用途不明」の土地については時系列の比較を行うことが困難である。この点については、今後における精度の向上

を期待したい。

　JR尼崎駅北西部での再開発（ココエ尼崎［現あまがさきキューズモール］の開業、高層住宅の建設、大学、病院等が立地）、森永製菓尼崎工場跡地での開発、臨海部での物流センター（MonotaRO、パナソニックプラズマディスプレイ跡地［予定］）の開設など、尼崎市では、本研究で把握した2008年以降においても土地利用に大きな変化が生じている。使用する土地利用データの制約はあるものの、そこで得られた情報は、まちづくりや産業政策をはじめ多方面での活用が考えられることから、今後も継続してこの研究に取り組みたい[19]。

付表1 土地利用分類と分類コードとの対応表

コード	土地利用分類 大分類	土地利用分類 中分類	土地利用分類 小分類	定 義
01	山林・農地等	山林・荒地等		樹林地、竹林、篠地、笹地、野草地（耕作放棄地を含む）、裸地、ゴルフ場等をいう。
02		農地	田	水稲、蓮、くわい等を栽培している水田（短期的な休耕田を含む）をいい、季節により畑作物を栽培するものを含む。
03			畑・その他の農地	普通畑、果樹園、桑園、茶園、その他の樹園、苗木畑、牧場、牧草地、採草放牧地、畜舎、温室等の畑及びその他の農地をいう。
04	造成地	造成中地		宅地造成、埋立等の目的で人工的に土地の改変が進行中の土地をいう。
05		空地		人工的に土地の整理が行われ、現在はまだ利用されていない土地及び簡単な施設からなる屋外駐車場、ゴルフ練習場、テニスコート、資材置場等を含める。
06	宅地	工業用地		製造工場、加工工場、修理工場等の用地をいい、工場に付属する倉庫、原料置場、生産物置場、厚生施設等を含める。
07		住宅地	一般低層住宅地	3階以下の住宅用建物からなり、1区画あたり100平方メートル以上の敷地により構成されている住宅地をいい、農家の場合は、屋敷林を含め1区画とする。
08			密集低層住宅地	3階以下の住宅用建物からなり、1区画あたり100平方メートル未満の敷地により構成されている住宅地をいう。
09			中高層住宅地	4階建以上の中高層住宅の敷地からなる住宅地をいう。
10		商業・業務用地		小売店舗、スーパー、デパート、卸売、飲食店、映画館、劇場、旅館、ホテル等の商店、娯楽、宿泊等のサービス業を含む用地及び銀行、証券、保険、商社等の企業の事務所、新聞社、流通施設、その他これに類する用地をいう。
11	公共公益施設用地	道路用地		有効幅員1m以上の道路、駅前広場等で工事中、用地買収済の道路用地も含む。
12		公園・緑地等		公園、動植物園、墓地、寺社の境内地、遊園地等の公共的性格を有する施設及び総合運動場、競技場、野球場等の運動競技を行うための施設用地をいう。
13		その他の公共公益施設用地		公共業務地区（国、地方自治体等の庁舎からなる地区）、教育文化施設（学校、研究所、図書館、美術館等からなる地区）、供給処理施設（浄水場、下水処理場、焼却場、変電所からなる施設地区）、社会福祉施設（病院、療養所、老人ホーム、保育所等からなる施設地区）、鉄道用地（鉄道、車両基地を含む）、バス発着センター、車庫、港湾施設用地、空港等の用地をいう。
14	河川・湖沼等			河川（河川敷、堤防を含む）、湖沼、溜池、養魚場、海浜地等をいう。
15	その他			防衛施設、米軍施設、基地跡地、演習場、皇室に関係する施設及び居住地等をいう。
16	海			海面をいう。

資料：国土地理院『数値地図5000（土地利用）』より作成

付表2　尼崎市29地区に含まれる町丁目

地区NO	町丁目
1	北城内、南城内 東本町1～4 大物町1、2 東松島町、西松島町 東初島町、北初島町 南初島町 築地1～5 昭和通1、2 東大物町1、2 北大物町、西大物町
2	昭和通3～9 昭和南通3～9 神田北通1～9 神田中通1～9 神田南通1～6 建家町 北竹谷町1～3 南竹谷町1～3 竹谷町1～3 宮内町1～3 玄番北之町、玄番南之町 西本町1～8 御園町、西御園町 開明町1～3 寺町 東桜木町、西桜木町 汐町 西本町北通3～5 中在家町1～4
3	東難波町1～5 西難波町1～6 蓬川荘園
4	西向島町 東浜町 西高洲町 西海岸町 東向島東之町 東向島西之町 東高洲町 大高洲町 東海岸町
5	杭瀬南新町1～4 杭瀬寺島1、2 梶ケ島 今福1、2 杭瀬北新町1～3 杭瀬本町1～3 常光寺1～4 長洲東通1、2

地区NO	町丁目
6	長洲中通1～3 長洲本通1～3 長洲東通3 長洲西通1、2 金楽寺町1、2 西長洲町1～3 扶桑町 杭瀬北新町4
7	額田町 高田町 神崎町 次屋3、4 西川1、2
8	次屋1、2 浜1～3 潮江1～5 下坂部1～3 久々知3
9	西立花町4、5 浜田町1～5 稲葉元町1～3 大庄北1～5 稲葉荘1～4
10	大島1～3 大庄西町1～4
11	水明町 大庄川田町 大庄中通1～5 菜切山町 琴浦町 崇徳院1～3 蓬川町
12	道意町1～6 武庫川町1～4 元浜町1～5
13	道意町7 丸島町 平左衛門町 大浜町1、2 又兵衛 西 扇町 中浜町 鶴町 末広町1、2
14	西立花町1～3 東七松町1、2 七松町1～3 西難波町1、2
15	水堂町1～4 立花町1～4

地区NO	町丁目
16	大西町1～3 三反田町1～3 尾浜町1～3 名神町1～3 久々知西町1、2
17	上ノ島1～3 南塚口町7、8 栗山町1、2
18	富松町1～4 塚口町3～6
19	塚口町1、2 塚口本町1～7 猪名寺3
20	南武庫之荘6～12
21	南武庫之荘1～5
22	武庫之荘東1、2 武庫之荘1～9 武庫之荘西2 武庫之荘本町1～3
23	武庫町1～4 武庫元町1～3 武庫豊町2、3 常吉1、2 武庫の里1、2 常松1、2 西昆陽1～4
24	田能1～6 椎堂1、2
25	東園田1～9
26	戸ノ内町1～6
27	塚口本町8 猪名寺1、2 南清水 食満1～3 （食満4は河川敷） 食満5～7 御園1、2 口田中1 瓦宮1
28	口田中2 瓦宮2 若王寺1～3 弥生ケ丘町 善法寺町 小中島町1～3 御園3 上坂部1～3 久々知1、2 下坂部4
29	東塚口町1、2 南塚口町1～6

資料：財団法人尼崎地域・産業活性化機構（2004）より作成（一部修正）

[注]
（ 1 ） 本稿は、筆者が分析と執筆を担当した（公財）尼崎地域産業活性化機構（2015）の一部を加筆修正したものである。本稿では、紙幅の関係で、分析結果を簡略化して表記しているため、詳細な結果は、同報告書を参照されたい。
http://www.ama-in.or.jp/research/pdf/jisyu/H26_landuse2.pdf
（ 2 ） 都市計画法にもとづいて都道府県等において 5 年ごとに実施される土地利用現況調査においても産業系の土地利用区分が設定されている。しかし、土地利用の現況や変化を定量的に把握できる電子データの形式では公開されていない。
（ 3 ） 『細密数値情報（10mメッシュ土地利用）』と『数値地図5000（土地利用）』では、データの形式が異なるため、集計結果を単純に比較することはできない。
（ 4 ） 赤桐（1999）は、国土地理院『細密数値情報（10mメッシュ土地利用）』を利用して、1970年代から1990年代にかけての三大都市圏における土地利用変化の特徴を明らかにしている。そこでは、対象地域の全市区町村について、15種類の土地利用分類ごとに面積を集計しており、その推移をみることで土地利用の変化を捉えている。2000年以降では、東京大学の研究グループが『居住地域環境が日常身体活動・行動に及ぼす影響に関する調査研究』（平成20～24年度 JSPS 科学研究費補助金 基盤研究（A）課題番号20240063、研究代表者 李廷秀）において、『数値地図5000（土地利用）』を用いて同様の集計を行っている。
（ 5 ） 筆者が分析と執筆を担当した大阪都市経済調査会（2005）、同（2006）においても、大阪市を対象に1974（昭和49）年から1996（平成 8 ）年にかけての土地利用の現況とその変化を把握している。
（ 6 ） 『数値地図5000（土地利用）』の詳細は、沼田・内川・長谷川ほか著（2008）を参照のこと。
（ 7 ） たとえば、A 社の工場から B 社の工場へ変化した場合のように、同じ「06 工業用地」の分類内での変化は、仮に建物の配置に変化が生じていたとしても捉えることができない。
（ 8 ） 『数値地図5000（土地利用）』は、行政区域の情報を持っていないため、特定の行政区域だけを抽出するためには、行政区域の情報を有する別の数値地図と重ね合わせることが必要となる。本研究では、行政区域の情報を有する国土地理院『数値地図25000（行政界・海岸線）』を用いて、『数値地図5000（土地利用）』と重ね合わせることで、尼崎市及び周辺都市の区域を抽出した。
（ 9 ） 『数値地図5000（土地利用）』は、Arc View 9.1で直接読み込むことができない。本研究では、国土地理院がホームページ上で無償提供している変換ツール（xml2shp）を使用して、XML ファイル形式から Arc View 9.1での読み込みが可能な Shape ファイル形式に変換を行った。
（10） 白黒印刷で用途を判別できるようにするため、宅地以外の用途を表示しなかった。（公財）尼崎地域産業活性化機構（2015）では、海を含めた16種類のすべての用途を判別できるように、2001年と2008年の土地利用現況地図をカラーで作成している（同報告書11～12頁参照）。
（11） 表の最下行にある合計欄の数値（50,567,600m^2）は、『数値地図5000（土地利用）』

(12) 「10 商業・業務用地」は、店舗、オフィス、流通施設など、多用な業種・形態を含んでいるため、既往統計で動向を確認することが困難である。
(13) ArcViewのインターセクト機能を用いて、2001年と2008年の地図を重ね合わせることによって、土地利用が変化した部分を抽出することが可能となる。その面積を用途別に集計することによって表3を作成した。紙幅の関係上、いくつかのコードを統合、省略しているが、(公財) 尼崎地域産業活性化機構 (2015) では、すべてのコードについての結果を示している (同報告書16頁参照)。なお、2008年のデータは、国土地理院がデータ作成時に使用する基図を追加したことにより、2001年のデータよりも土地利用境界線の精度が向上している (国土地理院応用地理部)。そのため、両年次のデータを重ね合わせると、境界線でズレが生じるが、ズレは小さなものであるため、本研究での分析には大きな支障はないと考える。
(14) 土地利用転換の総面積は、尼崎市の総面積から、2001年から2008年にかけて用途が変化しなかった (土地利用分類コード [海を含めた16分類] が同一であった) 部分の面積を差し引いて算出した。
(15) (公財) 尼崎地域産業活性化機構 (2015) の17〜18頁を参照。
(16) 詳しくは財団法人尼崎地域・産業活性化機構 (2004) を参照のこと。当財団では、この29地区の設定を用いて、市内の小地域を対象とする分析を継続的に行っている。
(17) Arc View 9.1を用いて、国土地理院『数値地図5000 (土地利用)』と『数値地図25000 (行政界・海岸線)』で作成した尼崎市の土地利用の現況地図と『数値地図2500 (空間データ基盤)』をもとに作成した29地区の区分図を重ね合わせることにより、現況地図に29地区の情報を付与した。次に、土地 (各ポリゴン) の面積を再計算して、29地区別に集計することで、29地区別に土地利用が変化した面積を把握した。なお、『数値地図25000 (行政界・海岸線)』の尼崎市域と『数値地図2500 (空間データ基盤)』をもとに作成した29地区の市域では若干の相違があるため、前者の面積 (5,056.76ha) と後者の面積 (5,056.20ha) は、一致しない。これは表6にも該当する。
(18) 紙幅の関係で、地区別の用途別面積 (実数値) を割愛した。(公財) 尼崎地域産業活性化機構 (2015) では、2008年時点の地区別の用途別面積を掲載している (同報告書24〜26頁参照)。
(19) 紙幅の関係で紹介できなかったが、本稿のもとになった (公財) 尼崎地域産業活性化機構 (2015) 等において、筆者は、国土地理院が作成した『細密数値情報 (10mメッシュ土地利用)』と『数値地図5000 (土地利用)』を用いて、住宅地に隣接する工業用地を抽出して、住工混在地の変化について定量的把握を継続的に行い、都市政策や産業政策についての検討を行っている。詳しくは、大阪都市経済調査会 (2006)、井上 (2007b)、(公財) 尼崎地域産業活性化機構 (2015) を参照のこと。

[参考文献]

赤桐毅一 (1999)「宅地利用動向調査による三大都市圏における土地利用変化について」『地図』145、27-28頁。

井上智之（2007a）「尼崎市の土地利用の変化（細密数値情報から）」、財団法人尼崎地域・産業活性化機構・兵庫県立大学編『尼崎市における土地利用と製造業立地特性に関する研究報告書』、22-52頁。
　http://www.ama-in.or.jp/research/pdf/jisyu/h19_landuse_03.pdf
井上智之（2007b）「尼崎市の工業用地の変化（地図分析による空間把握）」、財団法人尼崎地域・産業活性化機構・兵庫県立大学編『尼崎市における土地利用と製造業立地特性に関する研究報告書』、53-72頁。
　http://www.ama-in.or.jp/research/pdf/jisyu/h19_landuse_04.pdf
大阪都市経済調査会（2005）『工場流出防止方策検討調査報告書』。
　http://www.sansokan.jp/tyousa/study/jisyu_pdf/H16-2.pdf
大阪都市経済調査会（2006）『工場流出防止方策検討調査Ⅱ報告書』。
　http://www.sansokan.jp/tyousa/study/jisyu_pdf/H17.pdf
公益財団法人尼崎地域産業活性化機構（2015）『尼崎市における土地利用変化に関する実態調査報告書』。
財団法人尼崎地域・産業活性化機構（2004）『国勢調査及び事業所・企業統計からみた尼崎の小地域の特性』。
沼田佳典・内川講二・長谷川望ほか著（2008）「宅地利用動向調査におけるデータ整備について」『国土地理院時報』115、77-84頁。

XV 尼崎版グリーンニューディール事業の政策効果と今後の課題

小沢 康英
神戸女子大学文学部　准教授

芦谷 恒憲
兵庫県企画県民部統計課　参事

はじめに
──デカップリングを目指す尼崎版グリーンニューディール（AGND）──

　尼崎市では、2012（平成24）年度から「尼崎版グリーンニューディール」（以下、「AGND」という）の関連事業が始まった。AGNDは、環境と産業との共生、そして地域経済の好循環を目指した構想である。環境と産業との共生に向けては、CO_2削減や再生可能エネルギーの供給といった環境保全の「需要」を、環境保全に関わる技術・製品の開発、イベント・サービスの開催など経済活動が「供給」で応えるという動きについて、「需要」「供給」各々が活発化し、両者の歯車が円滑にかみ合うよう、様々な施策が展開されている。こうしたCO_2削減と経済の発展の共生を図る施策の展開は、デカップリング政策とも言われている。

　18世紀後半からの産業革命のなかでの蒸気機関の活用以来、長きにわたり経済成長と化石燃料の活用（CO_2排出）とはコインの裏表のような関係にあり、経済成長を持続するには化石燃料の活用の増加が欠かせなかった。この経済成長と化石燃料活用との密接な関係を引き離す試みがデカップリング政策と呼ばれる。デカップリング（decoupling）とは、親密な関係にある2つの要素を引き離すことである。デカップリング政策に取り組み、CO_2排出を抑制しながら、経済成長を実現する国が21世紀に入った頃から、欧州を中心に出てきた。デカップリング政策の成果が見えてきた国では、1990年代から中長期的な視点に立って、環境税を導入するなど温室効果ガス削減への取組みを強めてきた。

この圧力をバネにしてイノベーションが促され、新産業が育ち、経済成長に寄与してきた。

デカップリング政策とは、化石燃料の消費、CO_2排出を低減、減少させながら一方で、右上がりの経済成長を実現するための経済戦略であり、大きく次の3つの方向がある。第1は、新エネルギー、省エネルギー、リサイクル分野でブレークスルー（現状打破）を伴うような技術革新・商品開発の積極化を促す政策である。第2は、CO_2排出抑制につながる税制や助成、CO_2の排出量取引制度など制度面からイノベーションを刺激する政策である。第3が、環境保全型の公共投資や農林水産業の復活を通して、破壊された自然環境を再生する政策である。これらのデカップリング政策の中で、重要な柱として位置づけられるのが技術革新であり、省エネ、新エネ技術の開発及び、普及が求められる。

AGNDでは、新エネルギー、省エネルギーをもたらす技術革新・商品開発の支援、エネファーム・LED照明・太陽光発電の普及に向けた助成や公共事業、あまがさき環境オープンカレッジ推進など、デカップリング政策に通じる施策がバランスよく取り込まれている。例えば、省エネ、省エネ技術の普及に関わるエネファーム・太陽光発電設備の設置に対する助成では、一般家庭（民生家庭部門）やオフィス・学校等（民生業務部門）における設備の更新を伴いつつ、CO_2排出抑制への寄与がもたらされる。一般家庭やオフィスの分野のエネルギー消費は1990年代後半から全国的に急増してきている。尼崎市でも、CO_2排出量の推移を部門別にみると（「市内温室効果ガス排出量推計結果報告書」（平成26年3月））、産業部門・運輸部門では、ほぼ横ばいからマイナスであるのに対し、家庭・オフィス部門はプラス傾向にある（図1）。このため、一般家庭やオフィスへの省エネ、省エネ技術の普及は、CO_2排出抑制への重要な取組みとなる。

事業所の環境保全や環境負荷の低減に向けた取組み状況を「第2次尼崎市環境基本計画の策定に係る事業所アンケート調査報告書」（平成25年12月）からみると、「事業内での節電や省エネルギー対策」「事業所内のごみの減量、リサイクルの推進など」への取組みが多くなっており、産業部門におけるエネルギー消費の抑制の動きをあらわしている。加えて、「環境に配慮した商品・

サービスの製造・販売・提供」「環境に配慮した商品・サービス等の使用（グリーン購入）」への取組みが続いており、環境保全の「需要」のみならず、環境保全に関わる「供給」への関心の高さがみてとれる（図2）。AGNDでは、新エネルギー、省エネルギーをもたらす技術革新・商品開発の支援に関わる施策も多く、環境と産業との共生の実現に取り組んでいる。

そこで本稿では、環境と産業との共生を図るAGNDの施策に関して、経済活動に及ぼす側面と、CO_2排出抑制をもたらす側面との両面からの効果について考察していくこととする。

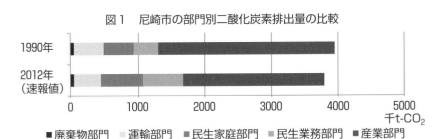

図1　尼崎市の部門別二酸化炭素排出量の比較

出典：「市内温室効果ガス排出量推計結果報告書」尼崎市（平成26年3月）

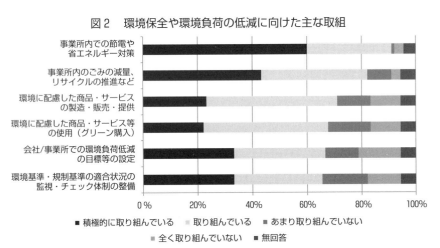

図2　環境保全や環境負荷の低減に向けた主な取組

出典：「第2次尼崎市環境基本計画の策定に係る事業所アンケート調査　報告書」尼崎市（平成25年12月）を基に筆者作成

1 環境指標の現状

(1) 環境関連指標の概要

　地球温暖化防止等環境負荷軽減のため CO_2 削減は、多く人が知っているが、なかなか行動に結びついていない。それは、CO_2 削減に向けての地域の取組みの成果が見えにくいためである。地球温暖化、酸性雨等の大気、水質、廃棄物分野における環境の指標化に当たっては、省エネルギーなどの環境負荷の可視化の取組みが求められている。環境負荷低減達成度を習慣化し、数字で確認、実感しながら取り組むこと、地域の取組みの成果を県民に分かりやすくフィードバックできる指標化などが考えられる。

　図3は、CO_2 等排出の過程と一次エネルギー供給、エネルギー転換、最終エネルギー消費などエネルギーフローを示したものである。環境活動は尺度がはっきりしないことが多いため、客観的な評価が困難なことが問題となる。そのため、環境負荷と経済を貨幣価値等の共通の尺度ではかることが必要である。

図3　CO_2 等排出フローの概念図

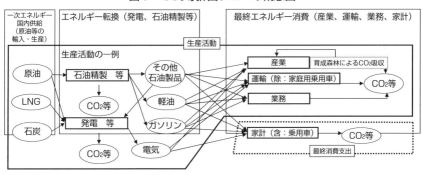

出典：㈱エス・アール・シー「地域における環境経済統合勘定の推計作業」

（2）環境効率改善指標

　環境と経済との関連指標を作成することにより環境負荷や環境効率などを客観的なデータで明らかにすることができる。指標は環境効率改善指標であり、環境と経済の費用対効果分析指標である。OECD（経済協力開発機構）などでは、この経済と環境の持続可能性を測る環境効率改善指標をデカップリング指標と呼んでいる。

　この環境効率改善指標の計算式は、次式のとおりである。

$$\text{環境効率改善指標} = \left(1 - \frac{\text{期末環境負荷（EP）／期首環境負荷（EP）}}{\text{期末経済的駆動力（DF）／期首経済的駆動力（DF）}}\right) \times 100$$

　DF（Driving Force）は経済的駆動力（県内総生産など）を、EP（Environmental Pressure）は環境負荷をそれぞれ表している。たとえば、GDP（県内総生産）の増加率より環境負荷の増加率が小さく、その結果としてこの指標がプラス値をとるときに、環境効率は改善しているとみなし、マイナス値の場合は、環境効率は悪化しているとみなす。このほか、温室効果関連の指標ではGDP当たりCO_2排出量比率、エネルギー消費当たりCO_2排出量比率などで廃棄物はGDP当たり廃棄物最終処分量の比率などが考えられる。

（3）環境と経済の評価指標

　環境と経済についての評価指標としては、費用対効果指標、目標達成度指標などが考えられる。このうち投入・産出比率（費用対効果）では、費用、効果の比較により施策の効率性等の程度を把握することができる。評価指標に想定される指標として、投入・産出比率（費用対効果）は、排出量、集団回収量、総費用から得られる比率を用いることが考えられる。総資源化量（直接資源化量）、中間処理後の再生利用量、集団回収量、最終処分量（埋め立てられたゴミの量）などが考えられる。

2　尼崎版グリーンニューディール事業の概要と経済効果

　尼崎版グリーンニューディール事業は、民間のエコ需要喚起（家庭用燃料電池の設置、太陽光パネルの設置、小規模太陽光発電設備モデルケースの設置）、公共のエコ需要喚起（街路灯LED化、庁舎への再生可能エネルギーの導入）、需要に応える供給促進（エコ活動促進資金事業）、市民事業者のエコ意識行動改革（環境オープンカレッジ、エコチャレンジあまがさき推進事業）、このほか持続的に支える取組みが実施された。

　平成24年度事業及び平成25年度事業の概要は、次表のとおりである（表1、表2）。

　尼崎市経済活性対策課資料により平成24年度及び平成25年度の最終需要額を推計し、平成22年阪神地域産業連関表を用いて経済効果（生産誘発額、付加価値誘発額、就業者誘発額）を推計した。生産誘発額は、平成24年度が5億円6,600千6百万円、平成25年度が5億3,000千万円となる（表3）。

　上記で推計した生産誘発額を基に、域内生産額1単位当たりの係数を用いて試算すると、エネルギー消費量は2.525千GJ、二酸化炭素排出量は0.170Kt－CO_2である（表4）。

表1　平成24年度尼崎版グリーンニューディール事業一覧

	事業名	事業概要
1	環境保全対策推進事業（自然エネルギー等導入促進）	エコウィル、エネファームの設置費用補助　　　　　　　　　　［発電］
		私立保育園・幼稚園への太陽光発電設備設置補助（補助率1/2）［発電］
2	中小企業エコ活動総合支援事業（無料省エネ診断等）	無料省エネ診断・省エネ設備導入補助（補助率1/3）　　　　［省エネ］
3	街路灯維持管理事業（街路灯LED化）	水銀灯等既存の街路灯から環境に配慮したLED灯に順次改修する。［省エネ］
4	中小企業エコ活動総合支援事業（中小企業エコ活動促進資金事業）	設備資金・運転資金について、日本政策金融公庫の地域活性化・雇用促進資金を活用した融資制度　　　　　　　　　　　　　　　　　　［省エネ］
5	尼崎市雨水貯留タンク設置助成金交付事業	雨水貯留タンクを設置しようとする者に対して助成金の交付を行う（補助率1/2）　　　　　　　　　　　　　　　　　　　　　　　　　　［水資源］
6	中小企業新技術・新製品創出支援事業	市内事業者が行う研究開発に対して経費の一部を補助してきた事業について、環境保全や先駆的な環境・エネルギー技術の活用に資する取組への支援を拡充し、技術開発を促進する。　　　　　　　　　　　　　［省エネ］
7	環境保全対策推進事業（あまがさきエコプロダクツ支援事業）	市内で製造される環境負荷の低減に寄与する工業製品の発掘、表彰。
8	メイドインアマガサキ「エコロジー部門」	尼崎ならではの商品の情報発信に取り組む「メイドインアマガサキ」コンペにおいて「エコロジー部門」を創設し、環境に配慮した商品を認定する。（補助対象経費（支出）の3分の1を補助）
9	環境・エネルギー技術強化支援事業（国の緊急雇用特別交付金を活用）	ものづくり経験を有する技術指導員を雇用し、市内中小企業への技術開発や支援のニーズを把握しながら、ものづくり支援センター等の支援機器やノウハウを活用した環境・エネルギー分野の新技術開発・試作支援等を強化する。
10	環境保全対策推進事業（エコチャレンジあまがさき推進事業）	環境家計簿や二酸化炭素排出量を見える化する機器の活用、親子向け環境映画会の開催等を行う。
11	あまがさき環境オープンカレッジ推進事業	市民、学校、企業、行政で組織する実行委員会が「あまがさき環境オープンカレッジ」を協働で運営し、環境学習講座や啓発イベント等を実施。
12	尼崎版グリーンニューディール推進事業	庁内推進体制において、重点テーマの設定、具体的な施策・事業の検討を行う。

出典：尼崎市経済活性対策課資料より作成

表2 平成25年度尼崎版グリーンニューディール事業一覧

	事 業 名	事 業 概 要
1	環境保全対策推進事業（自然エネルギー等導入促進）	エコウィル、エネファームの設置費用補助　［省エネ］ 私立保育園・幼稚園への太陽光発電設備設置補助（補助率1/2）［発電］ 小規模太陽光発電設備モデルケースの設置（クリーンセンター1・2工場）　［発電］
2	小規模産業用太陽光発電設備の設置促進	事業用として太陽光発電設備を設置した場合に、固定資産税の課税を免除（3年間）　［発電］
3	中小企業エコ活動総合支援事業（無料省エネ診断等）	無料省エネ診断・省エネ設備導入補助（補助率1/3）　［省エネ］
4	街路灯維持管理事業（街路灯LED化）	水銀灯等既存の街路灯から環境に配慮したLED灯に順次改修する。　［省エネ］
5	中小企業エコ活動総合支援事業（中小企業エコ活動促進資金事業）	設備資金・運転資金について、日本政策金融公庫の地域活性化・雇用促進資金を活用した融資制度
6	尼崎市雨水貯留タンク設置助成金交付事業	雨水貯留タンクを設置しようとする者に対して助成金の交付を行う（補助率1/2）　［水資源］
7	学校施設への再生可能エネルギー導入	学校施設へ太陽光発電設備を設置し、教室等の照明電力として利用するほか、売電を行う
8	消防庁舎への再生可能エネルギー導入	県の再生可能エネルギー等導入促進基金を活用して、太陽光発電及び蓄電池等を設置　［発電］
9	市場・商店街等エネルギー・省資源化促進事業	市場・商店街での省エネルギー化・省資源化を進め、既存照明のLED置き換えに対して、設置費用の一部を補助する。（補助率1/3）［省エネ］
10	中小企業新技術・新製品創出支援事業	市内事業者が行う研究開発に対して経費の一部を補助してきた事業について、環境保全や先駆的な環境・エネルギー技術の活用に資する取組への支援を拡充し、技術開発を促進する。
11	起業家等立地支援事業	指定のインキュベーション施設に入居する成長分野事業者に対して、賃料の一部を補助する。
12	環境保全対策推進事業（あまがさきエコプロダクツ支援事業）	市内で製造される環境負荷の低減に寄与する工業製品の発掘、表彰。
13	環境保全対策推進事業（エコチャレンジあまがさき推進事業）	環境家計簿や二酸化炭素排出量を見える化する機器の活用、親子向け環境映画会の開催等を行う。
14	21世紀の尼崎運河再生プロジェクト事業	運河の水質環境改善の取組への理解、参画を促し、市民の環境意識の向上を図る。
15	あまがさき環境オープンカレッジ推進事業	市民、学校、企業、行政で組織する実行委員会が「あまがさき環境オープンカレッジ」を協働で運営し、環境学習講座や啓発イベント等を実施。
16	尼崎版グリーンニューディール推進事業	庁内推進体制において、重点テーマの設定、具体的な施策・事業の検討を行う。

出典：尼崎市経済活性対策課資料より作成

表3 尼崎版グリーンニューディール事業経済効果

（単位：百万円、人）

項　目	最終需要額	生産誘発額	粗付加価値誘発額	就業者誘発数	雇用者誘発数
平成24年度事業	436.1	566.0	208.0	21	13
平成25年度事業	408.0	530.1	196.9	21	12
平成26年度事業試算	375.5	483.9	188.2	14	11

出典：地域経済構造分析研究会（2013）「平成22年阪神地域産業連関表」

表4　平成25年度　尼崎版グリーンニューディール事業の経済波及効果

	部門名 (36部門)	最終需要額 (百万円)	経済波及効果（まとめ） (百万円、人)				エネルギー 消費量	CO₂発生量
			生産 誘発額	付加価値 誘発額	就業者 誘発数	雇用者 誘発数	千GJ	Kt-CO₂
1	農林業	0.0	0.0	0.0	0	0	0.000	0.000
2	漁業	0.0	0.0	0.0	0	0	0.000	0.000
3	鉱業	0.0	0.0	0.0	0	0	0.001	0.000
4	飲食料品	0.0	5.2	2.1	0	0	0.033	0.002
5	繊維製品	0.0	0.1	0.1	0	0	0.002	0.000
6	パルプ・紙木製品	0.0	1.3	0.4	0	0	0.039	0.002
7	化学製品	0.0	1.1	0.3	0	0	0.027	0.002
8	石油・石炭製品	0.0	0.1	0.0	0	0	0.003	0.000
9	窯業・土石製品	0.0	1.5	0.7	0	0	0.088	0.014
10	鉄鋼	0.0	1.6	0.4	0	0	0.117	0.011
11	非鉄金属	0.0	4.1	1.0	0	0	0.032	0.002
12	金属製品	0.0	4.7	1.9	0	0	0.021	0.001
13	一般機械	10.9	12.9	4.8	1	1	0.019	0.001
14	電気機械	378.7	361.3	106.1	12	5	0.704	0.040
15	情報・通信機器	0.0	0.6	0.1	0	0	0.000	0.000
16	電子部品	0.0	2.2	0.5	0	0	0.007	0.001
17	輸送機械	5.0	5.7	1.4	0	0	0.017	0.001
18	精密機械	0.0	0.2	0.1	0	0	0.000	0.000
19	その他の製造工業製品	3.3	5.7	2.2	0	0	0.013	0.001
20	建設	34.1	37.6	17.4	2	1	0.114	0.008
21	電力・ガス・熱供給	0.0	1.6	0.6	0	0	0.610	0.036
22	水道・廃棄物処理	0.0	0.9	0.5	0	0	0.013	0.003
23	卸売	0.0	0.8	0.6	0	0	0.001	0.000
24	小売	0.0	5.8	3.8	1	1	0.033	0.002
25	金融・保険	0.0	1.1	0.7	0	0	0.002	0.000
26	不動産	2.8	24.5	21.0	0	0	0.011	0.001
27	運輸	1.2	11.0	6.3	1	1	0.468	0.032
28	情報通信	0.0	0.9	0.5	0	0	0.001	0.000
29	公務	0.0	0.4	0.3	0	0	0.002	0.000
30	教育・研究	1.1	15.6	11.2	2	1	0.084	0.006
31	医療・保健・社会保障・介護	0.0	3.2	1.9	0	0	0.012	0.001
32	その他の公共サービス	0.0	0.6	0.4	0	0	0.003	0.000
33	対事業所サービス	0.6	11.0	6.8	1	1	0.012	0.001
34	対個人サービス	0.1	5.4	3.0	1	1	0.036	0.002
35	事務用品	0.0	0.7	0.0	0	0	0.000	0.000
36	分類不明	0.0	0.5	▲0.1	0	0	0.004	0.000
合計		408.0	530.0	196.9	21	12	2.525	0.170

出典：地域経済構造分析研究会（2013）「平成22年阪神地域産業連関表」

3　尼崎版グリーンニューディール事業の環境効果

（1）環境効果の推計

　ここでは、AGND事業の環境効果を推計する。産業連関表を用いた生産過程のCO_2排出量の推計は、国立環境研究所が全国産業連関表を用いて算出した「環境負荷原単位」を使用する。これは、「産業連関表による環境負荷原単位データブック（3EID）」に収録されており、生産活動の種類によって区分された約400の部門で構成されている。環境負荷原単位は、各部門の単位生産活動（生産額百万円当たり）に伴い直接的・間接的に発生する環境負荷量（エネルギー消費量、CO_2排出量等）を示している。この3EIDを用いることで、特定の製品の生産過程におけるCO_2排出量を簡易的に算出できる。データ等の詳細は、国立環境研究所ホームページ（http://www.cger.nies.go.jp/publications/report/d031/jpn/datafile/index.htm）で確認できる。

　AGND事業の環境効果は、「環境負荷原単位」で得られた直接エネルギー消費量と直接二酸化炭素排出量、及び平成17年国内生産額から推計した環境係数（36部門）を用いて推計した。この環境係数を部門別にみると、直接エネルギー消費係数（生産額百万円当たり）は、①電力・ガス・熱供給、②鉱業、③鉄鋼で大きく、直接CO_2排出係数（生産額百万円当たり）は、①電力・ガス・熱供給、②窯業・土石製品、③鉱業で大きかった。

　この部門別の環境係数を用いて、平成24年度～26年度のAGND事業の累積的な環境効果を推計した。平成24年度事業の効果は398.7t／年であった。環境負荷を低減する機器等の設置は、次年度以降も効果が継続するため、平成25年度事業の効果は、当該年度の効果476.4t／年に平成24年度事業の効果の継続分（398.7t／年）を加えた875.1t／年となる。平成26年度は、平成24年度事業と25年度事業の効果が継続する（表5）。

表5　平成24・25年度尼崎版グリーンニューディール事業 CO_2 削減量推計

(平成24年度)

事業名	事業概要	事業費(百万円)	最終需要額(百万円)	CO_2削減量 (t/年) H24年度	H25年度	H26年度
環境保全対策推進事業(自然エネルギー等導入促進)	エコウィル、エネファームの設置費用補助	19.7	334	269.6	269.6	269.6
	私立保育園・幼稚園への太陽光発電設備設置補助(補助率1/2)	7.9	16.1	1.5	1.5	1.5
中小企業エコ活動総合支援事業(無料省エネ診断等)	無料省エネ診断・省エネ設備導入補助(補助率1/3)	0.5	1.4	3.6	3.6	3.6
街路灯維持管理事業(街路灯LED化)	水銀灯等既存の街路灯から環境に配慮したLED灯に順次改修する。	49.6	49.6	124	124	124
中小企業エコ活動総合支援事業(中小企業エコ活動促進資金事業)	設備資金・運転資金について、日本政策金融公庫の地域活性化・雇用促進資金を活用した融資制度	0.0	0.5			
尼崎市雨水貯留タンク設置助成金交付事業	雨水貯留タンクを設置しようとする者に対して助成金の交付を行う(補助率1/2)	0.3	0.7	0.0	0.0	0.0
その他事業		29.3	29.3			
平成24年度計		107.3	436.1	398.7	398.7	398.7

(平成25年度)

事業名	事業概要	事業費(百万円)	最終需要額(百万円)	H24年度	H25年度	H26年度
環境保全対策推進事業(自然エネルギー等導入促進)	エコウィル、エネファームの設置費用補助	10.5	193.1		155.9	155.9
小規模産業用太陽光発電設備の設置促進	事業用として太陽光発電設備を設置した場合に、固定資産税の課税を免除(3年間)	0.0	47.3		68.6	68.6
中小企業エコ活動総合支援事業(無料省エネ診断等)	無料省エネ診断・省エネ設備導入補助(補助率1/3)	0.7	2.2		5.7	5.7
街路灯維持管理事業(街路灯LED化)	水銀灯等既存の街路灯から環境に配慮したLED灯に順次改修する。	68.3	68.3		170.7	170.7
中小企業エコ活動総合支援事業(中小企業エコ活動促進資金事業)	設備資金・運転資金について、日本政策金融公庫の地域活性化・雇用促進資金を活用した融資制度	0.0	5.0			
尼崎市雨水貯留タンク設置助成金交付事業	雨水貯留タンクを設置しようとする者に対して助成金の交付を行う(補助率1/2)	0.8	1.8		0.1	0.1
学校施設への再生可能エネルギー導入	学校施設へ太陽光発電設備を設置し、教室等の照明電力として利用するほか、売電を行う	11.7	11.7		10.8	10.8
消防庁舎への再生可能エネルギー導入	県の再生可能エネルギー等導入促進基金を活用して、太陽光発電及び蓄電池等を設置	18.6	18.6		5.9	5.9
市場・商店街等省エネルギー・省資源化促進事業	市場・商店街での省エネルギー化・省資源化を進め、既存照明のLED置き換えに対して、設置費用の一部を補助する。(補助率1/3)	1.0	14.6			
本庁舎LED化推進					56.2	56.2
その他事業		45.3	45.3			
平成25年度計		157.0	408.0		476.4	476.4
平成24年度・平成25年度計		264.3	844.1	398.7	875.1	875.1

出典：尼崎市経済活性対策課資料より作成

(2) 平成23年産業連関表からみたエネルギー部門の構造変化

　平成17年以降、東日本大震災（平成23年3月）が発生しエネルギー部門の構造変化があった。これは環境効果を推計する環境係数に影響を与えた。全国産業連関表の電力・ガス・熱供給、水道・廃棄物処理部門の投入係数について平成17年表と平成23年表（速報）のデータを比較した（表6）。

　産業部門平均で石炭・原油・天然ガス使用割合が0.7ポイント上昇した。特に電力部門では15.0ポイント、ガス・熱供給部門では9.8ポイント上昇した。他の部門では、パルプ・紙・木製品、非鉄金属、電子部品、繊維製品等で鉱業（原油等）や電力等の使用割合が上昇した。

　先にみた平成17年表の数値を用いて推計した直接エネルギー係数や直接CO_2排出係数は、平成23年表（速報）のデータを用いると、必然的に変わることになるが、この新しいデータを用いた推計については今後の研究課題としたい。

表6　電気・ガス・熱供給業、水道・廃棄物処理部門の投入係数比較表　　（単位：％）

項目	平成23年表 電力	ガス・熱供給	水道	廃棄物処理	部門平均	平成17年表 電力	ガス・熱供給	水道	廃棄物処理	部門平均	平成23年－平成17年 電力	ガス・熱供給	水道	廃棄物処理	部門平均
石炭・原油・天然ガス	29.8	43.5	0.0	0.0	2.2	14.8	33.7	0.0	0.0	1.4	15.0	9.8	▲0.0	▲0.0	0.7
電力	12.3	1.4	3.8	3.9	1.3	3.6	2.1	4.9	3.6	1.2	8.8	▲0.7	▲1.1	0.3	0.2
ガス・熱供給	0.1	1.2	0.1	0.4	0.3	0.1	1.5	0.1	0.3	0.2	▲0.0	▲0.3	▲0.0	0.1	0.1
水道	0.1	0.3	9.4	1.1	0.3	0.1	0.4	9.8	1.1	0.3	▲0.0	▲0.1	▲0.4	▲0.0	0.0
廃棄物処理	1.7	0.1	0.1	0.0	0.3	0.7	0.1	0.1	0.0	0.3	1.1	▲0.0	▲0.0	▲0.0	0.0
内生部門計	80.4	73.8	52.0	27.3	49.4	53.9	70.3	48.0	27.7	48.0	26.5	3.5	4.0	▲0.4	1.5
粗付加価値部門計	19.6	26.2	48.0	72.7	50.6	46.1	29.7	52.0	72.3	52.0	▲26.5	▲3.5	▲4.0	0.4	▲1.5
国内生産額	100.0	100.0	100.0	100.0	100.0	100.0	100.0	100.0	100.0	100.0	－	－	－	－	－

出典：総務省（2014）「平成23年産業連関表（速報）」

4　環境効果分析の地域政策への利用と課題

(1) 環境指標の利用

　政策評価指標として基準と期待値(目標値)を比較(目標達成率比較)できるは、効率性、有効性が把握される指標、いわゆる環境パフォーマンス指標である。たとえば、CO_2排出改善達成率、エネルギー効率改善達成率などが考えられる。次に経済効果／環境費用総額、環境プロジェクトの費用・便益、資源化率、資源化単価推計であるが、貨幣単位、物量単位、貨幣単位と物量単位換算比率データの提供によりデータ利用の幅を広げることができる。

　目的達成度指標では、目標値、計画値、実績値との比較により施策の効率性、有効性の程度を把握することができる。CO_2排出量、CO_2排出削減対策や廃棄物発生量、廃棄物再資源化率等の環境行動目標を設定し、その達成率を推計し表示する。

　その他、貨幣単位と物量単位比率換算データ、環境対策技術と環境負荷換算データ、その他換算データ(CO_2排出量換算、エネルギー消費量換算、最終処分量換算)などがある。

　よりきめ細かい環境施策の立案には環境改善活動の分野別把握が必要である。たとえば、部門別では産業部門、運輸部門、家庭部門など、事業活動別では事業所、生産、輸送について再資源化や廃棄物処理の環境貢献度を明らかにすることも必要である。さらに、時系列データにより環境改善実績は前年と比べどれだけ改善したかを見ることが必要である。足元の状態を迅速に把握するため、一定期間経過時点で年間換算値により環境改善の進捗度合を確認する。特に環境指標の進捗状況は、年度当初に設定された計画値を半期の実績値で進捗状況を把握し、1年後の測定結果から、その達成度(計画値との乖離割合)をみることにより計画の見直しを行うことも必要である。

　これらの指標は、持続可能な社会の実現に向けて注目される指標である。しかし、これらの指標は、資源投入量が増加し環境負荷が増大したときでも、GDPの数値によっては改善を表す可能性があるため、経済活動の活発さと環

境負荷との相対的関係を表す効率指標であり、絶対的な持続可能性を表すものではない。絶対的な持続可能性指標としては、このようなフロー概念に基づいた指標ではなく、ストック概念に基づいた指標が求められる。

　環境指標の一つである環境効率の向上は、現在の指標と基準年の指標の比較による環境効率向上倍率による指標が一般的である。基準年をいつにするかでこの指標の意味合いが変化する。

　しかしながら環境関連データの一部は整備途上であり、基準年を古くしすぎると環境データの存在が現時点のデータと比較して粗野であることから、環境指標の精度が低下し環境改善指標の厳密な比較はできない。

（2）省エネルギー製品等の域外移出に伴う効果推計

　生産活動は、エネルギーを消費し、二酸化炭素排出量が生産活動に応じて増加する。省エネルギー製品の全国への普及は結果として環境改善に寄与する。

　尼崎市内事業所で生産された製品は、域外に省エネルギー効果を与えている。「あまがさきエコプロダクツ展」が開催されている。自動車の低燃費を促進する製品や空調エネルギーの削減につながる製品は、燃料消費量の削減が二酸化炭素の削減につながる事例として紹介された。

　輸送量が増加すれば二酸化炭素の排出量も増加する。効率のよい輸送が、単位輸送量当たりの二酸化炭素の排出量を減らすことができる。

　国立環境研究所の推計では、自家用自動車の二酸化炭素排出量（平成24年）は2億2,600万トンである。「温室効果ガス排出量」は、温室効果ガスインベントリオフィスホームページ（http://www.gio.nies.go.jp/aboutghg/nir/nir-j.html）で確認できる。

　単位輸送量当たりの二酸化炭素の排出量は、旅客輸送において各輸送機関から排出される二酸化炭素の排出量を輸送量（人・キロ：輸送した人数に輸送した距離を乗じたもの）で割ったもので、自家用乗用車は、168g－CO_2／人・トン（平成24年）である。省エネルギー効果の域外移出について、たとえば、燃料消費の効率が2.5％削減される製品が生産された場合を試算すると、単位

輸送当たり168g×2.5％＝4.2g－CO₂／人・トンである。移出が150万単位とすれば、630t－CO₂となり、これが域外での二酸化炭素削減の貢献となる。

（３）省エネルギー製品等の普及と産業政策との関係性

　AGNDでは、CO₂削減といった環境保全の「需要」に対し、環境保全に関わる技術・製品の開発など経済活動が「供給」として応えるという、環境と産業との共生を目指している。尼崎市内の企業が省エネルギー製品を開発し、自社及び尼崎市内の他の需要者が活用すれば、尼崎市内のCO₂削減につながる。もっとも、尼崎市内の企業が開発した省エネルギー製品は、市外の需要者にも供給されることが多く、市外におけるCO₂削減への貢献も果たしている。CO₂排出の低減、及び経済成長を図るデカップリング政策の一つに、CO₂の排出量取引制度があり、先進的なCO₂削減技術の領域外での有効活用が促されている。尼崎市内の企業が開発した省エネルギー製品による市外のCO₂削減効果に関しても、尼崎の貢献に着目した施策の検討も大切となろう。尼崎市では温室効果ガス排出削減の目標を設定しているが、CO₂の排出量取引制度の考え方を援用することで、省エネルギー製品等の域外移出に伴う効果をパイロット的に組み込んでいくことも考えられる。

　また、尼崎市内の企業が開発した省エネルギー製品の販促につなげることもあげられる。企業等のCO₂削減への取組みに対する評価は、省エネ設備を導入した企業にメリットを付与するJ-クレジット制度のように、「需要」者側に着目し、効果測定されることが多い。そこで、「需要」者が、効果測定がしやすくなるよう、利用が増えることを目指して、尼崎においては、上述のような「供給」者側が省エネルギー製品等の個別のCO₂削減効果を推計し、より具体的な数字を提示することで販促につなげるようなインセンティブを提供することが考えられる。省エネルギー製品に限らず、工場跡地で進んでいるスマートマンションなどでも、ITシステム等の様々なCO₂削減効果を1パックとして把握し、PRすることで同様なシステムを市外で展開する支援にもなる。地域の産業活動における環境面の多様な効果を推計し、政策に活用することを通じ

持続可能な地域社会形成に役立てられることが期待される。

【追記】本稿は、平成26年度に公益財団法人尼崎地域産業活性化機構が主催した「AGNDの政策効果に関する研究会」の研究成果に基づいている。

[参考文献・資料]
芦谷恒憲・有吉範敏・宮近秀人（2006）「兵庫県環境経済統合勘定の開発と推計」『産業連関』第14巻第3号、pp.58-69、知泉書館。
芦谷恒憲（2008）「地域における環境と経済の新たな統計について――兵庫県環境経済統合勘定の概要と活用――」『季刊ひょうご経済』第99号、（一財）ひょうご経済研究所。
㈱エス・アール・シー（2007）「地域における環境経済統合勘定の推計作業地域版ハイブリッド型統合勘定作成マニュアル」（地域における環境経済統合勘定の推計作業に関する研究会）。

講演記録

「"女性が活躍する社会"の条件」

講演記録 「"女性が活躍する社会"の条件」

上野 千鶴子
東京大学名誉教授／立命館大学特任教授
NPO法人ウィンメンズアクションネットワーク 理事長

　ここに掲載したのは、(公財)尼崎地域産業活性化機構が地域課題解決のため、時宜にあったテーマで開催しているシリーズ「地域と産業」講演会の基調講演の記録である。

　平成27年1月29日(木)に開催した第14回講演会は、『女性が活躍する企業の魅力とチカラ～中小企業のワークライフバランスのあり方～』をメインテーマとして、尼崎市中小企業センターにおいて、次のプログラムの内容で開催した。

〈第14回シリーズ「地域と産業」講演会　プログラム〉
(1) 基調講演：「"女性が活躍する社会"の条件」
　　　上野千鶴子氏(東京大学名誉教授／立命館大学特任教授、NPO法人ウィンメンズアクションネットワーク　理事長)
(2) 報告：「尼崎市における女性の労働に関する実態調査」
　　　櫻井靖久((公財)尼崎地域産業活性化機構　調査研究室　研究員)
(3) パネルディスカッション：「女性が活躍する企業の魅力とチカラ
　　　　　　　　　　　　　　～中小企業のワークライフバランスのあり方～」
　　　コーディネーター
　　　　奥野明子氏(甲南大学　経営学部　教授)
　　　パネリスト
　　　　稲村和美氏(尼崎市長)
　　　　中村　正氏(立命館大学　産業社会学部　教授)
　　　　藤嶋純子氏(株式会社フジ・データ・システム　代表取締役)

　この記録は、上野氏ご本人に掲載許可を得、また内容については、講演内容に若干の加筆、修正による整えを、上野氏ご本人に行っていただいたものである。重ねて感謝したい。もちろん、編集、発行の責任は、当財団が負うものである。

《講演内容》

こんにちは上野千鶴子でございます。今日はお招き下さいまして有り難うございました。女性市長さんのいらっしゃる自治体のイベントに呼んでもらって大変嬉しいです。尼崎の女性は輝いていらっしゃるのでしょうか。

▶「女性が輝く社会」の現実

ところで、女性が輝くって聞いてどんな気分がしますか。キモチ悪くないですか。最初に聞いた時、私はキモチ悪いと思いました。ある表現が、女性に対して差別的かどうかは、その男女の項を入れ替えてどう響くかで判定します。ここを入れ替えてみて下さい。「男性が輝く社会」。日本の男性は輝いているでしょうか。くすんでいますよね。このように男女を入れ替えると、妙な気分になるのは、その表現が特殊だということです。

最初の頃は、安倍政権も「女性の活用」という言葉を使っていましたが、

「活躍」に変わりました。「女性活躍法」は、突然の解散総選挙で廃案になりましたが、また出て来るかも知れません。そのなかで、企業に数値目標を課そうとする要請は、企業側の反対で引っ込めてしまいました。また、罰則もありません。それでは、「女性活躍法」は何をやろうとしているかというと、202030（ニマルニマルサンマル）という標語があります。2020年までにあらゆる分野における指導的地位の女性の割合を3割にするという数値目標ですが、2020年は東京オリンピックの年で、あと5年しかありません。そんなこと、できるのでしょうか。それだけでなく、この法律と同時に派遣法改正を進めようとしています。つまり、契約年数の制限を取り除き、永続的に派遣で働かせることができるという法律を作ろうとしています。

女性に一定数を割り当てる制度を、クオータといいますが、法律を変えずに、すぐに政治家ができるクオータがあります。それは、選挙の時の政党候補者の名簿の3割を女性にすることです。これは、法律を変えなくても、政党がその気になればすぐできます。しかし、自民党はこれをやっていません。まず隗より始めよといいますが、自分がやる気が無いことを人に押しつけてもしかたがありません。ですから、政策を検討すると、「女性が輝く社会」とはいっても、口先だけで本気でなかったのではないかという気になります。

日本の女性の地位を、世界と比較してみると、GDPは中国に抜かれましたが3位です。ところが男女格差指数では、2011年が98位、2012年が101位、2013年が105位、2014年が104位となっています。かなり長期低迷をしています。この指数は、意志決定ができる立場に、女性がどれだけいるかで決まっています。たとえば、国会議員の女性比率は、この前の選挙で下がりました。女性閣僚は、第二次安倍内閣では5人いましたが、二人が辞任してしまいました。残った女性の顔ぶれを見ても、あまりうれしい人たちではありません。一方で、最近増えたのが、自治体首長です。関西では、滋賀県知事だった嘉田由紀子さんや、こちらの尼崎市の稲村市長さんのように女性首長は増えて来ました。さらに、都市部の地方議員は増えていますが、町や村、県はまだまだ男性優位で、こうした結果が、男女格差指数に現れています。

▶雇用崩壊とジェンダー

　日本学術会議でも、女性が増え、2割を突破しました。そこで、女性会員が「日本のジェンダー平等の達成と課題を総点検する」というシンポジウムをやりました。日本は国連女性差別撤廃条約に加入しているので、3年に1回、CEDAW（国連女性差別撤廃委員会）への報告書の提出を義務づけられています。そして、それに対して、同じように3年に一度、委員会から勧告が行われます。そこで日本は、2003年から2009年までの6年間進捗がないという結果がでました。この間は、自公政権下でした。その勧告の内容を見ると、国際条約の遵守を要求され、日本政府の対応は不誠実と断罪されています。国内法（民法）を改正し、婚外子相続差別を撤廃するようにとの勧告があったにもかかわらず、徹廃できていなかったところへ最高裁で違憲判決がでてから慌てて改正しました。しかし、やったことは、それだけです。また、選択制夫婦別姓制度や性暴力を禁止する法律、人権を保護するための制度を作るようになど、様々な勧告が行われています。そうした中で、労働問題が一番重要であるとの認識から、日本学術会議ではその後再び「雇用崩壊とジェンダー」というシンポジウムを開催しました。

　この時、雇用「崩壊」にするか「破壊」にするか議論をしたのですが、崩壊は自然現象みたいに聞こえるが、破壊は「誰が破壊したか」という犯人がいるという印象があります。はい、犯人はいます。これからお話しましょう。その前に歴史を振り返ってみますと、1975年に国連女性の10年が始まりました。国際条約を批准するために、日本でも国内法を整備してきて1985年には男女雇用機会均等法をつくり、さらに1999年には「男女共同参画社会基本法」を制定するなど、それなりの事はしてきました。しかし、同じ時期に、「労働者派遣事業法」を作っています。ここから、雇用の規制緩和が始まりました。雇用のビッグバン、これが雇用崩壊というものですね。並べてみると、裏番組と表番組のように、ジェンダー平等法の整備と労働の柔軟化という規制緩和が、同時進行してきたことがわかります。その結果、均等法はできたが、「私には何の関係もないわ」という女性が増えました。なぜならば、均等法が適用される

人々は限定されるためです。つまり、均等法は、採用区分が男女同じで、処遇が異なるという「女性差別」を防ぐための法律です。しかし、たとえば、一般職と総合職、正規と非正規などのように採用区分が最初から違うと、最初から異なる処遇を受けても差別にはあたらないのです。そのため、採用区分が異なることが多い女性には、「均等法ができても私には関係ないわ」という人が増えてしまったというのが現状です。

　データを見ると、非常に大きな変化、つまり雇用崩壊の結果、非正規雇用者が怒涛の如く増えました。今、非正規雇用者は、全労働者のほぼ3割台に達します。その中で女性の比率は7割を超しています。全女性労働者のうち、非正規雇用率は6割近くに達します。また、新卒者のうち就職が内定した女性のあいだでも、非正規はほぼ半分を占めているといいます。恐ろしい時代になりました。この犯人は、オジサマたちです。1995年就職超氷河期まっただ中に、経済団体である日経連（現在の経団連）が、「新時代の日本的経営」という報告書を出し、これからは労働者を次の三つのグループに分けて使おう提案が出てきました。第1は、従来型の異動と配置転換をくりかえしながら管理職にしていく「長期蓄積能力活用型」。この採用が、非常にスリムになり、就活競争が厳しくなりました。湯浅誠さんの言う「椅子取りゲーム」です。第2は、「高度専門能力活用型」、例えば法律の専門家などを社内でかかえるのはやめて、アウトソーシングすることです。最後の第3が、景気の安全弁、調節のために付けたり外したりが自由な「雇用柔軟型」です。ここに、女性と若者が吸収され、使い捨てできる労働力になっています。これに、「グローバル競争に勝つため」ということを大義名分として、政界や財界、官界の、いわゆる「オヤジ連合」がゴー・サインを出したのです。

　もう一人共犯者がいます。労働界のオジサマたちです。自分たちの正規雇用さえ守られれば、あとから参入して来る女性と若者は、非正規のようなワリの悪い思いをしてもよいとみなしています。しかし、1995年頃のこうしたオジサマたちの思惑には、不況はいずれ終わり、今、非正規雇用の若者達も、いずれは正規雇用に吸収されていくだろうという期待があったようです。その後、不況が長期化したため、非正規雇用が固定化してしまいました。気が付けば団塊

世代のオジサマたちの息子や娘たち、いわゆる団塊ジュニアが、35歳を過ぎても非正規のまま家に居座っている状況が今の日本の状況です。

▶男女平等法制の背景

　では、こうした背景がありながら一方で男女平等法制が進められたのはなぜでしょうか。こうした政策を推し進めた政府は、例えば小泉政権や福田政権のようなネオリベ政権でした。つまり、新自由主義（ネオリベラリズム）改革である規制緩和によって、何が何でもグローバル競争に勝ち抜こうとした一方で、男女平等を推進していったのです。その理由はとても簡単です。女性に働いてもらいたい、何故ならば、日本に残された最後の資源が女性だからです。加えて、子供も生まれません。女性を、寝た子をたたき起こしてでも使いたい資源とみなして、働いてもらいたいだけでなく、子供も生んでもらいたい、しかも、自分たちに都合のいい働き方をしてもらいたいと思っているのです。これだけは本気です。しかし政策の向いている方向が、完全に勘違いなのです。

　ネオリベ改革といえば、一般的には小泉構造改革を想像しますが、実はお手本があります。

　世界が最初にグローバル競争の波に洗われたのは、オイルショックの時でした。あの当時、トイレットペーパーを買い占めに走った人もいらっしゃるかもしれませんが、それ以来、保守革命がイギリスとアメリカで起きました。それに、20年遅れて追随したのが小泉改革です。この20年の差、20年の遅れのツケは大きかった。

　この遅れの原因は、1980年代の日本がバブル景気に湧いていたことです。欧米諸国が苦境にあえいでいた時に、バブル景気によって「ジャパン・アズ・ナンバー・ワン」ともてはやされていい気になっていた。そして、「男性稼ぎ主モデル」を維持しました。一方で、諸外国では急速に、男女が共働きする社会へと移行していきました。あの当時、私は、スウェーデンへ行って調査をしましたが、男性に14時間働いてもらうよりも、女性と男性にそれぞれ8時間働いてもらって16時間働いてもらう方が生産性も高くなり、また、男女ともに納税

者になってもらえます。その方向に欧米諸国は舵を切ったのですが、日本はこのバブルの成功体験のおかげで、舵切りが20年遅れました。「男性稼ぎ主モデル」、つまり、お父ちゃんが一家の大黒柱というこのモデルを20年続けてきて、その「ツケ」が今来ています。

▶女性間の格差

　ネオリベ改革の中でトクをした女性とソンした女性、ワリを食った女性がいます。トクした女性は、総合職です。一方、ワリを食った女性は、一般職や非正規の女性です。結果、企業の中には一般職が激減しました。そして、それを埋めていったのが、非正規の女性たちです。

　ところで、女性に働いてもらいたい、また、子供も産んでもらいたいといった時に、どんな女性が子供を産むのかという、面白い調査があります。家計経済研究所という政府の外郭団体で、パネル調査をやったのですが、不況の10年間に未婚だった女性の10年後を追跡調査をしてみたのです。そうすると、10年前に正規雇用だった女性と、その当時非正規だった女性を比べると、正規雇用の女性の方が非正規雇用の女性よりも、より結婚確率が高く、出産確率も高いという結果が出ました。「何でやねん、非正規のおネエさんたちの方が結婚願望が高いんじゃないの」とお考えでしょうか。その通りです。日本の女性は正規、非正規にかかわらず一般に結婚願望が高いのですが、願望があっても実現できるとは限りません。非正規のおネエさんたちは結婚願望が高く、結婚相手に求める条件が高いので、日に日に「いい人いないわね症候群」におちいり、結婚を先延ばしにして、気がつけば晩婚化・非婚化する傾向にあります。ところが、正規のおネエさんたちは、自分が安定雇用を確保し、将来の目標の見通しが立つので、比較的早い段階で、そこそこの条件の男性と、高い期待を持たずに結婚する傾向があります。この調査は、こうした結果を示したものです。

　だから、夫に高い期待を持たない女性の方が早く結婚し出産する。何故ならば、自分自身に安定雇用があるからだ、というわかりやすい結果が出ました。では、この教訓を、どう生かせばよいかと考えると、女性に子供を生んでもら

うためには、女性に安定雇用を与えよ、そして長時間労働をさせないということを示唆しています。しかし、今の政権が向いている方向は、これと正反対です。

　ネオリベ改革のもとで、女性の間で「カツマー」と「カヤマー」への分解が起きました。「カツマー」は、勝間和代さんのファン、「カヤマー」は香山リカさんのファンで、この二人が対決した激論があります。本になっていて、書名は『勝間さん、努力で幸せになれますか？』（朝日新聞出版）というもの。この問いに、イエスと答えた人が「カツマー」、ノーと答えた人が「カヤマー」です。しかし、努力して報われる人はいるだろうが一握り、一方で、努力したくてもできない人、努力しすぎてカラダとココロを壊す人もいます。私の前にそういう女子がいっぱい来ます。東大女子は努力家ですから、就職後何年かしたら、努力しすぎてカラダとココロを壊して、ボロボロになって私の所に青ざめて来るのです。私の研究室は、別名・保健室という名前でした。もしくは香山リカさん（精神科医）の診察室に行くことになるでしょう。

▶女性の離職率が高い原因

　そうした状態に今の女の子たちは、引き裂かれています。中野円佳という若い女性が、非常に面白い本を書きました。これは、大企業総合職の女性が出産で育休をとって、立命館大学の大学院上野ゼミに参加して書いた修士論文を本にしたものです。『育休世代のジレンマ　女性活用はなぜ失敗するか？』（光文社新書）。この本が明らかにしたジレンマがあります。やりがいを求めて男並みの働き方を自ら志願した総合職女性ほど、出産育児でポッキリ折れて、離職率が高い。一方、最初から女性向けの二流コースに甘んじた女性ほど長期に勤続する傾向があるという結果を、実証的な研究にもとづいて出しました。

　最近は女性が高学歴化し、総合職の女性が増えています。その女性たちが、出産育児期を迎えています。大企業で福利厚生が手厚いところは、育児休業制度が整備されていますので、女性の育休取得率は高いです。そして、取得後に時短勤務で職場復帰しますが、復帰後は残業がなく、負荷の少ない、会社の中では評価の低い、そうした部署に配置されます。そこでは総合職の女性として

のプライドが許さないと、耐えられず辞めていく場合があります。反対にそこに滞留してしまって、「ま、これはこれで、そこそこ安定しているし、いいわ」と、そこに安住してしまう場合もあります。これをマミートラックへの塩漬け状態といいます。マミートラックとは、お母さん向けコースという意味ですが、女性のキャリアを考える上では、これがその後、解凍できるかどうかが大事になってきます。

　私は、こういう総合職女性の企業研修にも行ってまいりました。「御社で、結婚して出産して、そして管理職をやっている女性の方はいますか」と聞くと、「いる」と答えが返ってきます。「では、その人はあなたのロールモデル（お手本）になりますか」と聞くと、「いいえ、あんな働き方までして出世したくない」と答えが返ってきます。こういう態度を「酸っぱいブドウシンドローム」というのですが、手の届かない物に対して、「あれは酸っぱいからいらないわ」と欲求をクールダウンさせることを言います。マミートラックにはまった女性は、こういう状況に陥りがちです。

　これまで女性は、ずっと働きたいと願ってきたはずだったのに、こんな働き方ではなかったと思うようになりました。今、女性は二股に引き裂かれています。一つは、男並みに働かせてやるから、残業も出張も全部男並みにこなせという働き方。そのなかでも、いったんマミートラックにはまって戦力外通知を受けたら、そこから這い上がれなくなってしまいます。

　もう一つは、「私は、そんなこと最初から無理だわ」と思った人が、女性並みに甘んじて使い捨て労働力になるという働き方です。働こうと思ったら、この二者択一しかありません。今や大企業もどんどんブラック企業化していますから、長時間労働も当たり前になり、それをしないと企業は生き延びられないと主張しています。一方で残業代ゼロ法案を通し、もう一方で生涯非正規固定化法案を通す。安倍政権が女性活躍政策というのを出してきたのは、こういう状況のもとなのです。

▶政党別の女性活躍推進政策

　ジェンダー研究者に、瀬地山角という男性がいます。この人が安倍政権女性活躍政策の本気度を測る三つの指標というのを出しました。第１は、選択的夫婦別姓制度の導入、第２は配偶者控除の廃止、そして第３に年金の第３号被保険者制度の廃止です。「第３号被保険者制度」は、専業主婦優遇策とも呼ばれますが、別の言い方をすると、「オヤジの看取り保障策」でもあります。あるいは、中小企業の経営者が既婚女性労働力を保険・保障なしで安く買い叩く「中小企業オヤジ優遇策」と呼ぶこともできます。

　瀬知山さんは、こうした制度を廃止できるのかどうかで、安倍政権の本気度がわかると言っています。夫婦別姓にしても、それで世の中変わるわけではありませんから実はたいして大きな問題ではありません。あとの二つの方が重要です。要するに、103万円、130万円の壁を廃止しなさい、女の人が誰もが働いて、誰もが納税者になるという仕組みを作りなさいと、言っていることになります。

　三つでは足りなかろうというので、今から２年前に、私たちは3.11原発事故後初の国政選挙が実施された時、当時の全14政党に、ジェンダー平等政策の支持についてアンケートをおこないました。合計26のジェンダー平等政策リストを示して、賛否を問いました。その中には、国連が言わなかった二つの項目を、独自に付け加えています。憲法９条を守るかどうか、原発をやめるかどうか、つまり、不戦と非核を入れました。そして各党から来た回答結果をチャート化しました。満額回答が来るとチャートの円が全部ブルーに塗りつぶされます。満額回答をくれたのは社民党とみどりの党などの、弱小政党でした。前政権政党の民主党、現政権政党の自民党のチャートをみてみますと、スカスカ度が違います。このスカスカ度はジェンダー平等に冷淡な程度です。とてもはっきりわかります（参考 URL　http://p-wan.jp/wp/p-wan/）。

　全14政党のアンケートの結果を分析してみますと、不戦と非核に積極的な政党は、男女平等にも積極的な傾向があることがわかりました。また、ネオリベ政党と保守政党の違いは配偶者控除を廃止するかいなかで、公明党のような保

守政党は廃止しない方に、ネオリベ政党の維新の党は廃止に賛成です。もう一つ、女性の活用に熱心な政党が、女性の権利の擁護に熱心とはかぎらないということが、実によくわかりました。たとえば、自民党の回答は、「202030」には賛成でも、DV防止法のように女性の権利を守ることには否定的で、チャートはスカスカです。本当にわかりやすいです。だから、女性は活用したいが、女性の権利を守る気はないということが、実によく目に見えてわかる結果が出ました。

▶差別均衡型企業と平等均衡型企業の違い

こういう結果を見ると、日本は政党も含めて政治も民間も、性差別の大変強い社会だとわかります。なぜでしょうか。

これについて、同志社大学のエコノミスト川口章さんが、日本企業は性差別を、不合理を承知でやっているのか、それともなんらかの根拠や合理性があるかという問いを立てました。『ジェンダー経済格差』（勁草書房）という著書で、「日本企業は性差別から利益を得ているか、性差別は企業にとって得か？」という研究を行いました。答えはイエスです。能力の高い女性を短期間、低賃金で使えるので、経済合理性があるという答えです。女性差別を組み込んだ日本型経営は、次の3点セットから成り立っています。終身雇用、年功序列給与体系、企業内組合の三つです。このルールは、一つの組織に長くいればいるほど、得をするという仕組みです。このルールには、明示的に女性差別とは書いておりませんが、このルールの下で働くと、長期勤続すればするほどオジサンばかりになり、上に行くほどまっくろになる傾向があります。これを、「メンズクラブ」というのです。あるルールが女性差別的であるかどうかについて、こういう判定の仕方をします。このルールの適用の下で、男性もしくは女性のいずれかの集団が、著しく有利、もしくは不利に働く時に、そのルールを性差別的と言います。ですから、この日本型経営のルールは、明らかに長期にわたって女性を構造的かつ組織的に集団から排除していく効果があります。このルールのもとでは、早く辞めた女性はワリが悪いのですが、「それなら、辞め

るなよ」ということになるでしょうか。そのため、川口さんは女性の離職率抑制を唱えます。

　川口さんは、ある企業が、性差別的であるかどうかを次の三つの指標で計りました。「正社員における女性の割合」、「管理職の女性の割合」、もう一つは、「35才時の男女賃金格差」です。今では係長のような最末端の管理職の女性比率は上がっていますから、管理職といっても課長級以上でないと意味がありません。大企業の課長級は、なかなか女性が増えません。人事の担当者によりますと「おおよそ15年から20年勤続しないと課長級になれないので、それくらいの勤続の社員の中で、管理職候補者のプールに、そもそも女性がいない」と言います。たまたま勤続年数の長い女性がいたとしても、管理職コースを歩んできていないので候補にならないという状況です。

　以上の指標にもとづいて、川口さんが日本の企業を二つの類型に分けて比較してみるとおもしろいことがわかりました。一つは差別をしてうまくいっている企業と、もう一つは男女平等を推進してうまくいっている企業です。

　差別型企業の特徴は、大規模、売上高も大きい、一人前になる期間が長い、社員の勤続年数が長い、福利厚生が充実している、株主より銀行を重視している……こういう特徴を持った企業は、従来型の大企業で、企業福祉が手厚く、オトウチャンが大黒柱でオカアチャンが専業主婦をしている家庭が多いです。日本のほとんどの大企業は、女性差別をすることでうまく回っているといえます。他方、平等型企業は、新しく起きてきたベンチャー型の企業や外資系の企業に多く、特徴は規模が小さい、だから売上高も小さく、即戦力が必要で、社員の勤続年数が短い、女性を積極的に登用するポジティブ・アクションがある、CSR（企業の社会的責任）を重視している、そして銀行よりも株主の顔を見ている……。こういう企業の共通点は、経営改革に取り組むベンチャー型の企業で、社員の共働き率も高い。女性社員が多く、男性社員の妻も別の会社で働いている。このような違いをもつ二つの企業類型を比較してみました。

　女性を積極的に登用し、男女にかかわりなく人材育成し、女性にも創造性の高い仕事を与え、セクハラ対応を周知し、女性正社員比率が高く、女性の管理職比率が高く、35才男女賃金格差が小さい企業ほど、売上高、経常利益率が高

いことを、川口さんの調査は明らかにしました。規模が小さくても、利益率が高いという結果が出ました。どちらが結果で、どちらが原因かはわかりません。女性を使ったから利益がたくさん出たのか、利益率が高いところに女性が多いのか、原因と結果の関係はわかりませんが、男女平等と企業の利益率とのあいだに相関があるという結果が、経済学者の実証研究で出たのです。

　なら、どうして、大企業は、自ら経営改革して、この平等型の企業に変わろうとしないのでしょうか。社内改革をなぜしないのか、見ていたら大企業の内部改革の歩みは遅々たるものです。この理由も、川口章さんが見事に明解な答えを出しました。差別型企業も平等型企業もシステムとしてはそれぞれ均衡しているので、差別均衡型企業は、平等均衡型企業に移行しない。何故ならば移行する動機づけがないから。つまり、差別をすることでシステムがうまく回っているから、わざわざ崩す理由がない。利益率が若干低くても、利益が上がってないわけではない。そのため、差別均衡型から平等均衡型に移行することはない、というのが結論です。

▶差別を容認する日本の将来

　では、そうだとすると、日本の社会は一体これからどうなるのでしょうか。こんなふうに考えてみましょう。差別型企業と平等型企業が、同じマーケットで競争をしたとします。まず、商品市場での競争があります。市場は、多様な人達からできあがっています。例えば、コンビニの品物の品揃えは、エリアによって違っており、それをきめ細かくPOSで管理していることは、皆さんご存知でしょう。また、カップラーメンの塩味の塩加減は、西日本と東日本で違うということもご存知でしょう。グローバルなマーケットとは、ミクロのマローカルマーケットの積み上げにほかなりません。だから、グローバルマーケットに適応していかなければならないという時には、組織が一枚岩で画一的なことをやっていても、売れるわけがありません。マーケットの多様性に合わせた社内の多様性（これを「ダイバーシティ」といいます）が必要になります。

　なぜ、ダイバーシティが必要かというと、次のようなエピソードがありま

す。職場でITが、どんどん導入されていった時に、中小企業の経営者のオッチャンが、苦労して「パソコンを今、一生懸命勉強しているんですよ」という話を聞いたので、「あんた、無駄なことは止めなはれ、餅は餅屋、ボクには向かないと思ったら得意な人に委ねたほうがよい」と答えました。「委ねる」というのも経営者の力量の一つで、経営者が何から何まで自分でやろうという企業が伸びるという話は、聞いたことがありません。わからない事は知っている人に委ねるのも才覚です。これを積み上げていくと、ダイバーシティになります。組織のダイバーシティが、市場のダイバーシティに一致するという構造ができあがります。これができた企業が、勝ち残る、つまり商品市場における企業間競争におそらく勝利するでしょう。

　企業が訴求しなければならないもう一つの市場は、資金調達をするための金融市場というところです。株主は企業の経常利益率の高いところに投資します。金融市場における資金調達力においても、差別型企業は平等型企業に、競争に負ける可能性があります。これが、国内の競争だったら、衰退企業が退場して、新しく躍進する新興の新しい産業が伸びていけば、日本には未来があります。しかし、もはや市場は日本だけで閉じていません。国境を閉じることなんてもはやできません。

　では、国内競争でなく国際競争だったらどうなるでしょうか。この競争では、大手の大規模な日本企業が、国際競争に負けて、巨船沈没していきかねません。私たちはこれまで、山一証券、長銀、そごうと沈没していく巨艦をたくさん見てきました。このままでは日本は全体が泥舟です。泥舟が沈んで、外から外資系の企業が入って来ることになってしまう。性差別にはこういう恐ろしいツケが回ってくるという将来が予見できます。

　では、こういう企業の中で女性に働き続けてもらうためにはどうすればよいのでしょうか。日本の企業は、先ほどもうしあげた日本型経営の三点セットでできあがっていますので、女性も総合職になって歯を食いしばって頑張れ、辞めるな、辞めたらワリを食うと言い続けること、つまり離職率を下げることがゴールなのでしょうか。川口章さんは、そうだと言います。性差別を解消するための最大の鍵が、女性の離職率を如何に抑制するかということだと。

▶グローバル競争に勝つための処方箋——「雇用の柔軟化」

　私は、川口さんと実際に会って議論しました。「ほんまかいな、なんで離職率を下げんとアカンねん」、それよりも辞めることが不利にならない組織づくりをすれば、それでよいのではないか、と。転退職が容易で、そのハードルが低く、中途採用が不利にならない仕組み、いったん辞めて同じ会社に復帰しなくても、それまでのキャリアが別の企業や業種で生きるというふうになっていけばいいのではないでしょうか。離職率抑制ではなくて、離職が不利にならない仕組みを作ればよいじゃありませんかと、本人にぶつけたら、「ハイ、その通りです。そこまで考えていませんでした」とおっしゃいました。

　では、なぜ女性は離職をするのでしょうか。それは、自分の人生の重大事の優先順位がライフステージによって変わるからです。出産、育児は、それが自分にとって非常に重要なことになる。当たり前のことです。親になった人間にとって子育てほど最優先になる事態はありません。子供を最優先しないと子供は育ちません。ですが、女性だから当然、というのはヘンです。日本には子供が生まれても働き方を変えない男性が今でも多いようですが、出産が男性に影響を及ぼさない、ということが私には理解できません。その時点で日本の男は父であることから下りている、父であることから逃げているというふうに、私は思います。男も女も、自分の人生のバランスが変わった時に、仕事の柔軟化をする。これは、悪いことではありません。定型的労働と子育てが両立しないことは証明されています。

　定型労働時間は、週に40時間になっていますが、子育ての期間は週に30時間や20時間にしたいと思う人がいても不思議ではありません。反対に、子どもが育てば、週に50時間くらい働きたいと思う人がいてもいいかもしれません。日本以外の世界のすう勢は、労働の柔軟化はオッケーです。ところが日本の労働の柔軟化は、諸外国に比べて大きな問題を抱えています。それは、身分差別と結びついているからです。身分差別ともいうべき極端な賃金差別です。非正規になったとたんに賃金が正規雇用の半分から三分の一に激減する。そして、いったん正規雇用から外れたら再び浮かび上がれない。これが日本で、固定し

た労働慣行になっているからです。

　労働の柔軟化そのものが、悪いわけではありません。しかし、労働の柔軟化には、良い柔軟化と悪い柔軟化があります。ヨーロッパではよい柔軟化を進めて、男女ともに労働の柔軟化を受け入れてきました。その結果、女性の労働力率を高めに維持しながら、出生率も一定程度維持してきました。しかし、日本は、悪い柔軟化、つまり女性と若者を使い捨てる方向に動いてきたのが、この20年間の欧米と日本の大きな違いです。

　しかし、解決の処方箋はあります。簡単ですが、実行ができるかどうかはわかりません。一つは、労働時間の短縮です。一度、正社員で働きはじめるとブラック企業なみに夜10時、11時まで帰れない状態ではなく、定型労働時間（1日8時間、週に5日、40時間）を定型通りに守ってくれたらいい。だから定時退社ができたらいいのです。週1回「ノー残業デー」を作るとか、「今日はパパクォータ」とか、そんなパフォーマンスをやらなくてもいい。週に1回定時退社のような焼け石に水のようなことをしないで、「毎日、男女ともに定時に帰る」、これで十分なんです。企業が残業手当を払いたくなくなるように、残業手当を上げたらいいのですが、それどころかホワイトカラー・エグゼンプションという「残業代ゼロ」法案が浮上するなんて、全く逆方向ですね。

　二つ目は、年功序列制の廃止です。一つの組織に居座われば居座るほどトクをするというこの制度は確実にオヤジにおトクな制度です。これをやめるための条件は、新卒一括採用をやめることです。なぜなら、日本の企業は新卒一括採用で、配置転換をくりかえしながら、管理職に仕立て上げていくという人事管理制度を採用してきたのですが、この過程で、女性ははじき出されます。このルールのもとで歯を食いしばって女に生き残れというより、このような制度自体を無くしたほうがよい。「男女平等政策を進めています」とか、「わが社もダイバーシティを目指しています」という企業が、あいかわらず新卒一括採用制度を維持している限りは、その企業は改革に本気ではないと、私は思うことにしています。役所も同じです。役所も非常に堅い組織です。新卒一括採用を行い、中途入社が少なく、いったん辞めたら再雇用がなく、配置転換しながらジェネラリストを育てていくという大企業型の雇用モデルは、官庁も同じで

す。これではスペシャリストは育ちません。

　三つめに、同一労働同一賃金の原則です。つまり、1日に5時間しか働けない人には、正社員の8分の5の給与を払う。あるいは週に3日しか働かないという人には、正社員の5分の3の給与を払う。これでいいのです。これをやれば、組織のダイバーシティは自ずと高まります。

　最近では、地域限定正社員のような制度を採用する企業が出て来ました。安定雇用を前提にした上で身分差別をなくしていく、そしてその間でジョブカテゴリーの移行ができるようにすればもっとよいでしょう。例えば「今は、5分の3社員だけど、介護や育児の負担は時限つき、いつかは終わる」としたら、自分のワークライフバランスが変わった時に「もう一度フルタイム社員に戻るわ」というふうに選ぶことができればよいわけです。このように、処方箋はあるので、やればいいだけです。こんな答えは、私一人が思いついているわけではありません。

　今から20年以上前から、経済学者、政策学者、労働経済学者はこういう処方箋を主張してきました。だけど、むずかしい。なぜなら、自分の上司が自分よりも年少だったり、あるいは女性や外国人だということが当たり前になっていくためには、年令、性別、国籍、人種、勤続年数等々にかかわりのない査定評価システム、個人ベースの査定評価システムが必要になるからです。日本の企業や組織が、一番苦手としているのがこの個人ベースの査定評価です。みんな横並びで、上に行きかけた人の足をひっぱり、下に落ちた人はなんとか引き上げ、という組織文化のもとに、同期で持ち上がるという仕組みを作って、組織の調和を作って来ました。こうした組織のもとでこれまでの成功体験があるので、それが崩せない。だから新卒一括採用がやめられないのです。

　小泉さんが首相の時に、新卒でないと採用市場でハンデがつくので卒後3年までは新卒扱いしようと提案しましたが、たんなる弥縫策（びほうさく）でした。新卒採用市場を前提にした間に合わせの策で、新卒採用市場そのものを廃止しようというところに踏み込んだものではありませんでした。

　雇用だけが労働ではありません。雇われて働くと、雇った側のつごうに合わせなければいけないというので、これまで女性は不利な思いをしてきたわけで

すが、もう一つの選択肢があります。企業のドアを一生懸命たたいても、ドアを開けてくれない。それなら「じゃもういい。あなたには頼まない、私がやるわ」といった起業家たちです。上野ゼミの卒業生の一人に、古市憲寿くんという社会学者がいますが、彼の博士論文のテーマは「若者ベンチャーの研究」です。そこでわかったことは、「若者ベンチャーは、掛け声倒れで数は増えない」、つまり、若者ベンチャーをやりそうな高学歴、銘柄大学出の意欲も能力も高い男子学生は、ベンチャーをやらない。何故なら、労働市場で有利な条件にある若者たちは、就活でも有利ですから、大企業に雇用者として入って行って、わざわざベンチャーをする動機づけを持たないからだそうです。

では、ベンチャーや起業は誰がするかというと、率直にいうと、労働市場でワリを食っている人たちが追い詰められてやるものです。つまり、女性と若者です。女性経営者がこの場にたくさんいらっしゃいますが、追い詰められておやりになったか、後でご本人に聞いてみたいです。起業する人たちは、失うものがないから、起死回生で打って出る人たちです。

また、もうからないけれどもNPOや福祉事業をやっていこうという人たちもいます。

ここに入って行くのは女性と若者ですが、金も無い、知恵も無い、元気な体力と志だけがあるという人たちは、参入障壁の低い労働集約型のビジネスに入っていきます。これが、中高年の女性が始める介護系の事業です。IT革命の後に職場に参入した若い世代の女性は、IT系の起業にのりだす傾向があります。こちらは知識集約型ですが、初期投資は少なくてすみます。

▶サステナブルな日本をサバイバルする

今日はワークライフバランスの話ですが、雇われて働くばかりが働き方ではないということも考えてみたいと思います。人に使われて働くわけではないので、いやな上司の下で働かなくてもよい、つまり、雇われて働くことの最大のストレスは、自分よりバカな上司に仕えることだと言われますが、それをしなくてすむし、志と体力さえあれば定年のない働き方ができます。こういう選択

肢もあります。

　私は、『女たちのサバイバル作戦』(文藝春秋) という本を書きました。この帯に、こんな文章が書いてあります。「総合職も一般職も派遣職員もなぜつらい？　追い詰められても手を取り合えない女たちへ」。この帯の文を書いたのは、私ではありません。この本を担当した文藝春秋のアラサーの若い女性編集者です。これが、彼女の実感です。その彼女が、最初に提案してくれた本のタイトルは、「分断される女たち」というものでした。私は、それじゃ暗すぎると言って、こちらに替えてもらいました。それというのも、日本は、これ以上の成長がありえない。だから、今の社会をできるだけ持続可能にしていくという意味でサステナブルがめざされています。しかし、私は、サステナブルどころじゃない、どうやってサバイバルしていくかが問題だと思ったので、こう名付けました。この背後には、女性の置かれた状況の分断と差別があります。これだけ世の中が変わったと言いながら、どうして女性の状況はよくならないのかという思いです。

　私は、この本の中で個人が生き延びるための処方箋を出しました。企業組織が、多様性を内部に持とうと「ダイバーシティ」の標語を出しているぐらいですから、その中で一人ひとりの個人が、生き延びていこうと思ったら、組織がダイバーシティを持つだけじゃなく、個人の中にも持とうと主張しています。「ひとりダイバーシティのススメ」と呼んでいます。別の言い方をすると、一つの組織に自分の人生を預けないということです。男性稼ぎ主型は、別名シングルインカムと言います。シングルインカムじゃない家庭を、ダブルインカムといいますが、ダブルインカムは共稼ぎと訳されています。シングルインカムは、片稼ぎと訳されています。片稼ぎ世帯というのは、もろい世帯です。大黒柱が折れたら皆こけます。皆さん方阪神・淡路大震災を経験されておられるでしょうから、大きな大黒柱一本よりも、小さい突っかい棒が多くある方が、いろんな危機に対応できることをご存じでしょう。

　つまり、シングルインカムよりもダブルインカム、ダブルインカムで足りないかもしれないからトリプルインカム、クァドラプルインカム、マルチプルインカム……と、一つひとつは小銭かも知れないけれども複数あれば何とかな

る、これを「小銭寄せ集め家計」と言います。セコイ話でしょうか。一つひとつの収入源では十分ではないけれども、小銭をかき集めると持ち寄り家計になる。家族のメンバーが力を合わせて助け合って生きる。そうやって助け合って生きるなら、子育ても介護も女ばかりでやる必要はありません。このような生計を、究極のサスティナブルライフというのです。企業で働いていても、アフターファイブとかウィークエンドに何か別の事をやるとか、そういうことを考えたらよいと思います。男女ともに働き、家庭を支える、それが、究極の男女共同参画社会だと思います。

▶ウィンメンズアクションネットワーク

　今、私がやっておりますウィンメンズアクションネットワークという認定NPO法人は、女性は弱者だからつながる必要があり、弱者がつながるためのツールがネットであり、ネットは情報の民主主義のツールだと思って、つくりました。この中から生まれた映画があります。私たちは、フェミニズムと呼ばれる女性運動をやってきました。そういうことをやってきた女たちが、順調に高齢化して一部の方は亡くなられ、一部の方はボケが入り、今のうちに記録をとっておかないと、間に合わなくなるかもと思って、記録映画（「何を恐れる－フェミニズムを生きた女たち」）を作りました。「折り梅」「レオニー」を撮った、松井久子監督という劇映画の監督に作っていただきました。今、関東で上映会をやっているところです。関西でもやっていただきたいと思います。

　最近、渋谷の上映会のアフタートークに、私がゲストとして「女性活躍社会とフェミニズムの近くてほんとはとお～い関係」というテーマで話をしてまいりました。私たちが、女性のために闘って来たのは、ブラック企業化した男性中心の職場に総合職女性、つまり、男並みに戦いますという宣言をした女の子たちを送り込んで、その女性たちを叱咤して、「辞めるな、歯を食いしばってもそこに居座れ」ということが目標だったのだろうか、と疑問を持つようになったからです。おかしい、そんなはずはない。そういう若い女性たちがボロボロになっていったり、子どもが産めない状況になっていく。その結果、日本

の少子化は進む一方です。働きすぎの女たちは子どもを産めない、産んだとしても一人目で終わり、次が生まれません。他方、非正規の女性たちは現状が不安定で先の見通しが立たないから子どもが産めない。どちらにしても子どもが生まれない社会を、日本は作ってしまったのです。子どもが生まれないということは、子どもを産む年令の若い男女が、これから先の日本の将来に希望を持てないということです。

　もう一度最初に戻りますと、こういう状況を何とかしたいと思うのは、今の安倍さんも、同じように思っているようです。しかし、その方向がまったく勘違いだということを今日はお話しました。ご静聴いただきましてありがとうございました。

公益財団法人 尼崎地域産業活性化機構
Amagasaki Institute of Regional and Industrial Advancement（AIR）

[所在地]
〒660-0881　兵庫県尼崎市昭和通2-6-68　尼崎市中小企業センター内
TEL. 06-6488-9501　FAX. 06-6488-9525

[沿革]
1981（昭和56）年5月		財団法人尼崎市産業振興協会　設立
1982（昭和57）年10月		尼崎市中小企業センター　竣工
1986（昭和61）年4月		財団法人あまがさき未来協会　設立
2003（平成15）年4月		財団法人尼崎市産業振興協会と財団法人あまがさき未来協会が統合し、財団法人尼崎地域・産業活性化機構となる
2012（平成24）年4月		公益財団法人へ移行し、公益財団法人尼崎地域産業活性化機構となる

[事業概要]
尼崎市が抱える都市問題の解決に向けた調査研究を行うとともに、尼崎市のまちづくりの根幹である産業の振興及び中小企業等の勤労者の福祉向上に向けた各種事業を推進し、もって地域及び産業の活性化に寄与することを目的に、次に掲げる事業を行っています。
①都市問題の解決に向けた調査研究
②産業振興事業
③尼崎市中小企業センターの管理運営
④尼崎市中小企業勤労者福祉共済事業
⑤その他設立目的を達成するために必要な事業
※これらの事業の一環として、各種補助金の申請、中小企業資金融資に関する相談・助言・受付も行っています。

調査研究室の研究テーマ（平成27年度）

産業情報データバンク事業	事業所情報データベース「尼崎インダストリー」の公開による企業間取引の活発化を図る。
事業所景況調査	市内事業所の景気動向調査を行い、情報発信する。
尼崎市労働環境実態調査	市内事業所における労働の実態を把握する調査を行う。
尼崎の創業に関する実態調査	創業後間もない市内事業所の操業実態を把握するための調査を実施し、市内での創業を促進する方策を検討する。
製造業実態調査	市内ものづくり事業所が活用できる支援制度等を整理した「ものづくり企業のための支援制度等活用ガイド（第七版）」を作成する。
商業実態調査	・市内商業地域の店舗・業種の分布、空き店舗等の調査を行い、商業施策に資する基礎資料の整理・分析を行う。 ・市内商業者等が利用できる支援制度等を整理した「商業団体・商業者のための支援制度等活用ガイド（第二版）」を作成する。
その他	・尼崎市が抱える都市問題の解決や産業の振興に向けて、新しい都市の活性化戦略を構築する「シリーズ『地域と産業』講演会」の開催。 ・尼崎市の地域資源の発掘と情報発信を通じて都市の活性化を図る「『産業のまち尼崎百景』写真コンテスト」の開催。

■執筆者一覧

[Ⅰ] 加藤 恵正　公益財団法人尼崎地域産業活性化機構　理事長／兵庫県立大学政策科学研究所　所長
[Ⅱ] 鈴木 洋太郎　大阪市立大学大学院経営学研究科　教授／一般財団法人アジア太平洋研究所　上席研究員
[Ⅲ] 佐竹 隆幸　兵庫県立大学大学院経営研究科　教授
[Ⅳ] 船木 成記　尼崎市　顧問
[Ⅴ] 森山 敏夫　尼崎市　経済環境局長
[Ⅵ] 今井 良広　兵庫県産業労働部政策労働局産業政策課　企画調整参事
[Ⅶ] 櫻井 靖久　公益財団法人尼崎地域産業活性化機構　調査研究室
[Ⅷ] 藏元 秀幸　尼崎市経済環境局　経済活性対策課長
[Ⅸ] 立石 孝裕　尼崎市企画財政局　まちづくり企画・調査担当課長
[Ⅹ] 辻本 ゆかり　尼崎市企画財政局　シティプロモーション推進部長
[Ⅺ] 田代 洋久　北九州市立大学法学部政策科学科　教授
[Ⅻ] 國田 幸雄　公益財団法人尼崎地域産業活性化機構　調査研究室
　　 新庄 勉　公益財団法人尼崎地域産業活性化機構　調査研究室
[ⅩⅢ] 櫻井 靖久　公益財団法人尼崎地域産業活性化機構　調査研究室
[ⅩⅣ] 井上 智之　公益財団法人尼崎地域産業活性化機構　調査研究室
[ⅩⅤ] 小沢 康英　神戸女子大学文学部　准教授
　　 芦谷 恒憲　兵庫県企画県民部統計課　参事
[講演記録] 上野 千鶴子　東京大学名誉教授／立命館大学特任教授／
　　　　　　　　　　　　NPO法人ウィメンズアクションネットワーク　理事長

尼崎市の新たな産業都市戦略

2016年2月5日　発行

編　者
発行所　公益財団法人　尼崎地域産業活性化機構 ©
　　　　〒660-0881　兵庫県尼崎市昭和通2-6-68　尼崎市中小企業センター内

発売所　株式会社　清文社
　　　　東京都千代田区内神田1-6-6（MIFビル）
　　　　〒101-0047　電話03(6273)7946　FAX03(3518)0299
　　　　大阪市北区天神橋2丁目北2-6（大和南森町ビル）
　　　　〒530-0041　電話06(6135)4050　FAX06(6135)4059
　　　　URL http://www.skattsei.co.jp/

印刷：亜細亜印刷㈱

■著作権法により無断複写複製は禁止されています。落丁本・乱丁本はお取り替えします。

ISBN978-4-433-40595-3